Breaking

the

"Wall"

and

Gaining

the

Rebirth

**Study
on
Cultural
Talk
Shows
in
Media
Convergence**

破"墙"重生

重生

融媒时代视频
文化谈话节目

胡 双

— 著 —

ZHEJIANG UNIVERSITY PRESS
浙江大学出版社
·杭州·

图书在版编目(CIP)数据

破"墙"重生:融媒时代视频文化谈话节目 / 胡双
著. —杭州:浙江大学出版社,2023.6(2024.2重印)
ISBN 978-7-308-22967-8

Ⅰ.①破… Ⅱ.①胡… Ⅲ.①谈话—电视节目—研究
Ⅳ.①G222.3

中国版本图书馆 CIP 数据核字(2022)第 154209 号

破"墙"重生:融媒时代视频文化谈话节目

胡　双　著

责任编辑	陈佩钰
文字编辑	金　璐
责任校对	宁　檬
封面设计	米　兰
出版发行	浙江大学出版社
	(杭州市天目山路 148 号　邮政编码 310007)
	(网址:http://www.zjupress.com)
排　　版	浙江大千时代文化传媒有限公司
印　　刷	广东虎彩云印刷有限公司绍兴分公司
开　　本	710mm×1000mm　1/16
印　　张	20.25
字　　数	331 千
版 印 次	2023 年 6 月第 1 版　2024 年 2 月第 2 次印刷
书　　号	ISBN 978-7-308-22967-8
定　　价	88.00 元

目 录
CONTENTS

/ 第一章 /

导　论

第一节　研究目的与问题

一、研究的缘起：媒介变迁中的恒久之问

媒介变迁是重要的理论研究话题，更是一种在复杂规律支配下时时刻刻影响着人类社会生活的巨大力量。当今，媒介的变迁将人类社会推入了新的阶段——电子融媒体时代。近年来，以数字技术和互联网传播为基础的数字融媒体汹涌而来，改变了媒介的业态、社会的生活、大众的思维以及世界对媒介的认知。半个多世纪前，那个作为当时的"新媒介"的电视冲击了广播、电影、书籍等旧有媒介的年代，还依稀如昨，如今我们又来到了一个巨变的端点。而且，今天的我们有幸身处这奔流的时代浪潮的中心：中国。可以说，我们身处在媒介变迁和时代变革的沧海奔流之潮中。

媒介是社会的缩影。媒介中流转的内容，是媒介生态、生产结构、文化立场的缩影。媒介内容，既是社会与媒介的直接产物，更是时代与变迁的浓缩与外化。因此，媒介内容可以成为观察媒介变迁，进而探看社会发展变化的独特角度。

笔者从事视频内容创作管理工作近 20 载，是这媒介沧海千万驾舟人之一。从"体制独大"，到"市场爆发"，再到新媒介、融媒体的"改天换地"，笔者有幸亲历了中国视听传媒发展变化的多个阶段。近几年，在中国视频媒介内容生产的第一线，互联网和融媒体带来的改变是实实在在的，且日新月异。从创作方式到创作观念、从管理体制到人员流动、从内容特点到文化取向，笔者感受到迅疾如电的新时代变革。

　　中国视频节目的创作与生产，在当今媒介融合的时代浪潮中，经历着怎样的深层变化？这背后折射了怎样的媒介进化与社会变迁？作为大众文化产物的视频节目，应该在这股浪潮中怎样去适应媒介环境的巨变？应该适应和改变什么？又应该坚守和秉持什么？适应之后的视频节目内容，其本质是否产生了变化？互联网和融媒体究竟给视频媒介生存和其内容创作带来了怎样前所未有的挑战与涅槃重生的机会？又对整体社会文化的演变造成了怎样的影响？进而，在融媒体高速变迁发展的今日，视频节目的创作者应该抱有怎样的文化观和时代解读，才能更有准备也更有担当地面对世界的未来、时代的需要和自己的内心？围绕这些问题，本书遂成。

二、核心的问题：适变与进化

　　以中国视频节目内容的创作生产为抓手，研究和展现当今数字媒介融合下的社会发展变迁，是本书的主旨。全书贯穿的两个核心关键词是"适变"与"进化"。

　　"适变"即适应与变化。"适"与"变"是生物学进化规律研究中的核心课题，是一对紧密相连、不可拆分、相辅相成、你中有我的概念，"适应"以"变化"为途径和手段，"变化"以"适应"为目的和方向，不管是达尔文主义秉持的以自然选择为根本的"物竞天择"，还是拉马克主义坚守的种群适应特定环境条件的"适者生存"，"适应"与"变化"都是自然进化运动的主旋律。因此，本书将"适应"和"变化"合称"适变"，用以指涉媒介进化中所发生的"适应性变化"。这些以适应为主要旨归的变化，是本书重要的研究课题和对象。

　　"适变"的必然结果是催生"变异"，"变异"的根本动力是"进化"，"进化"的根本目的是在变化的环境下解决"生存"问题。而从文化"进化"角度研究，"生存"目的下的"变异"往往具有两重性，既有更为契合环境发展的先进性和革命性，也可能伴随着文化立场的丧失而带来"堕落性"。

　　因此，本书的直接方向是探索中国视频节目内容体在融媒体环境更迭历程中的适应性变化过程和其中的进化性规律，记录环境与内容种群之间的互动影响关系，并对其可能产生的文化影响展开分析。

　　在中国视频媒介和行业的发展变迁中，"适变"的问题不仅一直存在，更是常变常新。随着对融媒体新媒介认识的深入与拓展，对于整个视频内容行业的实践与研究也亟待不断创造与更新。

需要说明的是,在媒介变迁研究视角下讨论"进化"和"适变",与社会达尔文主义套用生物学进化论理解社会的思路有着本质的语境不同。随着后文的展开,我们将更详尽地看到整个人类媒介发展变迁的道路有其功能性、工具性的明显进化过程,社会文化和组织方式也会因媒介信息的形态和传播方式的迭代而适变。

三、研究的切片:中国视频文化类谈话节目

要围绕"适变"与"进化"进行研究,本书受到费孝通先生所著之《江村经济》的重要启发,意图找到可以"窥一斑而知全豹"的切入点和样本,能够代表、描述和研究视频节目内容体从以电视为代表的单向传播时代向着以移动互联网为代表的融媒体时代演进之时的诸多共同命运、进化特点和改变趋势,能够折射时代和社会环境对于文化内容的作用与影响,能够记录时代变迁中的内容与文化对社会与人的影响和改变,如同寻找到一条随浪起伏的小舟,刻画暗流涌动的洋流。

从媒介生态学的角度来说,一个种群或行业内部的特定变异是整个物种进化的先决条件,有足够显著的变异出现,是物种进化的基础和证据。① 那么,如果能够找到某个特定的种群样本,集中探索和体验这一种群在不同传播环境中的不同进化表达,就可以在"以小见大"的视角下,探看整体生态物种的进化情况,给研究带来不可多得的样本连续性、整体性和典型性。故而,这类样本需要满足以下条件。

(1)其存在横跨几个媒介时代,并体现各个媒介时代的典型特点。

(2)其在融媒体时代前后的变化是典型而显著的,能够说明媒介变迁所带来的客观影响。

(3)其在媒介转型演化的过程中,在自身命运发展的历程中,有明显的主动适应性变化行为,可供研究采用。

中国视频文化类谈话节目是中国媒介发展中一个具有独特价值的研究

① 约翰·W.迪米克:《媒介竞争与共存——生态位理论》,王春枝译,北京:清华大学出版社,2013年。

对象。它伴随中国电视媒介的诞生而起步,随着 20 世纪 90 年代电视访谈节目在中国的火热、成熟,以不同的形态集中出现在近 30 年的中国电视屏幕之上,并且在近些年的数字融媒变革中,又以全新的姿态和最快的速度出现在日新月异的新媒介之中。

之所以说视频文化类谈话节目意义独特,其一,因为它在中国社会成长变迁中承载过特殊的天然功能。在形态众多的视频文化类节目中,文化类谈话节目在很长的一段历史时期内承担着显著的舆论场功能,加上它与生俱来的文化属性,让它天然地担负起构建公共文化话语空间的作用,有其独特的价值。在欧美各国,以社会文化、文化艺术等为主要内容的谈话节目承担着重要的文化构建功能和大众舆论场效应。在媒介对社会秩序和行为逻辑的塑造中,它作用鲜明,尤其在中国社会独特而充满变革的历史背景下,更凸显出其对国家精神和社会面貌的塑造和影响。

其二,视频文化类谈话节目见证了电视这一具有代表性的中国视频媒介在发展中的各个阶段。它们在很长的历史时期中存在,即便在某一时期短暂淡出电视荧幕,但在不久后又重新回归,走入下一个发展轮回。这种"循环往复"的发展轮回,有的表象为出于"社会舆论"的"自觉呼声",有的看似是源于电视制作机构和人员的"文化追求",有的则直接来自"行政指令"。因此,视频文化类谈话节目以一个独特的生态方式持续地在以电视为代表的视频媒介中存在。在很长一段时间里,它们处于市场的边缘,在激烈的收视竞争中处于明显的相对劣势,并且大多几经沉浮,甚至生存堪忧。其中虽有部分"特殊节目"担负着"国家文化宣传重任",但大多是平等地投入竞争沉浮,虽持续生存,却无法形成持续的影响,甚至近乎"苟延残喘"。但"苟延残喘"的另一面是"一息尚存"。这个并不持续强势却保持着一息尚存的节目品类,恰恰因为它的规模"小",因为它的"边缘性",更因为它的持续存在,在各个媒介发展时代,能够最为敏感地反映并放大当时传播环境的走势和特点,因此我们可以通过它窥一斑而知全豹。如果将整个媒介世界比喻成一个完整的人体,那么文化类谈话节目就犹如这个人体内的"扁桃体",最先反映机体的变化。

其三,更重要的是,这尚存的一息,在当今的社会发展和媒介变迁下,正在发生着跨时代的变革。口语时代、文字时代、印刷时代、电子时代之后,我们迎来了一个崭新的数字融媒体时代。"媒介即讯息"①，媒介创造新的组织方式并重构人的认知。同一个内容形态，同样的讯息，在不同的媒介时代环境下，如何被塑造和改变，如何展现出不同的命运张力，如何与社会及媒介自身进行互动和博弈？视频文化类谈话节目在不断发展演进的媒介环境变迁中，经历前后迥然的发展路径。如果说，在此前的媒介时代，中国电视文化类谈话节目如同巨浪上的轻舟，用自己的起伏反映时代浪潮的话，那么处在今天媒介融合端点上的视频文化类谈话节目，其所面对的不仅仅是起伏的浪潮，更是一次迎接全新生态的革命，以及成为"弄潮儿"的机会。这里会出现新物种，会最直接真实地在我们身旁出现麦克卢汉所预言的"内爆"，会有旧物种淘汰消失，代以出现适者生存的全新形态和思维观念。以视频文化类谈话节目为支点，不仅能看到媒介自身发展的"内爆"，亦可从一个支点的角度记录见证人类媒介历史和中国社会转型的过程，并对未来的传播环境有所探看。

在整个影视视频艺术范畴的某些角度，或是在整个世界视频媒介范围内，文化类谈话节目也许不是一个边界十分明确、已获得学术共识的概念。一方面，它在范畴上体现出明显的综合性和跨越性，它是谈话节目中以文化话题和内容为特色的一个种群，它是文化节目中依靠谈话和互动交流为基本功能的一个节目样态；另一方面，在西方研究语境下，对于"文化类"节目的概念理解与我国有较大的不同，更没有类似"文化类谈话节目"这样的概念分野。但是，这个节目种群恰恰在本书所立足的中国视频媒介发展的实际中，留下过无法磨灭的足迹，并在中国融媒体发展的大潮中成为独树一帜的领军种群。因此，视频文化类谈话节目是一个很有"中国特色"的概念范畴，对其的研究对于中国媒介发展有着特殊的本土意义。同时，作为世界互联网和融媒体发展的重要地，中国发生的媒介变迁，相信对于世界范围的媒介认识也有着不可替代的独特意义。这类节目的杂糅性和综合性，也从另一个方面增加了对这类节目研究的理论依据宽度。

此外，视频文化类节目对笔者而言具有独特的意义。笔者将自己近 20 年宝贵的时间和精力倾注于这类节目的创作和生产，身在此山，10 余年的经验、

---

① 马歇尔·麦克卢汉：《理解媒介——论人的延伸》，何道宽译，南京：译林出版社，2012 年。

积累、喜乐、困思,皆关于此;又心望出山,探得庐山真貌。

因此,本书认为,以中国视频文化类谈话节目作为研究样本和切片,是不可多得的、十分贴合本题的不二选择。打开它,有可能打开一个远未被充分挖掘的宝库。

四、题目的意象:"墙"

本书将"破'墙'重生"作为标题,"墙"成为标题中一个鲜明的意象。

"墙"并不是一个严谨的学术概念,但在众多学科领域和社会语境中,"墙"的意象比比皆是。

在戏剧舞台,"第四面墙"的概念由来已久,这堵"墙"分割开虚构与真实、表演与观众,并影响到今天舞台影视戏剧艺术的创作和欣赏;在媒介传播领域,"边界"一词是一个鲜明的"墙"式概念,媒介形态的边界、媒介时代的边界、传播过程的层级,均在描述一种或可见或隐形的分野和区隔。在媒介传播的微观形态方面,不同媒介之间的差异和边界是鲜明的,边界内外意味着完全不同的信息形态、传播逻辑和社会组织形态。在大众传播的宏观效果方面,蒂奇纳提出了"知识沟理论"。他认为,流入社会系统的大众媒体传播的信息一旦增加,那些具有较高社会经济地位且受过较好教育的人,将比社会经济地位较低、受教育较少的人更为便捷和有效地吸收知识与信息,则知识沟在信息的增长中实际上是不断扩大而不是逐渐缩小。[①]

在文化研究领域,对文化进行不同层面(国家层、组织层、子单位层;主流文化、亚文化)的研究由来已久,文化层面的交互之间,不仅有区隔,还有对立;在现代文化研究中,文化有高低之分的观念一直存在,高雅文化与"群氓文化"的分野一直鲜明:"大众文化与高雅文化的分野竟然隔绝了'他们'与'我们'。"[②]布尔迪厄提出,文化(无论是文本、实践还是生活方式)的区隔是社会中统治阶级与被统治阶级之间斗争的重要方面,而统治阶级宰制性的审美情趣与生活方式则被不间断地转换成社会唯一"合法"的审美趣味与生活观念。[③] 因此,文化的消费就成了生产社会差异并将其合法化的工具,统治阶级

---

① 张成良:《融媒体传播论》,北京:科学出版社,2019年。
② 约翰·斯道雷:《文化理论与大众文化导论》,常江译,北京:北京大学出版社,2010年。
③ 约翰·斯道雷:《文化理论与大众文化导论》,常江译,北京:北京大学出版社,2010年。

借此维系其他阶级对自己的顺从。因而,文化区隔催生了社会区隔、社会疏离以及社会等级的生产与再生产,文化空间的生产与再生产导致了社会空间的生产与再生产。由此,斯道雷说,对于文化研究者而言,后现代主义的最重要的影响,莫过于使人们意识到高雅文化和大众文化两者之间并不存在绝对的藩篱。① 因此,凯尔纳眼中所谓后现代的"新感性"审美特征,即通过在媒体文化中的各种偶像和图像杂糅,挑战艺术创作者与欣赏者的传统界限,打破高雅艺术和低俗艺术之间本来森严的审美之"墙"。② 在我国媒介文化研究中,俞虹教授率先提出将社会阶层引入电视媒介的受众和文化研究,将电视传媒所对应的社会阶层分为强势集团、中间阶层和弱势群体,指出电视传播具有明显的社会阶层"边界"和边界间的互动博弈。③

而在社会生活中,社会热词"代沟",被互联网时代的"圈层""次元壁"代替,社会文化和观念的"隔阂"从以年龄为依据的"代际",扩充升级为以兴趣、地域、文化甚至经济实力的次元维度之隔,其语义中暗寓某种不断增加的隔阂距离和沟通难度。

可以看到,从理论学术到现实生活感受,不乏"墙"的意象。"墙"作为感受性的比喻和描述,代表着阻隔、不畅、困难。笔者借"墙"之意象,以描述分析视频文化类谈话节目在单向媒介时代中所面临的阻碍和困境,也比喻这类节目在融媒体媒介变革中获得"进化"所要突破的固有窠臼与束缚。"破'墙'"集中反映了笔者对于这类节目在融媒体时代进化发展态势的某种强烈的形象化感知。

总之,本书将以中国视频文化类谈话节目的跨媒介时代发展为样本,以"破'墙'"为意象,探究这一特定形态的节目内容种群的特征和进化过程;更从媒介变迁的视角,以中国视频文化类谈话节目为切口和实证,在为其未来寻找可能的发展路径的同时,探讨融媒体环境下的文化变化和社会变化,对未来的媒介内容创作发展进行探寻,驾此一叶轻舟,观浪潮奔流。

---

① 约翰·斯道雷:《文化理论与大众文化导论》,常江译,北京:北京大学出版社,2010 年。
② 道格拉斯·凯尔纳:《媒体文化》,丁宁译,北京:商务印书馆,2004 年。
③ 俞虹:《电视受众社会阶层研究》,北京:北京师范大学出版社,2010 年。

第二节　理论综述与研究方法

在理论采纳和研究方法上,本书呈现出某种综合研究的特性,运用影视艺术学、媒介环境学、传播学、文化进化理论、文化研究理论、社会心理学等理论,试图从多角度、多层次剖解以中国视频文化类谈话节目为代表的视频媒介内容体的进化过程。本书涉及的主要理论分为以下部分。

一、媒介变迁与进化研究

媒介的变迁与人类社会相生相伴,对媒介变迁和进化的研究也由来已久。关于媒介的演变发展及其对社会塑造作用的著论,成果颇丰。这些理论构成了本书媒介观念的基础。

(一)媒介环境学与媒介变迁

近半个多世纪以来,尤以多伦多传播学派为核心的学者群体为代表,从哈罗德·伊尼斯、保罗·麦克卢汉开始,一条将人类文明史与技术发展史结合起来研究媒介演变的道路被打开,后由保罗·莱文森、罗伯特·洛根、戴瑞克·德科柯夫等继承与发展,试图对媒介变迁的规律和方式进行总体的认识和描述,这对之后的世界媒介理论发展影响巨大,形成了"媒介生态学"的学术阵地。

"媒介生态学"的理论突破和贡献主要在如下方面:①将"进化"的思想视角带入媒介变迁研究,将媒介视为不断更替进化、互动演进的生态环境;②对媒介演进的规律、动力和趋势进行揭示,本书将其概括为"功能拟人性""时空超越性""再现净优势"及"人性化"趋向(详见本书第一章);③揭示媒介对于社会组织方式和文化特质的塑成作用与决定性影响;④根据不同的区分依据,对人类媒介传播时代进行划分。

哈罗德·伊尼斯首先提出媒介传播的偏向问题,认为媒介的进化总是在对于时空的偏向和超越之间摇摆运动,或倚重时间,或倚重空间。他强调偏向的重要性在于媒介的时空偏向将影响媒介所在时代的文化特征:一种新媒体的长处,将导致一种新文明的产生。

媒介环境学代表人物麦克卢汉的媒介思想成型于 20 世纪 60 年代,继承其思想导师和同伴伊尼斯的衣钵,第一次将媒介运行明确置于整个社会历史的发展维度上,提出媒介塑造社会结构和人类行为模式的本质意义,以媒介的变迁来丈量人类历史的发展,其学说涵盖传播学、历史学、哲学、心理学等多个交叉学科。

罗伯特·洛根在新媒介环境下进一步发展媒介环境理论。其著作《理解新媒介——延伸麦克卢汉》,完成了他的创新和理论建构。他将新媒介的特征概括为双向传播、社群的建立等 14 条,将麦克卢汉的三大传播时代细分为五个时代,首次将"互动数字媒介时代"单独立论分析。他断言,语言乃"心灵的延伸",口语、文字、数学、科学、计算技术和互联网是人类语言演化链的六种语言。

保罗·莱文森在麦克卢汉的理论基础上,结合自己"互联网教育先行者"的角色,将其理论做了互联网时代的适用性发展。莱文森的《新新媒介》《软利器》等著作在互联网背景下重新阐述麦克卢汉的"十四论",提出人的演化必然是越来越人性化的,后继的媒介必然是对前媒介的补足和补救。他认为:"读者们将发现这种'人性回归'理论——媒介朝人性化方向演进——及其诸多运作在我们的信息技术历史中的突然出现。"[①]他在《人类历程回放:媒介进化论》一书中明确地将媒介运动发展置于"生态"系统中考量,并结合生物学的"生态位"概念创造了"生态位净优势"概念,进而提出,媒介的生态位和净优势不是一种竞争的零和关系,而恰恰是一种生态共生的竞合关系。旧有媒介没有被新媒介"消灭",而成为新媒介的内容和艺术,从基因上融入了新媒介环境。所有的媒介最终在"人性化"的融合下达成统一。

(二)媒介时代的划分依据

在媒介时代的划分方式上,不管是哈罗德·伊尼斯,还是麦克卢汉,抑或是后来的保罗·莱文森、罗伯特·洛根等,他们不约而同地给出了一套以媒介外部形态或信息形态为依据的时代划分方法,如口语时代、文字时代、电子媒介时代等。而马克·波斯特在其著作《第二媒介时代》中,以传播方式的根本不同,将人类社会划分为单向传播的"第一媒介时代"和互动传播的"第二

---

① 保罗·莱文森:《软边缘:信息革命的历史与未来》,熊澄宇等译,北京:清华大学出版社,2002 年。

媒介时代"。这一划分方式将视角从机械的形态特征转向更为本质的传播方式与传播关系。因此，该思路将成为本书划分媒介时代的一个重要依据。

（三）媒介生态学与媒介进化

将媒介视为进化生态的观念，是生态科学与社会科学的结合。将生态学思想引入人类社会秩序的研究创新，曾经出现过两次浪潮，第一次出现在20世纪上半叶，当时生态学概念被应用于包括社会学、经济学和地理学等诸多领域；第二次出现在20世纪70年代，起源于汉纳和弗里曼等，他们开创性地将种群生态学引入人类组织的研究中。[1]

在这样的文化进化视角下，约翰·W.迪米克等学者总结前人的文化进化观念和研究成果，将生态学的"生态位"概念引入媒介领域，并发扬光大为"媒介生态位"理论。迪米克在《媒介竞争与共存——生态位理论》一书中，对媒介进化中的"竞争模式"、"种群与群落"、生态位的"资源维度"、生态位宽度与重叠等一系列问题进行了归纳。这一理论偏向以"拉马克主义"的主动适应和求变来观察媒介种群内部的主动适应性变化，而非"达尔文主义"的自然选择和环境技术决定论。迪米克总结了六个考量媒介生态位的维度：①寻求的满足；②获得的满足；③媒体内容；④时间支出；⑤消费者支出；⑥广告投放。[2]"媒介生态位"理论对于本书最重要的意义是，为本书的基本思路（即以一个特定种群的变异和进化为切入点研究整个环境的进化和变化）之合理性提供了理论支撑。媒介生态位的直接与直观，使得其形成了行之有效的媒介观察工具系统。这些工具也将成为本书观察研究切片样本的一个视角。

二、媒介融合与传播研究

近年来，随着技术发展与社会政策对于媒介进化的双重推动，媒介融合与融媒体成为理论研究的热点，理论成果层出不穷，探索和创新与日俱增。本书在这方面的理论依据主要有两个方面：一是媒介融合的本体论；二是融媒体的传播论。

---

① 约翰·W.迪米克：《媒介竞争与共存——生态位理论》，王春枝译，北京：清华大学出版社，2013年。

② 约翰·W.迪米克：《媒介竞争与共存——生态位理论》，王春枝译，北京：清华大学出版社，2013年。

（一）媒介融合本体论

纵观人类媒介研究的发展，结合上文提到的诸多媒介观可以看到，扩展媒介空间和时间的进程是不断消弭和融合时空边界的过程，最终在数字计算和数据连接中融为一体。旧有媒介没有被新媒介"消灭"，而成为新媒介的内容和艺术，从基因上融入了新媒介环境。所有的媒介最终在"人性化"的融合下达成统一。因此，人类媒介进化变迁的历史，可以说就是媒介融合的历史。媒介融合的进程也包含在媒介进化的时代阶段发展之中。而本书所讨论的"融媒体"，专指酝酿于 20 世纪六七十年代的互联网浪潮，爆发和成型于 21 世纪初叶并持续高速生长迭代的这场数字媒介融合运动。

关于什么是媒介融合，融媒体的本质特性是什么，学术界的讨论由来已久，并随着时间的推移而不断变化。

关于与本书直接相关的"融合"一词，有人认为最早提出这一概念的是麻省理工学院媒体实验室创始人尼葛洛庞帝。他在 20 世纪 70 年代末于其计算机技术著作《数字化生存》中第一次明确应用"融合"，在其著作中提出包括计算机工业、出版印刷工业、广播电影工业在内的三大传媒工业"即将并正趋于融合"①，从概念上首次涉及媒介融合。1983 年，同为麻省理工学院学者的普尔在其专著《自由的技术》中首次明确提出"传播形态融合"概念，并将媒介融合概述为"各种媒介呈现多功能一体化的趋势"。②

我国有关媒介融合概念的探讨，最早起源于 2004 年。当时蔡雯等学者引入媒介融合概念，认为"媒介融合"包含三个必不可少的核心内容：媒介内容的融合、传播渠道的融合、媒介终端的融合。此后，我国其他研究者也曾提出对"媒介融合"这一概念的不同理解。③

本书认为，"融媒体"的一大特点是在"融"的历史推力下，重新梳理了媒介发展的生态关系。中外理论成果为本书的融媒体观铺设了重要路径。

（二）融媒体传播论

融媒体环境对于传播的变革，最直观的表达为对既有传播模式的颠覆与

---

① 尼古拉斯·尼葛洛庞帝：《数字化生存》，胡泳、范海燕译，海口：海南出版社，1997 年。
② 蔡雯、王学文：《角度·视野·轨迹——试析有关"媒介融合"的研究》，《国际新闻界》2009 年第 11 期。
③ 庄勇：《从"融媒体"中寻求生机的思考与探索》，《当代电视》2009 年第 4 期。

吸收,而最根本的改变是传播中的传受关系的彻底改变。

融媒体传播研究体现出明显的承继性。人类传播学蔚为大观的研究成果不断阐释着数字融媒体时代之前的媒介运动规律,既描绘了传播的伟力,也从反面展现了当时传播的局限。拉斯韦尔的 5W 直线传播模式,施拉姆、奥斯古德、德弗勒等的循环传播模式,丹斯的螺旋传播模式,马莱兹克、赖利夫妇的社会系统传播模式,田中久义的传播模式总过程,这些传播学史上的一座座路标,不仅把人类传播研究从单线条的单一认知逐步推向系统化的融合思维,更为互联网和融媒体传播模式的研究提供了路径依据。

作为互联网发展和媒介发展重地,中国传播理论界在互联网和融媒体环境下的传播研究也成果颇丰。作为国内互联网传播研究的先行者,彭兰从网络的技术平台、传播媒介、经营平台、社会形态等层面界定网络传播的属性,提出了网络传播的"复合性""连通性""开放性""多级性"共在的"网状节点模式"[①],将交错性和传受融合的网络传播实际清晰地展现出来,节点彼此平行;匡文波专注新媒体环境下的传播变革,从新媒体的不同质地和传播特性入手,从新媒体舆情和谣言的生成消亡模式角度,做了大量研究,其网络传播下的"议题出现、议题存活、舆论整合和舆论消散模型",从一个侧面描述了互联网传播的模式样态[②];李沁于 2013 年提出"沉浸传播"概念,真正将观察视点从互联网泛在的传播特性跃迁到融媒体环境的传播思考上,认为"沉浸传播"(immersive communication)是一种全新的信息传播方式,它是以人为中心、以连接了所有媒介形态的人类大环境为媒介而实现的无时不在、无处不在、无所不能的传播,它是使一个人完全专注的、完全专注于个人的动态定制的传播过程,它所实现的理想传播效果是让人看不到、摸不到、觉不到的超越时空的泛在体验[③];张成良则借鉴了经典传播模式中的螺旋形传播模式、系统性传播模式和物理学运动模型,提出了"抛体—涡轮传播模式",这个模式将融媒体传播分为"抛体传播"和"涡轮传播"两个模式部分,并将媒介融合的演化过程理解为这两种模式的一体化过程[④],并进一步在《新媒体素养论》中对新

---

① 彭兰:《网络传播概论》,北京:中国人民大学出版社,2019 年。
② 匡文波:《新媒体概论》,北京:中国人民大学出版社,2019 年。
③ 李沁:《沉浸传播》,北京:清华大学出版社,2013 年。
④ 张成良:《融媒体传播论》,北京:科学出版社,2019 年。

媒体传播环境下的媒介和媒介人变化深入研究。其中,"抛体—涡流"的融媒体传播模式较为形象和全面地描述了融媒体传播环境的特性,将被本书更为深入地采用。

传受关系的变革是融媒体传播的本质革新。而对基于互联网和数字技术的融媒体受众的定性研究,是从对网络传播活动的参与者研究开始的。最早的网络媒介受传者概念是由米切尔·霍本首先创立的"网民"概念(netizen),具有"网络公民"意涵,突出了网络传播参与者的积极性和主动性特点。随着商用网络产品和服务领域的巨大发展,"用户"概念也被进一步引入研究领域,并随着 Web 2.0 和移动互联网的发展而更推而广之。何威提出了"网众"的概念,意指"网络化用户"组成的群体,视为大众子集,有强烈的群体性和社会性①;夏德元在其《电子媒介人的崛起》一书中,提出"电子媒介人"概念,用以指涉在媒介化社会中掌握各种电子媒介、具备随时发布和接受电子信息能力、成为媒介化社会电子网络节点和信息传播主体的人②;李沁根据其"沉浸传播"理论提出"沉浸人"和"泛众"概念,以对应无处不在、无时不在的"泛众网络"的"沉浸传播"特点。③ 葛自发在上述理论的基础上,提出"流众"(bitizen)概念,将数字传播主体用户以数字融媒体的基本技术单位——比特信息流来定义,认为"流众"是比特信息网络化流动的发起者与参与者,既包括数字传播的参与个体,也包括群体和组织,突出融媒体传播中传受一体的根本特性,即"所有人对所有人的传播"。④ 可以看到,上述理论流变,统一以"人"为旨归,这也是笔者对于融媒体传播环境中"人"这个核心要素的理解基础和本书的研究价值取向。

如此,媒介融合本体论与融媒体传播论构成了本书传播研究和传播环境思维的基础,也是融媒体内容种群变异和进化的重要驱动力,为之后的艺术批评与意识形态研究部分铺设了话题场域。

---

① 何威:《网众传播》,北京:清华大学出版社,2011 年。

② 夏德元:《电子媒介人的崛起——社会的媒介化及人与媒介关系的嬗变》,上海:复旦大学出版社,2011 年。

③ 李沁:《沉浸传播》,北京:清华大学出版社,2013 年。

④ 葛自发:《流众传播》,北京:中国国际广播出版社,2019 年。

三、影视艺术研究

艺术创作的风格变化表达着社会客观世界和创作者主观世界的变化与互动,而创作的语言、手法与观念的变化则承托着创作风格的发展。作为视频艺术的最新创作和实践成果,融媒体视频节目(尤其是在数字新媒介中的视频节目)从创作语法到欣赏方式,很大程度上沿袭了其艺术前身——电影和电视的基本原理与审美体系。在融媒体下,经典影视艺术学理论不仅依然是有效的理论工具,也成为亟待被发展和补充的对象。本书依托既有的经典电影理论和电视艺术学理论,对融媒体环境下的视频内容体创作成果进行文本分析、形态研究和镜像探讨。

(一)经典电影理论

"影像"是影视艺术区别于其他艺术形式的本质元素。以巴赞、普多夫金和爱森斯坦等为代表的学者们创作的经典电影理论为所有日后的视频媒介中的视频艺术奠定了一般语法和规则。其中,安德烈·巴赞的现实主义电影理论对本书的影响甚大。巴赞在《电影语言的演进》一文中将"影像"泛指为"被摄事物再现于银幕时一切新增添的东西"[①],这种增添是复杂的,但基本上可以归纳为以下两类:影像的造型和蒙太奇。在他看来,影像的造型应当包括布景与化妆风格,在一定程度上也包括表演风格和照明及完成构图的取景。[②] 而蒙太奇则标志着电影艺术的诞生,也标志着视频艺术的开端。爱森斯坦等学者对蒙太奇理论、声画结构等进行了开创性研究,并将蒙太奇上升为思维方式高度,与辩证思维联系在一起。而与"影像"或者承载"影像"的银幕(屏幕)息息相关的"镜像"概念,则将视频艺术的认识论带入现代电影理论时代。镜像探讨是影视艺术批评特有的属性,包括对影视画面、影视声音及影视叙事模式等进行文本意义上的探讨。从根本上而言,任何影视批评文本都必须建立在镜像探讨的基础之上,否则,影视批评就会被一般的主题阐释、文本分析和产业研究所替代,并丧失其不可或缺的影视特性。[③] 作为电影本体论的奠基人,安德烈·巴赞对镜像探讨有着特殊的重视。1943 年他在《电

---

① 安德烈·巴赞:《电影是什么》,崔君衍译,北京:商务印书馆,2017 年。
② 安德烈·巴赞:《电影是什么》,崔君衍译,北京:商务印书馆,2017 年。
③ 李道新:《影视批评学》,北京:北京大学出版社,2002 年。

影评论辩》一文中,对当时电影批评对于镜像讨论的普遍忽视进行反思,认为对于"构成电影物质元素本身的东西"的见解是电影批评的核心。[①] 而今天来探讨在融媒体互联网环境下的视频艺术,对于其"影像"等特有艺术语言的探讨和透过播放影像的屏幕这面"镜子"所折射出的镜中人心和文化投影,亦是具有重要价值和理论韵味的。对于文化类谈话节目等融媒体视频节目体而言,它在基本艺术语言上继承了蒙太奇、长镜头等经典电影理论所构筑的影像规则,又在语言功能形态上大大沿袭了电视的传达形态和表现形态,发挥着传播功能、纪实功能和表现功能。这类节目的"影像",在从电视时代向融媒体时代转型的过程中,发生了显著变化,使它们既区别于其他性质的媒介艺术,亦与前时代的视频艺术存在特点上的不同倾向,印刻着媒介组织方式和人类生存环境的变化。

(二)电视传播艺术与谈话节目类型研究

融媒体视频节目直接承继了电视艺术的传统和体系。中国电视艺术研究伴随着中国电视事业的蓬勃发展而成果丰厚。《中国应用电视学》《影视艺术导论》《会诊中国电视》《节目主持人通论》等著作,不断追踪中国电视艺术发展的最新动态,一步步发展和完善了电视艺术研究的学术体系和独立学术价值,从电视传受双方的不同角度和侧面,对电视艺术的手法、技巧和规律进行了深入的学术建设。这些前人成果为本书的电视艺术观和电视学思维打下基础。

在已有的电视艺术研究成果之中,电视谈话节目的类型研究是本书的一大研究重点。

视频文化类谈话节目是中国视频媒介发展历程中一个具有形态典型性和杂糅性的内容体种群。尤其是在其进入融媒体发展阶段之后,与多种节目形态进行融合杂交,展现出艺术创作上的丰富与活跃。但其基本的形态基础和艺术特点并没有偏移,那就是基于谈话类节目这一节目形态的基本形态框架和创作范式。因此,对于电视谈话类节目的类型研究成为本书电视艺术研究的主体。

与其他节目类型的研究成果相比,有关电视谈话节目的研究成果并不算

---

① 李道新:《影视批评学》,北京:北京大学出版社,2002年。

丰富，而且研究呈现出某种方向和观念的共同性和相似性。这集中体现在对于谈话节目性质特点与理念技巧的理解上。苗棣、王怡林在《脱口成"秀"——电视谈话节目的理念与技巧》中明确提出了电视谈话节目的三个基本要素特征：①以谈话为主要内容；②谈话是无脚本的；③谈话是在严密设计基础上的即兴发挥。也就是说，谈话既具有真实性，也具有表演性，并根据语言方式不同将其分为辩论型谈话、讨论型谈话、叙事型谈话和清谈型谈话四个类型。① 鲁健在《电视访谈节目主持艺术》中，结合西方电视行业的概念认知，认为访谈节目不等同于专访，而是涵盖了专访和谈话，涵盖了"interview"和"talk show"等不同类型，依据"群言"和"非群言"将访谈分为专访和谈话，认为"访"和"问"的语态中必定兼融"谈"和"辩"的形态，并根据"内容题材不同"将电视访谈节目分为"人物类访谈节目""话题类访谈节目""事件类访谈节目"。② 陈永庆等在《电视谈话节目研究》中回顾了中国电视谈话节目的简要历程，认为电视谈话节目在当时是继"综艺浪潮""纪录浪潮""游戏浪潮"之后冲击中国电视的"第四次浪潮"，并按"叙事型""辩论型"和"讨论型"将其分类。③ 周占武在《谈话的力量——中国新闻类电视谈话节目研究》中则更为深入地围绕"脱口秀"的"秀"字进行阐释，认为中国电视谈话节目不等同于西方的脱口秀（talk show），是一个涵盖更大的范畴，而不少谈话节目也是脱口秀，很多脱口秀也是谈话节目："《越策越开心》和《天天向上》虽然属于娱乐节目，有相当多的表演和游戏成分在其中，但从整体看，还是以谈话和语言为主体，凸显了谈话的魅力，和娱乐有机地结合在一起，具备了电视谈话节目的要件，可以归入谈话节目。"④俞虹等将1996年《实话实说》的开播作为中国电视谈话节目主持人出现的开端。⑤ 胡智锋等认为，在谈话节目中，主持人的风格往往代表和决定了其节目的独特品格。⑥ 郝朴宁在《话语空间——广播电视谈话节目研究》中认为，谈话节目的艺术魅力和历史意义在于反映和推动了社

---

① 苗棣、王怡林：《脱口成"秀"：电视谈话节目的理念与技巧》，北京：北京广播电视出版社，2006年。
② 鲁健：《电视访谈节目主持艺术》，北京：中国传媒大学出版社，2014年。
③ 陈永庆主编：《电视谈话节目研究》，北京：知识产权出版社，2004年。
④ 周占武：《谈话的力量——中国新闻类电视谈话节目研究》，北京：中国广播影视出版社，2017年。
⑤ 俞虹：《节目主持人通论》（修订版），北京：中国广播电视出版社，2004。
⑥ 胡智锋主编：《影视艺术导论》，北京：高等教育出版社，2012年。

会观念的转变,在"关注人"的理念指导下,当时的中国电视人在逐步修正着"传播者"的角色定位——从全知全能的信息第一发布者,演变成为信息传递的中介者,谈话主持人放弃了"权威的喉舌"而充当起"有思想的耳朵",广电媒介和大众文化趋于"人"与"真"的回归。① 这些理论成果为本书构建对谈话节目的基本认知提供了基本框架,并对这类节目在微观形态上的杂糅性和丰富性特征提供了共性认知层面的理论支持,为确定本书所选样本的外延和范围提供了较大参考。

四、基于社会心理的认同路径研究

作为直接操作并产生文化讨论与文化观念的大众文化产品,文化类谈话节目在自身进化中要获得生存发展空间的关键,是获得用户群体的偏好认同和社会观念的文化认同。社会和市场的认同度也是本书样本在不同时代环境下的明显区别。在"认同"层面的分析中,本书将利用社会认同路径研究的部分成果,分析这种同一样本在不同时代获得不同认同的现象背后的规律和原因,剖析样本种群在获取认同优势的进化过程中所进行的主动适变行为和过程,并为文化研究层面的探讨和揭示做铺垫和过渡。

社会认同被社会心理学范畴定义为:"个体知晓他/她归属于特定的社会群体,而且他/她所获得的群体资格会赋予其某种情感和价值意义。"② 社会认同理论是泰弗尔(Tajfel)等在 20 世纪 70 年代提出的,并在群体行为的研究中不断发展。而后特纳(Turner)在此基础上提出了自我归类理论,进一步完善了该理论。社会认同理论强调了社会认同对群体行为的解释作用,为群体心理学的研究做出了巨大贡献。③ 豪格(Hogg)等后继学者较为全面地总结了前人研究,将这一体系发展为"社会认同路径"理论,对社会认同形成的机制和过程进行了从个体到群体的深入分析和归纳,总结出社会认同模型(见图1-1),从社会流动和社会变迁两个角度,对不同权力结构和地位下的认同形成过程进行理论概括,不失为认同研究和分析的有力抓手。

① 郝朴宁:《话语空间——广播电视谈话节目研究》,北京:中国社会科学出版社,2005年。
② 迈克尔·A.豪格、多米尼克·阿布拉姆斯:《社会认同过程》,高明华译,北京:中国人民大学出版社,2011年。
③ 张莹瑞、佐斌:《社会认同理论及其发展》,《心理科学进展》2006年第3期。

个体社会信念系统:	社会流动	社会变迁			
		无认知替代物		有认知替代物	
改善社会认同的策略类型:	个体流动	社会创造性			社会竞争
具体方式:	"退出"、"穿越"、同化进入高地位群体	群际比较的新维度	重新定义既存维度	与其他外群体比较	公民权运动,政治游说,恐怖主义,革命,战争
支配群体为维护自身位置做出的策略性回应:	"小规模的"穿越被容忍——门面主义。"过多的"穿越促使支配群体巩固加强群际边界	小规模的被容忍。"过多的"会使支配群体巩固加强原初维度,支配群体施加/创造新维度	小规模的被容忍。"过多的"会使支配群体巩固加强原初价值	被鼓励,"分而治之"的策略	直接的竞争性策略:政治的、军事的等
如果成功:	积极的社会认同,附属群体解体	积极的社会认同,现状没有改变			积极的社会认同,新的社会秩序
附属群体的策略所带来的结果:	边缘认同,现状没有被改变	社会认同,现状没有被改变			
如果不成功:	反馈到社会信念系统和策略选择				

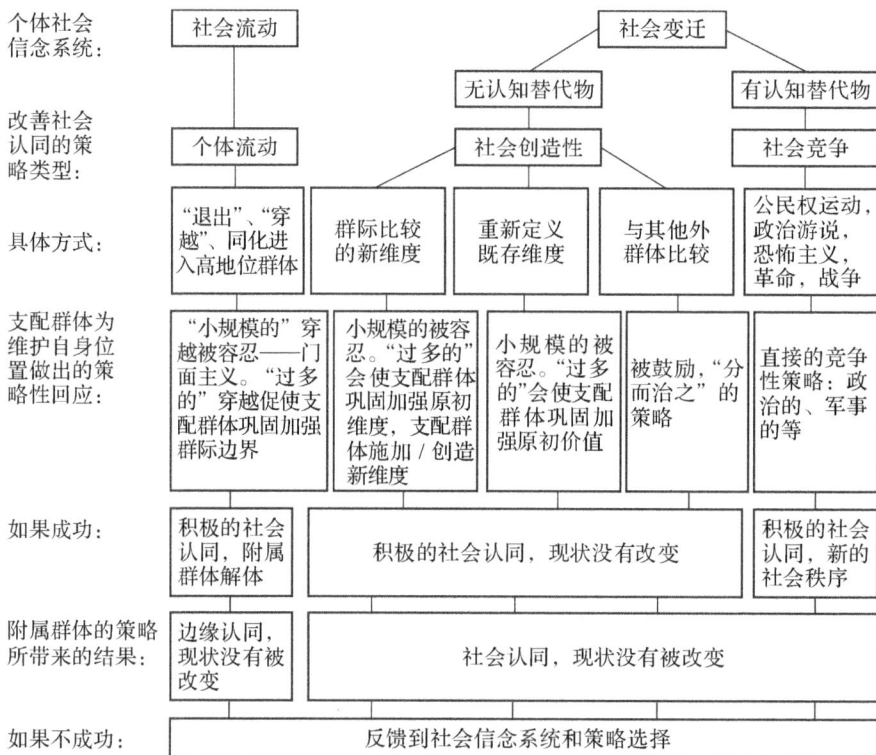

图 1-1　大规模群际关系的社会认同模型[①]

五、大众文化与意识形态研究

本书的样本处于大众文化范畴,主要作用于媒介文化领域,进而影响社会文化变迁。在讨论其性质倾向性、传播融合性、创作审美性等多方面的适变之后,势必要进入其文化趋向和文化影响的研究。意识形态批评和大众文化研究的众多理论成果成为本书的有力支撑,本书也试图在最新的前沿媒介实践剖析中对这些理论的当代性发展做出一定贡献。

(一)意识形态与霸权研究

在马克思主义的哲学传统中,马克思和恩格斯都将意识形态的特征确定为特定的历史时期里取得支配权力的统治阶级的诸种观念。在马克思与恩格斯开创的经典理论当中,社会的经济基础和上层建筑是辩证统一的关系,

---

①　迈克尔·A.豪格、多米尼克·阿布拉姆斯:《社会认同过程》,高明华译,北京:中国人民大学出版社,2011 年。

前者决定后者,后者反作用于前者。他们指出,在每一个时代,统治阶级的思想就是主导思想,即在社会的物质力量中起主导作用的那个阶级同时也在这个社会的精神力量中起主导作用。当然,这并不意味着统治阶级意识形态就能顺利强加到被统治阶级身上,马克思和恩格斯意识到意识形态领域的斗争是激烈而复杂的。[①] 这种霸权就是把特殊的利益伪装成一般的利益,使阶级统治神秘化或被掩盖,因而这种霸权是为阶级统治服务的。马克思的意识形态批评把意识形态简化为对阶级利益的护卫,因而主要是经济主义的,大体上指那些使得资本主义的统治阶级的统治变得合法化的观念。而在当下的文化批评语境下,意识形态除了包括阶级权力和利益,还扩展到占统治地位的性别、种族、群体等得以合法化的理论、观念、文本和再现等。

法兰克福学派将马克思主义与精神分析学说相结合,开创了"批判理论"。霍克海默和阿多诺在《启蒙辩证法》中开创了"文化工业"的概念,并提出通俗文化产品的两个特征:一是同质性,认为"电影、广播和杂志共同组成了一个整体和局部都高度一致的体系";二是可预测性,电影一开始,观众对它的结局如何、谁会获得奖励、谁会得到惩罚一清二楚。[②] 阿多诺在《论流行音乐》一文中曾揭示了流行音乐的本质,是"标准化"的、易被商业滥用的音乐形式,因而带来"伪个性化"的必然结果:"音乐的标准化使消费者按照生产者规定的方式规规矩矩地听歌。而伪个性化所发挥的作用就是让他们在乖乖听歌的同时完全意识不到自己的听歌方式是被控制的,或者说,这些歌都是被预先消化过的。"[③] 于是在"被迫消费"的被动消极过程中,流行音乐在"节奏顺从"和"情感顺从"两个维度上发挥了"社会黏合剂"的作用。在法兰克福学派这里,似乎"意识形态"等同于虚假的仪式和资本主义系统性谎言,"真实"则在意识形态对面。在《单向度的人》中,马尔库塞指出,娱乐和信息工业(文化工业)生产出来的东西是令人难以抗拒的,因其包含某种观点和习俗的预设,通过诱发精神情感的反应将"心甘情愿的"消费者和文化生产者绑定在一起;进而文化的受众也就被纳入了整个资本主义意识形态的体系之中。文化的产品向人们灌输的是某种虚假意识,操纵着大众的思想,而人们无法完全

① 卡尔·马克思、弗里德里希·恩格斯:《德意志意识形态》,北京:人民出版社,2018 年。
② 霍克海姆、阿多诺:《启蒙辩证法》,渠敬东、曹卫东等译,上海:上海世纪出版集团,2006 年。
③ 西奥多·W.阿多诺:《论流行音乐》,周欢译,《当代电影》1993 年第 5 期。

辨别其欺骗性,进而业已塑形成通常的生活方式。① 与众不同的是本雅明,他对通俗文化并不持完全悲观的态度。在《机械复制时代的艺术作品》一文中,他指出:"艺术的机械复制改变了大众对艺术的反应。对一幅毕加索绘画的消极态度变成了对一部卓别林电影的积极态度。"②因此他乐观地迎接艺术作品可被"复制"的时代的到来,因为"意义"不再独一无二,而是可被质疑的,因此这将开启文化"民主"新的进程。

葛兰西的"霸权"理论及新葛兰西派文化研究的理论发展,无疑为文化研究和社会研究打造了一把锋利的"手术刀"。"霸权"(hegemony)是葛兰西的核心概念,在葛兰西看来,它是在一个有阶级差别和利益冲突的非同质社会中的某种进行时状态,它描述了统治阶级及其相关阶级通过操纵"精神与道德领导权"的方式对社会加以引导而非统治的过程。霸权从来不是简单的自上而下的权力,在霸权中包含了某种特殊的共识,即一个特定的社会群体想尽办法将本群体的特定利益展现为整体性的社会利益。因此,霸权是一种统治阶级和被统治阶级之间的互相"协商",这一过程同时包含"抵抗"和"收编"。同时,葛兰西清醒地认识到这种协商与让步必定存在的局限性,因而其明确指出,霸权的争夺绝不可能对阶级权力的经济基础构成威胁。葛兰西创造了所谓"有机知识分子"(organic intellectuals)概念,他认为,每个新阶级随自身一道创造出一种"有机知识分子"并在自身发展过程中进一步加以完善,这些人大多数是新的阶级所彰显的新型社会中部分基本活动的"专业人员"。③ 这些知识分子彼此具有同质性,并且时刻清楚自己不但要在经济领域发挥作用,而且还要在社会和政治领域大展拳脚。霸权即被这些所谓的"有机的"知识分子所掌控。有机知识分子在最广泛的意义上扮演了阶级组织者的角色,其任务就是对道德和精神生活的革新加以形塑和操控。④

葛兰西学派认为,大众文化是一个富含冲突的场所,被统治阶级的"抵抗"力量与统治集团的"收编"力量进行着斗争。大众文化既不是自上而下进行灌输的欺骗性文化,也不是自下而上源于大众创造的对抗性文化,而是同

---

① 约翰·斯道雷:《文化理论与大众文化导论》,常江译,北京:北京大学出版社,2010年。
② 本雅明:《机械复制时代的艺术作品》,《启迪:本雅明文选》,汉娜·阿伦特编,张旭东等译,北京:生活·读书·新知三联书店,2010年。
③ 安东尼奥·葛兰西:《狱中札记》,曹雷雨等译,开封:河南大学出版社,2014年。
④ 约翰·斯道雷:《文化理论与大众文化导论》,常江译,北京:北京大学出版社,2010年。

时包括了"抵抗"和"收编"的过程、体现了两者互动与协商的"场"。"霸权"理论进一步提出了"均势妥协"概念,描述在这一领域里的不同取向的大众文化所面对的宰制性的、屈从性的与反抗性的文化及意识形态价值彼此"混杂",相互转换。按葛兰西的话来说,大众文化达成了一种妥协的"均势",又因为其涵盖了社会生活的方方面面,所以可以从阶级、种族、性别、代际、宗教等各个层面进行分析。"霸权"视角的文化研究路径为本书文化研究层面的探索带来很大启示。

(二)大众文化与媒介文化研究

大众文化是"创造总体性的社会观念"的场所,是"指意的政治"彼此争夺、诱使人们按照某些特定的方式观察世界的竞技场。[①] 罗兰·巴尔特指出,作为意识形态的"神话"主要在内涵层面发生作用,是文本或时间所承载或可能承载的、简洁的、常常是无意识的含义。阿尔都塞提出,意识形态并非简单的观念集合,而是一种物质实践,因此意识形态不只存在于日常生活的观念之中,更存在于日常的生活实践之中。[②]

如前文所述,德国法兰克福学派批评理论、英国伯明翰学派文化研究在大众文化的意识形态研究方面成果斐然。而在美国,凯尔纳和菲斯克的大众文化研究尤为突出。

凯尔纳认为,早在电视广播出现的年代,媒体文化就已经成为大众文化中的主导文化:电视代替了各种形式的精英文化而成为社会文化的关注中心,它以图像和名流代替了家庭、学校和教堂作为趣味、价值和思维的仲裁者的地位,制造新的认同榜样以及引人共鸣的风格、时尚和行为的形象等。[③] 正如其所言,媒体文化的产物绝非天真无邪的娱乐,而是彻头彻尾的意识形态产物。在他看来,意识形态调动感情、信仰等,从而促使人们满足于某种主导性的关于社会生活的核心设定,这些设定组成一个社会的"常识"为诸种利益集团所服务。"处于相互斗争中的各个团体和力量借此去配置民主、自由和个人主义等话语,而这些集团又是依据其自身的意识形态的议程和目的对此

①　约翰·斯道雷:《文化理论与大众文化导论》,常江译,北京:北京大学出版社,2010年。
②　路易·阿尔都塞:《意识形态和意识形态国家机器》,《外国电影理论文选》,李恒基、杨远婴主编,上海:上海文艺出版社,1995年。
③　道格拉斯·凯尔纳:《媒体文化》,丁宁译,北京:商务印书馆,2004年。

类话语加以改变。"①

在其著作《媒介奇观》中，凯尔纳结合法国哲学家和导演居伊·德波的"景观社会"概念提出，"媒体奇观"概念指"那些能体现当代社会基本价值观、引导个人适应现代生活方式并将当代社会中的冲突和解决方式戏剧化的媒体文化现象，它包括媒体制造的各种豪华场面、体育比赛、政治事件"②，带人们进入一个充满娱乐、信息和消费的新的符号世界；他指出"奇观"成为一种趋势，使人们必须通过中介物来认识现实，发挥了鲜明的催眠和麻痹的作用。在他看来，这样的奇观社会，将导致一种完全支离破碎的生活，受制于时尚的反复无常以及广告与大众文化的微妙灌输。社会化的诸种过程使得"个性"均一化。也就是说，"个性"的多样性在消费主义的文化霸权下，实质上是不存在的，"差异就是卖点"③，个性是一种极受调停的结果。

同时，大众文化这个文化权力斗争和博弈的场域更是动态的，尤其是在以技术为基础的融媒体环境中。一方面，新的计算机（互联网与融媒体）技术提供了新的监督和控制形式（共景监狱）；新的媒体技术同时也通过更为有效、更为巧妙地掩盖起来的教化与操纵的技巧提供了强有力的社会控制形式。另一方面，新的媒体技术提供了更为多样化的选择、更多的文化自治的可能性，同时为另类文化和观念的涉入打开了更多的通道。人们越来越能够区分媒体作品的编码和解码过程，认识到能动的受众常常对文化产业的产品形成"属于他们自身的意义和作用"。文本应该解读为多重声音的表现，而非对单一的意识形态声音的说明，由此需要将其辨别出来并予以抨击。因而，文本需要多元的解读，从而揭示出文本的矛盾、有争议性的边缘因素以及内在的失语。不应该将意识形态仅仅概括为掌握在全能的统治阶级手中的一种控制力量，而可以从语境和关联性方面予以分析，将其看作一种对抵制的反映，一种对统治霸权所构成的威胁的迹象。

同样，菲斯克把"大众的事物"看成一种受抵制支配、努力制造自身意义和快乐以及躲避社会控制的领域。于是，政治斗争被置换成争取意义和娱乐的"斗争"，而"抵制"则与躲避社会责任相提并论了，变得无关痛痒，由此就提

---

① 道格拉斯·凯尔纳：《媒体文化》，丁宁译，北京：商务印书馆，2004 年。
② 道格拉斯·凯尔纳：《媒介奇观》，史安斌译，北京：清华大学出版社，2003 年。
③ 道格拉斯·凯尔纳：《媒体文化》，丁宁译，北京：商务印书馆，2004 年。

供了一种"流行文化"的意识形态,而这一意识形态吻合于现存权力的利益。因此,"流行文化"最擅长生产的"愉悦",其本身既非自然而然,也非天真烂漫,而是习得的,与权力、知识等要素密切联系在一起。但是,菲斯克对大众的文化消费潜能抱有乐观的看法,认为观众对文本的消费行为是"生产性"的解读行为,而非"被动性"的灌输过程,从而"激活"电视节目使其成为"文本"。他赋予"愉悦"和"快感"以较高的价值,认为快感来自电视读者对意识形态的识别、认同、抵制等一系列创造性活动,因此提出文本除了创作者试图传达的意义,还有许多"意义的冗余",这为读者的认同、抵制和戏谑提供了可能。因此,"内在的就是政治的"①。正如菲斯克在《解读大众文化》中所说,"霸权之所以必要,或者甚至是可能,仅仅因为抵制的存在"。②

因此,在霸权理论的视角下,大众文化是一种"上"与"下"、"商业"与"本真"之间彼此"协商"产生的混合物,是平衡着"抵抗"与"收编"两股力量的不稳定"场"。③ 而媒体与权力密切地联系在一起。当今的融媒体在塑造我们的世界观、公共言论观、价值观和行为观等方面发挥着主导性的作用和影响,因而是社会权力及其斗争的一个重要平台。

(三)消费社会与景观社会

消费主义文化在当前大众文化基因图谱中是占据核心霸权地位的。在对样本文化基因和趋向的具体分析和宏观视角下,鲍德里亚对消费社会的揭示与批判对本书的影响很深。

鲍德里亚对消费社会的认识和批判,是从对人类社会"丰盛"现象的认识开始的,即"在我们周围,存在着一种由不断增长的物、服务和物质财富所构成的惊人的消费和丰盛现象,……通俗地说,富裕的人们不再像过去那样受到人的包围,而是受到物(objects)的包围"④。消费者与物的关系发生异化,物对于消费者而言其特别用途的第一性被其表征的全部符号化意义所取代。"人们从来不消费物的本身(使用价值)——人们总是把物(从广义的角度)当作能够突出你的符号,或用来让你加入视为理想的团体,或作为一个地位更

---

① 约翰·菲斯克:《电视文化》,祁阿红、张鲲译,北京:商务印书馆,2010年。
② 约翰·菲斯克:《解读大众文化》,杨全强译,南京:南京大学出版社,2001年。
③ 约翰·斯道雷:《文化理论与大众文化导论》,常江译,北京:北京大学出版社,2010年。
④ 让·鲍德里亚:《消费社会》,刘成富、全志刚译,南京:南京大学出版社,2017年。

高的团体的参照来摆脱本团体。"①在客观社会的生产范畴间,"消费范畴混杂其中,即符号控制的范畴混杂其中,……当今社会越来越多的根本方面属于逻辑范畴,属于象征规则和体系范畴"。即,将西方社会从基于物品生产到基于信息生产的转化变迁描述为"从冶金术社会"向"符号创衍术社会"的过渡。因此,他提出"消费社会"的特征:在空洞地、大量地了解符号的基础上,否定真相。② 鲍德里亚进而指出,"物质丰盛的社会"与"物质匮乏的社会"并不存在,也从来没有出现过,因为不管它生产的财富与可支配的财富量是多少,都是既确立在结构性过剩也确立在结构性"匮乏"的基础上的。并不是人人都能拥有一样的物,即便在需求与满足原则和物与财富的使用价值前人人平等,但在交换价值前却并非人人平等,而是被分化。因而说,"不平等的功能就是增长的本质"。③ 在物的经济方面不仅存在不平等,而且有一个根本的差别:"有一部分人注定要献给一种神奇的经济和原封不动的物,以及作为物的其他所有东西(观点、娱乐、知识、文化)。"④这种盲目拜物的逻辑就是消费的意识形态。鲍德里亚对于消费社会中的广告质询、色情泛滥、个性消弭、真实退场等现象的辛辣揭露与深邃认识,为本书研究消费主义在融媒体文化类谈话节目和融媒体内容体文化演化中的作用提供了丰厚的理论滋养。

作为鲍德里亚和凯尔纳学说的某种思想来源,居伊·德波的"景观社会"理论为今日的融媒体社会文化观察提供了一扇窗。正如南京大学的张一兵教授所说,居伊·德波希望宣告一个新的历史断代,即马克思主义所面对的资本主义物化时代而今已经过渡到他所指认的视觉表象化篡位为社会本体基础的颠倒世界,或者说过渡为一个社会景观的王国。⑤ 这正是鲍德里亚对物的符号意义超越工具意义的阐释的直接思想来源。"景观"一词被德波借用来意指其所看到的当代资本主义社会新特质,即当代社会存在的主导性本质体现为一种被展现的图景性。人们因为迷人的景观而丧失自己对本真生活的渴望,而资本家则依靠控制景观的生成和变换来操纵整个社会生活(凯

---

① 让·鲍德里亚:《消费社会》,刘成富、全志刚译,南京:南京大学出版社,2017 年。
② 让·鲍德里亚:《消费社会》,刘成富、全志刚译,南京:南京大学出版社,2017 年。
③ 让·鲍德里亚:《消费社会》,刘成富、全志刚译,南京:南京大学出版社,2017 年。
④ 让·鲍德里亚:《消费社会》,刘成富、全志刚译,南京:南京大学出版社,2017 年。
⑤ 张一兵:《德波和他的〈景观社会〉》,居伊·德波著,张新木译,《景观社会》,南京:南京大学出版社,2019 年。

尔纳的社会奇观与它何其相似)。德波的一个理论发现是指出景观社会"让人看到"的倾向,即一种"视觉或者图像的转向":真实世界沦为简单的图像,影像升格为看似真实的存在。因此,社会文化呈现出一种"必须让人看到"的倾向,或者一种深植于景观的资本主义合法性的"永久在场":"出现就是好东西,好东西就会出现。"因此,德波感叹:"如果景观有三天的时间未对某事发表看法的话,那么,这件事就好像不复存在了一样。"[1]这与当今融媒体时代的社会文化图景何其相似。

综上,消费社会和景观社会的复合视角,将对本书第八章的文化研究和批判提供很大启发。

纵观以上五个部分的主要理论梳理可以看出,由于本书涉及的理论范围较广,现象层面复合而丰富,因此在归纳、提升、整合上的任务较重。

在研究方法上,本书努力注重理论联系实际,实证研究与学理研究相结合,专项调研、专门访谈和文献研究相结合,宏观描述与微观分析相结合,线性分析与比较研究相结合,定量分析与定性分析相结合。总之,在理论创新的指导思想下,在尽可能广阔的理论视野下,运用科学的研究方法,努力提出问题,分析问题,解决问题。

第三节　研究特点与理论价值

本书的两个基本问题是:

(1)以视频文化类谈话节目为基础,研究同质的节目内容体在不同传播时代和社会特征下的不同发展境遇和特征,归纳此类内容体在融媒体时代前后进化适变的特征与规律;

(2)以视频文化类谈话节目的进化和变异为切入点,探究不同的社会传播环境和文化时代对社会文化的存在所产生的重大影响。

在影视学研究基础上,笔者努力博采众家之长,将多学科、多维度的理论融合在关于融媒体生态进化的话题之中,将社会媒介环境进化建构在社会文

---

① 居伊·德波:《景观社会评论》,梁虹译,桂林:广西师范大学出版社,2007年。

化变迁的价值追寻之上，将传播研究和产业研究的探讨化解在文化与审美的意境当中，努力在理论开拓创新和时代前沿价值上做出贡献。

一、理论创新意义

(一)填补相关理论空白

本书以融媒体内容进化的样本——中国视频文化类谈话节目为研究切片。虽然在行业发展语境中这类节目由来已久，并且在很长一段历史阶段发挥着重要的文化作用和媒介作用，但在理论研究领域，这个课题似乎还是空白。在中国知网(CNKI)中，搜索"文化类谈话节目"，结果为"0"；以主题搜索，显示结果仅71篇，并且大多是探讨谈话节目的文化意义，如，王淑一的《电视谈话节目的文化内涵研究》、黄芳芳的《谈话节目的文化价值研究》、王振军的《电视谈话节目的传播理念与文化精神》等；与本书直接相关的论文为数甚少，东北师范大学周皓的硕士论文《中国电视文化类谈话节目的文化研究》是最为接近的，郭涵的《网络文化类脱口秀的现状与发展研究——以"晓松奇谈"为例》、王欣颖的《文化类网络综艺节目"圆桌派"的传播研究》等文章均聚焦于具体案例，对这类节目做了点状的研究与触碰。能够看到，上述研究在取得一定成果的基础上，体现出普遍的系统性不足与深广度局限，并且许多研究停留在电视时代，未对融媒体时代的最新发展动态进行捕捉。可以说，这个样本的研究价值远远未得到充分的认识和挖掘。全面系统地跟踪、整理、挖掘、探讨这一课题的研究成果尚未出现。这正是本书可以填补的学术空白。

(二)研究视角、方法和材料独特

首先，本书力求研究视角的独到性，以"媒介进化"的观念为基础，进行同一样本的跨时代跟踪观察和比较研究，力求获得独特的研究创新。

其次，本书力求研究思路的独特性，从一个聚焦点以小见大。凯尔纳曾经感叹，在当今世界后现代文化研究中，"很少有人对大众媒体文化的实际文本和实践做过系统而又持久的审视"。[①] 费孝通先生1938年的《江村经济》[②]，

---

① 道格拉斯·凯尔纳：《媒体文化》，丁宁译，北京：商务印书馆，2004年。
② 费孝通：《江村经济》，北京：北京大学出版社，2012年。

以江苏吴江的典型中国江畔一村的生产、分配、消费和交易体系及其正在经历的变化，呈现中国典型的经济系统、社会结构及当时的社会时代变化，这给予笔者巨大启发。笔者力图从思路上效法之，力求对视频文化类谈话节目这一贯穿视频媒介不同历史传播时期发展的特定对象，进行系统而持久的凝视，并求以此反观中国社会融媒体发展的滔滔巨浪。

最后，本书力求研究材料的独家性。本书依托笔者近 20 年的相关工作经验和行业资源，许多材料来自笔者多年的实地走访和一线真实经历，其中不少属于个人的、内部的、首次出现的材料，具有较强的独家性。

（三）理论的综合性与创新性

本书结合影视艺术学、文化学、传播学、媒介进化学、社会心理学等诸多学科，将影视艺术批评、产业研究、文本探讨、文化分析等诸多方法汇于一身，在学科综合和学术交叉中寻找创新的契机。

同时，本书"史论结合"的特色比较鲜明。李道新教授在评价影视批评"史论中介"的特性时提到，作为历史与理论的中介，批评跟历史话语与理论话语有着不可分割的关联性，但其既不依附于理论，也不依附于史著，批评的自足自为和鲜活生动，可能蕴含着最丰富的社会景观、时代风貌、意识形态症候和文化遗存。[①] 对于影视视频艺术和社会文化的关照与评论，是本书的基本初心与落点。本书力求将"史"与"论"综合，以"史"为基础，以"论"为目的，在史料的整理和实践的记录上取得实际的积累和创新，同时基于史，运用众家理论所长，对社会景观、时代风貌、意识形态和文化趋向进行尽可能丰富而有力的独特剖析。

二、时代前沿意义

（一）对现有理论进行时代更新

随着中国融媒体发展的不断深入，中国社会的新现象、新问题层出不穷，影视艺术从创作手法到创作观念，从管理体制到传播体系，从内容定位到文化理解，从理论到实践，其革新的需求迫在眉睫。目前，许多影视艺术研究呈现出观念老化、理论跟不上实践发展的迹象，关键是今天的影视艺术研究不

---

① 李道新：《影视批评学》，北京：北京大学出版社，2016 年。

能再仅仅立足于单向传播时代的理论基础,而是要在传播、审美、产业、文化观察等各方面更新观念,又需要在高速发展的喧嚣中沉心静气地牢牢把握理论真理与品格价值,而不被更迭颠覆的时代景观左右了方向。本书力求捕捉融媒体趋势下的行业前沿实践和最新变化,搜集学术最新理论,反映最鲜活的当下社会实际,为中国融媒体影视研究的理论推进提供一些材料和思考。

(二)对前沿实践保持同步跟踪

本书对融媒体视频行业和相关节目内容进行了不间断的持续跟踪与调研,尽可能做到研究的当下性和鲜活性,保证其前沿性和时代性。

综上所述,本书依托于笔者历时 10 余年的研究,在这 10 余年里,融媒体视频行业经历了中国媒介融媒体化的高速发展时期。作为承上启下的研究留存,本书力图以这样一个黄金时期的观察与思考,对正在发生的创作实践、将要发生的创作创新和文化演进,发出自己的声音。

第二章

融合适变:媒介变迁与融媒体辨析

　　本书以"融媒体"为研究背景,以"视频"为研究视域,以"文化类谈话节目"为研究切片,以"适与变"为研究主视角,视角和语境在于媒介变迁。本章,我们将先从媒介环境入手,为全书的探讨建构基本的研究语境。

　　人类的媒介一直处在不断的变迁演进中。我们使用"进化"一词来描述这样一个过程。媒介的变迁过程从本质上是一条进化的路径,与达尔文的生物进化论有着某种相似性,因而其演进的过程有规律可循。媒介的进化是人类技术和社会变迁的反映,同时也深刻塑造和影响着人和社会。生活中一切的组织方式和运行方式,人们的思想和行为,媒介所传播的内容和意涵,都是这样一种演进的产物和反应物。本书的客体"中国视频文化类谈话节目"亦是这样一场媒介进化的缩影。

　　本章从"媒介变迁""融媒体""视频"三个概念范畴开始,展开媒介世界变迁和进化的历程回顾,并试图对媒介进化的规律和原则进行提炼,为本书设定清晰的理论语境和研究视角。

第一节　融与生:作为理论背景的"媒介融合"

　　"媒介"是人类生存发展的第二环境,也是人类通过技术手段与媒介延伸所创设的环境。[①]正如李普曼对媒介"拟态环境"的描述,媒介为社会化生存发展所传递的信息、塑造的观念和引领的价值,为人类社会的生存发展创造了一个虚拟却又真实的媒介世界。

　　从口耳相传的口语文明、部落文化开始,历经文字、字母表、印刷、广播、

---

　　① 　张成良:《融媒体传播论》,北京:科学出版社,2019 年。

电视,直至数字互联网,人类的媒介走过一条在时间和空间里曲折的发展道路,而其根本方向是形成一种超越时空的"仿真",在消弭的时空限制下重现人类"面对面交流"的人际传播,重回非技术手段下最单纯的人类传播环境。这来自人类内心交流欲望和自由渴望的延伸与驱使。

媒介是一个不断演进变化的以技术和物质载体为基础的动态环境,或从社会学意义上看,是"人类文明中一种自然选择形成而又不断调整的制度安排"。[①] 媒介这一动态系统或制度安排不仅与人类社会发展紧密结合,更从社会组织方式和生活观念上深刻地影响着社会和文明的形成发展。

"融合"(convergence)这一媒介现象和趋势,事实上贯穿整个人类媒介的发展演进,写在人类媒介发展史上。随着人类走入信息数字技术时代,媒介深层次的融合早已不只是学术上的前沿研究和业态中的创新实验,而是活生生的社会现实和行业现状。媒介融合发展不是"要不要"的问题,而是"怎么办"的问题。[②] 随着媒介融合逐步走向深入,媒介本体概念从"多媒体"—"跨媒体"—"全媒体"走向了今天的"融媒体",在短短几年时间里呈现出高速的发展和深度上的快速掘进。这一切都和我们高速融合的媒介环境和寻求融合的媒介发展规律息息相关。

作为本书的背景环境,我们从媒介变迁的时代阶段、一般规律、媒介融合认识的发展过程来界定"融媒体"的概念、范畴和特征。

一、作为理论背景的媒介融合

"融合"一词最早被应用于自然科学领域,在 20 世纪 70 年代末被引入传播领域。1978 年,美国麻省理工学院(MIT)尼古拉斯·尼葛洛庞帝(Nicoleas Negroponte)尝试用三个重叠圆圈来描述计算机、印刷和广播三者的技术边界,提出三个圆圈交叉处将成为成长最快、创新最多的领域[③],并在其著作中提出包括计算机工业、出版印刷工业、广播电影工业在内的三大传媒工业"即将并正趋于融合"[④],从概念上首次涉及媒介融合。1983 年,同为麻省理工学

---

① 陆小华:《新媒体观》,北京:清华大学出版社,2008 年。
② 梅宁华等主编:《中国媒体融合发展报告(2016)》,北京:社会科学文献出版社,2017 年。
③ Stewart B. The Media Lab: Inventing the Future at MIT. New York: Viking Press, 1987.
④ 尼古拉斯·尼葛洛庞帝:《数字化生存》,胡泳、范海燕译,海口:海南出版社,1997 年。

院的普尔(Pool)在其专著《自由的技术》中首次明确提出"传播形态融合"概念,并将媒介融合概述为"各种媒介呈现多功能一体化的趋势"。①

到了 20 世纪 90 年代,计算机数字技术的发展进一步推动了数字化融合的迅速发展,信息传播在计算机技术的支持下迎来了重大变革。大批研究成果应运而生。1997 年,迦拿(Khanna)与葛林斯丁(Greenstein)在前人研究的基础上,将"融合"的定义创新理解为"为了适应产业增长而发生的产业边界的收缩或消失"。尤弗亚(Yoffie)则以计算机和电话为例将"融合"定义为"采用数字技术后原本各自独立的产品的整合"。同年,欧洲委员会根据马丁·班格曼(Martin Bangemann)和马塞利诺·奥雷(Marcelino Oreja)的提议,将其关于电信业、媒体业及信息技术产业相融合的概念采纳到绿皮书中,并将"融合"定义为"产业联盟和合并、技术网络平台和市场等三个角度的融合"。可见,这一时期,人们已开始用更广阔的视野来认识和界定"媒介融合"。②

2003 年,美国学者李奇·高登(Rich Gordon)在《融合一词的意义与内涵》一文中进一步总结了媒介融合在不同传播语境下的六类含义,即媒体科技融合、媒体所有权合并、媒体战术性联合、媒体组织结构性融合、新闻采访技能融合以及新闻叙事形式融合。这使人们对媒介融合的内涵有了更为全面而具体的认识。③

我国有关媒介融合概念的探讨,最早起源于 2004 年以蔡雯为代表的学者在美国进行的富布莱特项目研究,认为"媒介融合"包含三个必不可少的核心内容:媒介内容的融合、传播渠道的融合、媒介终端的融合,并提出"媒介融合是指在以数字技术、网络技术和电子通信技术为核心的科学技术的推动下,组成大媒体业的各产业组织在经济利益和社会需求的驱动下通过合作、并购和整合等手段,实现不同媒介形态的内容融合、传播渠道融合和媒介终端融合的过程"④。

此后,我国其他研究者也曾提出对"媒介融合"这一概念的不同理解。中

---

① 蔡雯、王学文:《角度·视野·轨迹——试析有关"媒介融合"的研究》,《国际新闻界》2009 年第 11 期。
② 蔡雯、王学文:《角度·视野·轨迹——试析有关"媒介融合"的研究》,《国际新闻界》2009 年第 11 期。
③ 刘颖悟、汪丽:《媒介融合的概念界定与内涵解析》,《中国广播》2012 年第 5 期。
④ 蔡雯、王学文:《角度·视野·轨迹——试析有关"媒介融合"的研究》,《国际新闻界》2009 年第 11 期。

国人民大学喻国明、戴元初从电视从业者角度对媒介融合概念加以界定，并认为媒介融合"是指不同媒介之间基于数字化技术的资源共享，是电视媒体获得市场竞争力的一种有效策略"[①]；中国人民大学高钢认为，媒介融合的本质在于"现代信息技术推进的信息传播的技术手段、功能结构和形态模式的界限改变及能量交换"[②]；清华大学熊澄宇认为，媒介融合是指"所有的媒介都向电子化和数字化这种形式靠拢，这个趋势是由数字技术驱动的，并在网络技术的推动下变得可能"[③]；复旦大学新闻学院孟建、赵元珂则提出，"媒介融合"的表现形式主要有两种，其一是传媒业界跨领域的并购与整合，其二是媒介技术的彼此交融[④]。

虽然学界对于媒介融合的定义在语境、视角、视野、层次等诸多方面并不完全相同，但对于媒介融合的内涵和外延有着较为重合的认知，我们概括为四个方面。

（1）媒介技术融合：因为共同基于二进制算法的比特数据传播，因此媒介趋向于信源融合、传播渠道融合和接受终端融合。

（2）媒介业务融合：技术融合带来了不同介质媒介在目标、行为和思维上的趋同，进而模糊和打破原有媒介形态边界，带来内容形态融合、技能素养融合、战术战略融合。

（3）媒介所有权融合：不同介质媒介在传播需求和资本动因下，聚集成为平台型的融媒体集团矩阵，其间媒介所有权发生转换和融合。

（4）媒介体制融合：所有媒介融为一体，面对统一的媒介生态和社会现实，要求政府体制规制层面趋向统一标准、统一思维、统一管理的融合，具体体现为媒介规制的法律融合、机构融合、行为融合和思维融合。

更有研究将媒介融合的传播环境考虑进来，将媒介深度融合的全面架构理解为在融合传播下进行的智慧融合与业态融合的融合矩阵（如图 2-1）。

---

① 喻国明、戴元初：《媒介融合情境下的竞争之道——对美国电视的新竞争策略的观察与分析》，《新闻与写作》2008 年第 2 期。
② 刘颖悟、汪丽：《媒介融合的概念界定与内涵解析》，《中国广播》2012 年第 5 期。
③ 张雯雯：《融媒体时代中国电视文化身份论》，昆明：云南大学出版社，2018 年。
④ 孟建、赵元珂：《媒介融合：粘聚并造就新型的媒介化社会》，《国际新闻界》2006 年第 7 期。

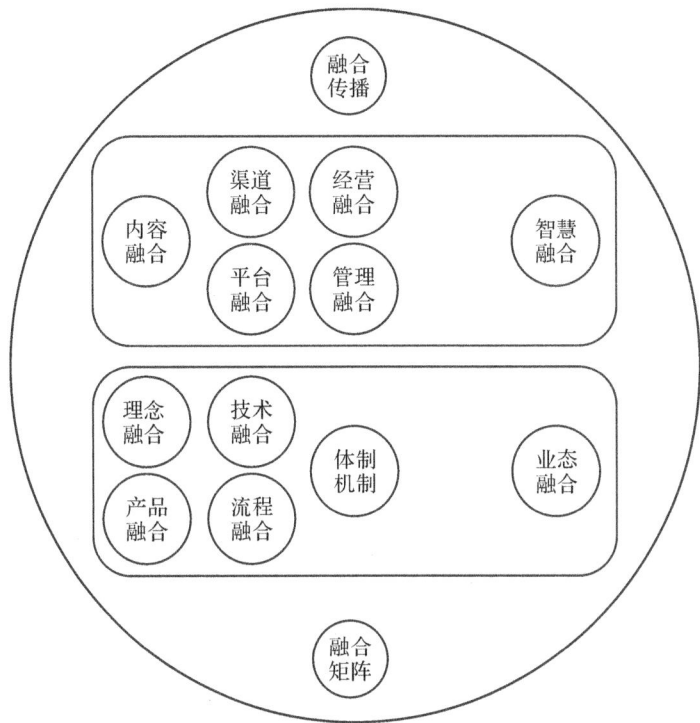

图 2-1 "深度融合"矩阵①

无论如何认知,媒介融合越来越被确知的是其从根本意义上的融合性。它不是不同媒介的加成拼接,不是行政体制的简单组合,不仅是商业合并和股权转移,它是对现有媒介边界的消融与再构,是 DNA 层面的重构和重生,从"你是你,我是我",到"你中有我,我中有你",最终变成"你就是我,我就是你"。

二、"融合"贯穿媒介进化

虽然"媒介融合"的明确概念和理念出现在 20 世纪中后期,爆发于 21 世纪,但"融合"这一趋势贯穿于人类媒介发展的整个历程,从哲学层面最终走向客观存在的媒介形态。

理论界对于媒介形态演变影响因素的研究,存在技术与社会的关系、技术决定论、社会决定论、技术和社会的互动建构论、人性化论等。②

---

① 梅宁华、支庭荣主编:《中国媒体融合发展报告(2016)》,北京:社会科学文献出版社,2017 年。
② 李沁:《沉浸传播:第三媒介时代的传播范式》,北京:清华大学出版社,2013 年。

"媒介变迁是一个进化的过程"是各家研究中统一的共识。本书认为,媒介进化变迁有三个共性特征和规律——"功能拟人性""时空超越性""再现净优势"及"人性化"趋向。

一开始,媒介进化趋向于"功能拟人性"。

马克思将劳动视为人与动物的本质区别,将生产工具视为人的自然器官的延伸,称之为"人工器官",并意识到金钱、商品、土地和机器等一切实体皆是人类生产力和内心欲望的转换或延伸。弗洛伊德在人的个体研究的微观视角下,继承了这一延伸的概念:"人类依靠他的全部工具使自己的运动器官和感觉器官更加完善,或者用来消除这些器官在功能上的局限性。……用照相机他能创造一种记录变化的视觉形象的工具,就像留声机创造一种同样变化的听觉形象的工具一样,两者实际上都是他自己的记忆能力的具体化。在电话机帮助下他能听到远处的声音,甚至神话都曾认为这是不可能做到的。"[1]这被视为"可能是历史上第一个关于传播技术作为人类生理和心理延伸的评论"。[2] 麦克卢汉则在前人基础上将人的延伸发扬光大。

媒介是人的延伸,包括人的肉体、感知、精神和欲望。媒介"拟人"的首要前提是媒介与技术等价。因为媒介与技术等价,包含技术性质的媒介提升了人的功能,所以媒介和技术可以被视为"人的延伸"。机械技术使人的肢体在物理空间中得到延伸,而电力技术使人的中枢神经系统得到延伸,"人的延伸"指出了媒介和工具所具有的生物性色彩,其通过延伸人类的肢体和感官进而延伸人类的心智和欲望。媒介对人的异化又从一个极端的方向论证了技术对人类传播能力和环境的某种模仿:媒介在朝着对不依靠一切技术的前技术时代人类传播系统(口语、视觉、听觉、呼喊)的不断接近的方向进化,其在运作或处理信息时,以类似于人类传播系统的方式进行。这样一种媒介对人的趋近与模仿,并不意味着媒介要完全复制人体功能的物理意义,而在于模仿人类感知环境的方式,如电视不复制人类的眼睛和耳朵,却模拟人类眼睛和耳朵看到环境的方式和结果。

进而,媒介进化呈现出"时空超越性"。

---

① 西格蒙德·弗洛伊德:《文明及其缺憾》,车文博主编,北京:九州出版社,2014年。
② 保罗·莱文森:《人类历程回放:媒介进化论》,邬建中译,重庆:西南师范大学出版社,2017年。

克服时空的障碍,是媒介进化的重要原则和方向。从最初的口语传播,到纸张和书写,再到古登堡印刷机带来的文化普及,进而进入广播、电视和网络的今天,媒介在时间和空间上不断扩张,颠覆前身,持续进化。

媒介的新旧更替往复是个动态而相对的概念,任何一个新媒介都可能成为更新媒介的旧媒介。从媒介变迁的整个历史可以看到,新旧媒介本质的不同,实质上是其突破时空所限的能力的差异。字母表对于口语来说,突破了时空对口语"转瞬即逝"和"口耳相传"的双重限制,使文化跨时空保留成为可能,使文化形成传统有了基础,"一神教"兴起,宗教开端,催生了文明,但同时也造成了"知识垄断";印刷对于字母表而言,突破了之前文化储存时间、传播疆域和信息精度三个限制,促使民族国家和现代社会的形成,同时世界陷入条块分割和彼此壁垒;电视等电力媒介之于印刷书面媒介,突破了时间的断裂性和空间的隔断性,让一切同步,让神经系统卷入,但无法做到真正的互动和随时随地的中枢神经系统的真正模拟和延伸,无法使时间和空间的藩篱均被打破。

可以看到,在以数字信息技术为基础的新媒介出现之前,媒介的时空超越过程往往是曲折和分离的。在这之前的媒介对时空的超越过程带有某种阶段性的偏向性。"某种媒介可能更加适合知识在时间上的纵向传播,而不适合知识在空间中的横向传播,尤其当该媒介笨重而耐久,却不适合运输之时;它也可能更加适合知识在空间中的横向传播,而不是适合知识在时间上的纵向传播,尤其是该媒介轻巧而便于运输之时。所谓媒介或倚重时间或倚重空间,其含义是:对于它所在的文化,它的重要性有这样或那样的偏向。"[①]因此,伊尼斯等主张,"要克服媒介的偏向,既不过分倚重时间,也不过分倚重空间。……一种倾向非集中化的媒介,总是受到另一种倾向集中化的媒介的抵消"[②]。也就是说,时空的偏向最终的进化目标是最大程度的时空平衡。在伊尼斯等看来,时空平衡关系着一个媒介在时代和环境变迁中的长久生存。

虽然由于时代的局限,伊尼斯等的理论最终陷入时间空间不断交替的"钟摆状态"而得不到答案,也没能预见到当今电子媒介和融媒体的发展将在

---

① 哈罗德·伊尼斯:《传播的偏向》,何道宽译,北京:人民大学出版社,2014年。
② 哈罗德·伊尼斯:《帝国与传播》,何道宽译,北京:中国传媒大学出版社,2015年。

人类目前技术可及的最大限度上平衡时间和空间,但这些论述依然揭示了媒介发展的一条基本路径,即媒介在时间和空间上的延伸不是主观地朝着直线进行,而是打乒乓球般的往复运动。莱文森指出,这种过程与达尔文进化论完全一致,"生物体在适应自然环境的过程中,通过试错法不断进化"。[①]

更进一步,媒介进化呈现出"再现净优势"原则和"人性化"趋向。

"再现"是媒介变迁中另一个重要的共性现象。新的媒介往往再现旧有媒介的某种形式,旧的媒介成为新媒介的内容。比如,口语成为广播的内容,摄影和戏剧成为电影的内容,电影和电视成为互联网的内容。旧有媒介会"过时",但不容易"死亡",会转化成为新媒介时代环境中的一种艺术形式。同时,新的技术和媒介在巅峰时将逆转为一种补足的形式。

观察整个媒介发展的历程,我们可以发现,媒介再现前技术时代传播环境的能力高低决定了该媒介在进化中的地位和命运。媒介技术的发明与迭代,在扩展人类时空延伸的方向上不断进取,同时也不断打破人类时空与感官的平衡,使人类"感知比率"发生明显的偏倚。感官的偏倚虽然造成了媒介环境的"失真",但其在单一维度的感官层面上却在努力趋近于非技术的现实世界,成为人的延伸。电话抛弃了视觉,却大大提升了听觉的延伸和听觉媒介的空间延伸;书本大大提高了思想留存的时间和普及的广度,却丢失了促膝交流的体温(视觉、听觉、触觉)。这种用以适应特定环境而单维度发展的媒介延伸,被莱文森等形象地比喻为博得一个"生态位":在媒介进化的生态环境中取得生存的位置。而这一"生态位"取得与否的关键,是这一媒介与人类传播环境的契合程度,也就是说,它是否在高度还原人类现实环境的程度上相较之前其他媒介具有优势,是否对之前或现有媒介的现实重现能力有所补偿。从宏观上来看,白话文代替文言文,视听媒介代替印刷媒介,从黑白电视到彩色电视,都是前者在重现还原现实上优于后者,补足了后者丢失的现实元素。从微观上看,这种决定更替的优势必须是"净优势",即优势获得的代价不是时空延展能力大大下降或其他方面与现实相去甚远。只听不看的电话存活下来,而只看不听的默片却很快被有声电影取代,虽然电话和默片都有明显的感官偏倚,但"只听不看"(电话)契合人们在生活中的许多场景,

---

①　保罗·莱文森:《人类历程回放:媒介进化论》,邹建中译,重庆:西南师范大学出版社,2017年。

同时补足了广播等媒介互动性相对差的缺点,而"只看不听"(默片)却有悖于人们现实的习惯,因此电话有了某种还原现实的"净优势",而默片则恰恰相反。在同样的知觉比例下,更靠近人类自然感知能力和现实世界的媒介较之其他媒介具有争夺生态位的"净优势",比如,立体声广播取代单声道广播,彩色电视取代黑白电视。

结合媒介对人的延伸性和对时空的超越性,保罗·莱文森等将人类媒介时代的划分方法从媒介种类的区分上升到技术阶段的区分,提出技术媒介发展的三阶段模型:(A 阶段)——前技术时代,一切传播都是非技术的,面对面的,所有客观世界的色彩、动作都被同时呈现出来,被人的感官直接接受,时空局限也呈现出来;(B 阶段)——技术时代,技术被发明出来,以克服时空障碍,同时以丧失部分感知和现实世界的许多元素为代价(如印刷将感官偏倚到视觉却丧失了听觉,广播摒弃了视觉而专注于听觉);(C 阶段)——后技术时代,随着技术的日益复杂和完备,它们开始试图补足技术时代丢失的某些元素,并保持或提高时空的一致性和连续性。

因此,不断还原和再现人类感官和传播环境是推动媒介进化和更替的力量。"失真"是技术一时的局限,而"拟真"才是技术发展的永恒目的。"能够存活下来的技术必须遵循两大准则:对消费者有用,并能满足消费者的'嗜好'……大致就是能够跨越时间和空间的延伸(有用)以及重现前技术时代的现实(满足消费者的嗜好)。"[①]也就是说,C 阶段重现 A 阶段的环境,保持或超越 B 阶段的时空延展。

简而言之,人类的媒介在人类的技术和欲望的延伸下,一直在向着三个方向进发:一是尽可能扩展人类对于时间和空间的超越度,以达到尽可能大的便利和自由;二是尽可能靠近、重现和模拟无技术介入状态下的人本交流,再现人基本的沟通能力和本能习惯,媒介越来越趋近于人本身,而告别与人体割裂的客观工具的时代,与人和生活更无缝结合;三是媒介进化的最终方向是两个无限,即在无限的时间空间延展中无限地趋近面对面的交流。

可以看到,扩展媒介空间和时间的进程是不断消弭和融合时空边界的过程,最终在数字计算和数据连接中融为一体;延伸人和拟真人的环境,都是向

---

① 保罗·莱文森:《人类历程回放:媒介进化论》,邬建中译,重庆:西南师范大学出版社,2017 年。

不断模拟人的全部感官的方向前行，"全觉传受"的本质就是融合；随着以数字技术为基础的新媒介的蓬勃生长和现实世界媒介融合的深入发展，我们越来越清晰地看到，媒介的生态位和净优势不是一种竞争的零和关系，而恰恰是一种生态共生的竞合关系。旧有媒介没有被新媒介"消灭"，而成为新媒介的内容和艺术，从基因上融入了新媒介环境。所有的媒介最终在"人性化"的融合下达成统一。

因此，人类媒介进化变迁的历史，可以说就是媒介融合的历史。媒介融合的进程也包含在媒介进化的时代阶段发展之中，从这个层面来讲，二者等价。

三、作为本书视角和思路的"媒介生态位"理论

前文提到保罗·莱文森提出的"生态位净优势"原则之灵感，来自"媒介生态位"理论。这一理论代表生态学与人文科学的融合成果。其代表人物是美国学者约翰·W.迪米克。他总结了坎贝尔、斯宾塞、哈定等的文化进化观念和研究成果，将生态学的"生态位"概念引入媒介领域发扬光大为"媒介生态位"理论。其理论的一些基本概念和视角，在媒介样本观察方面，给予本书较大启发。

（一）"媒介生态位"概念的提出

前文提及的"生态位"概念，是媒介环境学派研究视角中一个重要的概念引入，最早来自生态学的研究。其理论研究开端者乔治·伊夫林·哈钦森将其定义为多维度的超空间存在。随后的罗伯特·L.里克弗斯等对其晦涩的表述进行了解读："生态位……占据了一个多维空间的一部分，这个空间代表着群落的全部资源空间或者生态位空间。我们将某一群落的全部生态位认定为一个空间，所有物种的生态位都包含其中，正如将大小不一的球装在一个箱子里一样。"[①]这一概念在保罗·莱文森等的发展下，与媒介环境研究深度结合，以描述不同形态媒介在同一环境下的生态运动。国内学者，如樊昌志等认为，"媒介生态位"是指"媒介种群"从"媒介生境"中取得的并能供给本媒介种群各媒介使用的生存资源，包括受众资源和广告主资源。[②] 这一定义

---

① 张成良：《融媒体传播论》，北京：科学出版社，2019年。
② 樊昌志：《媒介生态位与媒介的生机》，《湘潭大学学报（哲学社会科学版）》2013年第6期。

的着眼点更加具体地落在了媒介产业内的微观视角。简而言之,"媒介生态位"状况直接描述了媒介种群在媒介环境中的生存状况。

整个"媒介生态位"理论建立在这样一个基本认知之上,即将媒介环境类比为一个生态环境,以生态学的进化观念为视角,研究传播行业内竞争的理论框架。

迪米克直言,作为社会文化的组成部分,其媒介进化的理论依据采用社会文化进化论的相关研究成果。[1] 因此,他利用坎贝尔进化认知论的相关概念,将这里的"进化"定义为"独立于基因选择的社会变化"[2],并将这种"进化"主要界定为两个变化阶段:变异(variation)和选择性保留(selective retention)。

(二)进化与变异

一个种群或者行业内部的"变异"是"进化"的先决条件,如果显著的变异出现(往往呈现为单独的或偶发的),比如监管或者行业间竞争等环境条件发生变化,支持或者选择那些具备特定属性的组织,那么受到支持的组织会生存下去并日渐繁荣,而没有受到支持的组织可能通过适应新环境的自主变化得以存活,或者屈从环境选择的压力而被淘汰。换言之,社会文化进化就是提升种群内的成员与环境之间契合程度的过程,而"进化"的开端和信号往往是环境内某个特定种群(行业)或特定层面应对外部环境变化的显著性变异。这对于本书以一个内容种群为研究对象反映整体环境普遍变异的研究思路而言,无疑是一种理论支持。

另外,变异是个不均的过程:一个种群或者行业成员发生的变异并非恒定不变的。因此,迪米克提出,在一个行业进化过程中的两个时间点上比较变异的种类和数量是非常有意义的,即行业"新兴"的端点和行业"成熟"的端点。"新兴"与"成熟"这两个时间端点又分别对应了两种不同类型的变异:"创新"(innovation)与"多元化"(diversity)。[3] 在迪米克的研究中,"创新"是

---

① 约翰・W.迪米克:《媒介竞争与共存——生态位理论》,王春枝译,北京:清华大学出版社,2013年。

② 约翰・W.迪米克:《媒介竞争与共存——生态位理论》,王春枝译,北京:清华大学出版社,2013年。

③ 约翰・W.迪米克:《媒介竞争与共存——生态位理论》,王春枝译,北京:清华大学出版社,2013年。

指一个行业的少数几家组织在一个特定的时间点(往往在"新兴"之时)具备了全新的或者独特的属性,而"多元化"是指在一个种群内部不同组织之间在某种属性方面有不同的具体表现方式(往往在"成熟"以后)。这个论述支持了本书以"融媒体"的出现为时代端点进行比较研究的合理性。对于中国视频文化类谈话节目而言,"融媒体"这个端点既意味着"成熟"——从电视时代走来的成熟,也意味着"新兴"——走进融媒体后"进化"带来的"新兴",因此这个时间端点符合上述理论所述的绝佳观察位置。

(三)进化与选择性保留

进化的第二阶段是选择性保留。这一阶段包含两个相辅相成的过程。其一是"差异化扩散"(differential diffusion),是指被认为在进化中成功的组织形式和属性极有可能被模仿,进而扩散,以新组织的诞生及种群和次种群的扩张为结果;其二是"差异性消亡"(differential mortality),是指被认为在进化中失败的组织及其形式属性会以多种方式消亡。

同时,该理论指出上述选择过程中三个相对模糊但也相对重要的过程特性[1]:第一,选择过程不是一种全有或全无的过程,而是一个概率问题,即具备符合选择标准的某些属性的组织生存下去的概率更高,反之更低。第二,只有选择标准随时间推移而持续产生作用,种群才能进化。也就是说,进化需要一种持续的、非随机的选择过程,即一种持续稳定的变异趋势。第三,选择过程不以最佳或者最大限度适应种群为选择标准,即更倾向于"适当"与"适度"而非最优适应度,所以不能理所应当地认为选择一定会导致"进步",选择只是使种群适应环境。

这三个看似有失精确的论述,在笔者看来却是这个理论真正的理性所在。它们表达了"进化"的某种"真相",即"不可预知的预知"和"并不完美的演化"。"不可预知的预知"表达了进化过程中的随机性与确定性之间的辩证关系,即满足进化条件不一定能够进化,但进化一定得满足相应共性而持久的条件趋势,这指导我们在观察融媒体内容种群时,不仅要重视寻找进化中的共性趋势,也要重视分析个体在进化中体现出来的优势与特性,因为这些

---

① 约翰·W.迪米克:《媒介竞争与共存——生态位理论》,王春枝译,北京:清华大学出版社,2013年。

优势也许是他们能够从众多进化候选体中脱颖而出的原因,而这些脱颖而出的例子,一定是进化总趋势的某种反映,并有可能成为新的"差异化扩散"趋势。而"并不完美的演化"更为我们客观地去剖析评价进化后产物的社会效果与文化影响提供了空间,因为进化的根本目的是"生存",这个目的与文化和价值意义上的"最佳"并不等价,还有可能是互相矛盾的。

也就是说,"选择性保留"过程可以作为"进化"的某种外化的特征性,"差异性扩散"和"差异性消亡"从正反两面共同描述了"进化"的方向,反映了环境的适生塑造。这给本书观察媒介内容体在融媒体时代前后的进化变化提供了研究抓手。

(四)种群与竞争

在迪米克的理论中,进化和变异的过程是种群间发生竞争的过程。

"种群"是个重要概念,它是变异的主体,也是"竞争"的主体。"种群"在此被定义为"一系列组织机构,种群内部的组织在关键属性方面的差异小于不同种群间组织的差异"[①]。视频文化类谈话节目就是一个"种群",它有别于新闻播报节目、综艺游戏节目、音乐节目等其他内容体组织结构,以文化信息、观点、价值的传播和谈话为主体的共同特征为其关键属性,与其他种群共同生存在"融媒体"这个统一生态环境之下。可以看到,生态上的"相似性"是"种群"概念的核心。

"种群"的意义直接决定了"竞争"的概念。"媒介生态位"理论将"竞争"定义为生态上的相似性,或者说是组织或行业使用相同或相似的资源。

总的来说,媒介生态位的竞争运动主要有三种方式。第一是"竞争排斥",即零和模式,是新媒介通过技术资源强势占据旧媒介的全部生态位置,旧媒介消亡;第二是"置换",即新媒介通过分割旧媒介的一部分生态位形成其生长空间;第三是"竞合共生""共进共存",即在整体媒介系统环境下每个单一媒介形态都得到生态位而得以发展,和谐统一在有机媒介系统环境下。可以看到,第三种生态位方式即融媒体环境所具备的特点,在相对宏观的系统环境视角下,融媒体系统中的各媒介形态几乎不会形成零和竞争的排斥替

---

① 约翰·W.迪米克:《媒介竞争与共存——生态位理论》,王春枝译,北京:清华大学出版社,2013年。

代关系。但落实到微观视角，针对某个时刻某一特定空间某一特定媒介下的具体媒体乃至媒体内容体而言，其生态位的竞争争夺和置换挤压是现实和惨烈的。

（五）生态位的资源维度

在描述媒介生态的总体状况时，媒介种群赖以生存的"资源维度"是界定其媒介生态位的重要属性。斯洛博奇科夫和舒尔茨等提出术语"宏观维度"（macrodimension）和"微观维度"（microdimension）分别表示资源维度及其细分。其中，媒介生态位的宏观维度主要被分为六个方面加以理解：①获得的满足；②满足机会；③消费者支出；④时间支出；⑤广告投放；⑥媒介内容。[①]"获得的满足"指媒介或其细分产品所提供的内容和服务所能满足的需求；"满足机会"指这类内容和服务在多大程度上能够被需求者接收，使服务和价值能够到达和实现；"消费者支出""时间支出""广告投放"是客观衡量该媒介和产品服务在整体媒介环境中被使用的份额和能够争取的生存资源，并在此基础上考量其生态位的宽度和重叠度；"媒介内容"是指在内容特殊性层次，该媒介和其服务与内容在多大程度上独树一帜、不可替代、形成规模，进而考量其"生态位宽度"与"生态位重叠度"。迪米克根据当时美国媒介行业的具体情况，运用这套理解系统，绘制了生态位维度关系图（见图 2-2）。

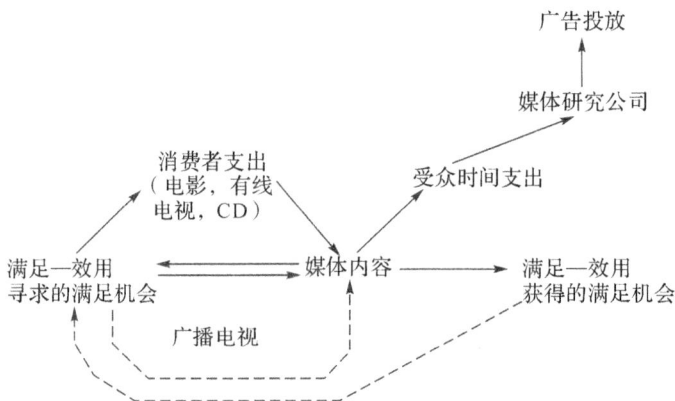

图 2-2　生态位维度之间的关系[②]

---

①　约翰·W.迪米克：《媒介竞争与共存——生态位理论》，王春枝译，北京：清华大学出版社，2013年。

②　约翰·W.迪米克：《媒介竞争与共存——生态位理论》，王春枝译，北京：清华大学出版社，2013年。

　　可以看到,迪米克的这套生态位宏观维度系统是沿着某种贴近业界实际的直观视角所提出的。它具有一目了然的简易性,但在学理角度是有所缺乏的。从这套系统出发,我们实质上能够延展出考量媒介内容生态位状况和进化情况的四个维度:一是存在维,即与对象的生存条件、环境和资源直接相关的因素(如消费者支出、时间支出、广告投放);二是传播维,即与对象的传播能力、传播渠道和传播机会相关的因素(如寻求/获得满足的机会);三是艺术维,即与对象在创作生产等艺术创造过程中的特性相关的因素(如媒介内容);四是文化维,与对象的文化内核和用户的文化认同相关的因素(如用户所需求的满足获得)。

　　这一套包含"存在""传播""艺术""文化"四个维度的观察体系将帮助本书梳理视频文化类谈话节目在融媒体背景下的生态位变革和性质变化。

(六)达尔文主义与拉马克主义

　　进化论主要有两个流派,即"达尔文主义"与"拉马克主义",分别代表了两种对于种群与环境达成契合路径的理解倾向。达尔文主义更倾向于从自然环境对种群的选择作用来解释进化;拉马克主义则侧重"向上进化"的本能性与序列性,侧重"进化"中物种积极适应的主动性选择。从媒介的客观实践而言,利于进化的差异化扩散是一个主动为之的过程,媒介世界的诸多创新,是媒介内组织与种群直面环境变化主动适变的结果,我们观察周围传统媒介纷纷进行"互联网转身"的巨大努力就可得出这样的结论。迪米克也指出,由达尔文首创的"自然选择"一词,在社会组织种群中并不适用,在传媒行业,选择是人为因素的结果,比如消费者选择、广告投放决策、政策和监督行为等,因此社会文化进化的选择不是达尔文所谓"自然的",而是"社会心理的"。[①]因此,这一理论偏向以拉马克主义的主动适应和求变来观察媒介种群内部的主动适应性变化,而非达尔文主义的自然选择和环境技术决定论。这一点,笔者深以为然。

　　本书的研究与观察更偏向于拉马克主义的进化观念,更偏向于关注和剖析媒介种群内部的主动适变行为对于进化的影响,而将媒介环境的变化视为

---

　　① 约翰·W.迪米克:《媒介竞争与共存——生态位理论》,王春枝译,北京:清华大学出版社,2013年。

这些适变行为要去解决的生存危机之背景与课题。这个视角偏向决定了本书总体行文发展之方向。

总之,"媒介生态位"理论对于本书的最重要意义是,为本书的基本思路(即以一个特定种群的变异和进化为切入研究整个环境的进化和变化)之合理性提供了理论支撑。媒介生态位的直接与直观,使得其形成了行之有效的媒介观察工具系统,也将成为本书观察研究切片样本的重要思路视角。

四、本书的媒介时代划分

正如前文所说,研究媒介融合问题,要融入整个媒介变迁的历史长河中。同时,本书从"适变"角度入手,具有天然的比较研究特征。以不同的媒介时代为时空背景和比较基础,是研究探讨媒介内容对媒介环境适应与变化的前提。

(一)媒介经典理论中的媒介时代划分

对人类媒介时代划分研究较早的是媒介环境学派。麦克卢汉等将人类社会划分为三个传播时代:口语时代、书面时代和电力时代(见表2-1)。口语时代,从语言的出现到5000年前文字的出现。书面时代,从文字发明到电能的发现和电报的使用,此时代再分成三个阶段:文字的滥觞期、拼音字母表的发明和印刷机的发明。电力时代,或称"信息的电速运动时代","电力媒介迅速而经常地营造成一个相互作用的事件的整体场,所有人都必须参与其间"。[①]

表 2-1 麦克卢汉三个传播时代比较[②]

口语时代	书面时代	电力时代
序列的	线性的	同步的、非线性的
包容一切的	分割肢解的	整体场的
概念的	抽象的	感受的
直觉的	理性的	感性的
神秘的	因果关系的	穿越的、跳跃的、生态的

---

① 罗伯特·洛根:《理解新媒介——延伸麦克卢汉》,何道宽译,上海:复旦大学出版社,2012年。
② 表2-1根据麦克卢汉三个传播时代的理论绘制。参见马歇尔·麦克卢汉:《理解媒介——论人的延伸》,何道宽译,南京:译林出版社,2012年。

续表

口语时代	书面时代	电力时代
归纳的	演绎的	体验的、卷入的
有一些专门化的	专门化的	非集中化的、去中心化的
较多声学/较少触觉	视觉的	全感官的、触觉的
部落社会的	脱部落社会的	地球村的、重回部落的

伊尼斯等更加细致地将世界史按照媒介进行了时期划分:"从两河流域苏美尔文明开始的泥版、硬币和楔形文字时期;从埃及的莎草纸、软笔、象形文字和僧侣阶级到希腊——罗马时期;从苇管笔和字母表到帝国在西方退却的时期;从羊皮纸和羽毛笔到 10 世纪的时期,在这个时期,羽毛笔和纸的使用互相交叠,随着印刷术的发明,纸的应用更为重要;印刷术发明之前中国使用纸、毛笔和欧洲使用纸、羽毛笔的时期;从手工方法使用纸和印刷术到 19 世纪初,也就是宗教改革到法国启蒙运动的时期;从 19 世纪初的机制纸和动力印刷机到 19 世纪后半叶木浆造纸的时期;电影发展的赛璐珞时期;最后是 20 世纪三四十年代的电台广播时期。"①他试图在每一个时代,追寻不同的媒介导致的不同社会文明偏向,尤其是不同媒介的塑成作用对于知识积累的垄断程度和其社会后效。

罗伯特·洛根等在上述基础上,结合新的历史实际,将传播时代划分成五个:①非言语的模拟传播时代(远古智人的特征);②口语传播时代;③书面传播时代;④大众电力传播时代;⑤互动式数字媒介时代或"新媒介"时代。

以上这些媒介时代划分方式在媒介变迁研究中占据重要地位,但在媒介融合的时代视角下,似乎并不完全适配。核心的问题是他们更多地将注意力和划分标准放在媒介的客观形态和核心技术之上。在媒介深度融合、客观边界不断消弭的今天,对于媒介的认识应该有更为本质性的角度。

1995 年,美国学者马克·波斯特在其著作《第二媒介时代》中,将人类媒介分为两个媒介时代:以信息制作者极少而信息消费者众多的单向播放媒介为主导的时代,称为"第一媒介时代",其传播方式是由知识分子、文化精英主

---

① 哈罗德·伊尼斯:《传播的偏向》,何道宽译,北京:中国人民大学出版社,2014 年。

导的自上而下的单向传播,其间经历口语社会、印刷社会、广播电视社会;以媒介的制作者、销售者和消费者为一体的双向型、去中心化的交流模式为主导的时代,称为"第二媒介时代",是互联网出现以后的媒介时代,也可以说是后电视时代、数字电视时代,以传播的互动性为主要特征。① 两个媒介时代以互联网的出现为分界。波斯特的媒介时代分野摆脱了媒介技术的窠臼,而是从后现代的主体出发,通过哲学、史学和传播学的交叉研究,抓住了传播方式和交往模式这两条本质性的线索,勾勒出媒介时代变迁的本质画像。

我国学者李沁等继承了波斯特的思想方向,结合媒介融合的客观现实,提出了"第三媒介时代"的概念(见表2-2)。李沁率先提出"第三媒介时代",是"指以泛在网络为物理基础的、以沉浸传播为特征的泛众传播时代"。她认为,第一媒介时代是大众传播时代,以阅读、收听、观看为主的被动单向行为为主;第二媒介时代,是交互和人际的,是双向传播的时代,有鲜明的分众窄众传播趋向;而第三媒介时代,是基于大数据、移动互联网等泛在网络的技术,提供面对所有人的个性化传播、多对多和一对一同时发生的"泛众传播"的时代,是一个"泛在融合"的时代,是无边界的共享时代,是一个完全以人为中心、物理和精神自由穿越的时代,是一个智能、虚拟、沉浸的时代。② 刘丹凌认为,以3G为代表的新传播技术是第二媒介时代和第三媒介时代的分界线,其表征是"生活、文化甚至整个社会在信息中流动"。③

表2-2 波斯特思路下的三个媒介时代

媒介时代	传播特性	典型形态
第一媒介时代	单向传播	口语、印刷、电视
第二媒介时代	双向互动	互联网
第三媒介时代	泛众传播	泛在网

(二)本书的媒介发展阶段划分

可以看到,从第一媒介时代向第二媒介时代的变迁是本质性和革命性的,从单向度的传播转向双向乃至多向的互动,从模拟信息转向数字信息,彻

---

① 马克·波斯特:《第二媒介时代》,范静哗译,南京:南京大学出版社,2005年。
② 李沁:《沉浸传播:第三媒介时代的传播范式》,北京:清华大学出版社,2013年。
③ 刘丹凌:《3G:第三媒介时代?》,《现代传播》2010年第3期。

底改变了媒介的存在方式、传受方式、对话方式、传媒业态和社会生活组织方式;从第二媒介时代向第三媒介时代的变迁有着鲜明的连续性和迭代性,两个时代媒介发展的技术根本都是数字技术和网络传输技术,从互联网到移动互联网再到物联网,泛在网络使媒介的外延不断打开,边界不断消弭。可以说,第二媒介时代是第三媒介时代的准备和孕育,第三媒介时代是第二媒介时代的升级和发展。从客观时间来看,第二媒介时代从互联网诞生至今,经历半个世纪的发展,而第三媒介时代从移动互联网开始普及至今,有着更多的进行时和未来趋势的色彩。而这一次以数字网络技术驱动的媒介融合,贯穿在第二、第三两个时代。第二媒介时代是媒介融合的先导和孕育,第三媒介时代是媒介融合的爆发和成熟。我国媒介传播学等相关学科对于"融媒体"的研究也大多是从互联网为代表的新媒体传播开始入手,逐步升级成为融媒体传播研究,两个时代天然具有呈递的相关性。

因此,本书在比较研究视角下,将第一媒介时代单独观察,以其传播本质将其划为"单向媒介时代";将第二、第三媒介时代合并研究,以其发展环境和形态将其称为"融媒体时代"。而 2012 年这个端点,将被本书作为某种时代划分的参考分界点,其原因会在第二章展开说明。这个端点并不意味着某种非此即彼的绝对时间断裂,而是新的媒介时代的某种开端,如前文所述,媒介时代的更迭是个连续和交叠的过程。

这里,我们需要引入另一个重要概念——融媒体。

第二节　竞与合:作为研究环境的"融媒体"

一、"融媒体"概念辨析

"融媒体",是一个随着媒介变迁进程不断演进变化的概念,学界和业界有着诸多不同方向的理解和认知。在早年的研究演变中,融媒体常常被置换为"媒介融合""新媒体""全媒体"等相关概念。

"融媒体"不等同于"媒介融合"。如前文所述,"媒介融合"是媒介进化在哲学意义上的一种贯穿规律与趋势,融媒体是媒介融合更为实在物化的表现形式，是当今整个媒介世界和人类社会存续发展的客观媒介环境。

"融媒体"不等于"新媒体"。新媒体是个相对概念，每个时代都有其应运而生的新媒介，任何一个先进媒体都是其前媒介的新媒介，如同电视之于广播，互联网之于电视。旧媒介往往融合到新媒介中，转为其内容和艺术，落实到具体的新媒介形态，如当今的数字新媒体，也是融媒体整体中的一个部分。

"融媒体"不等于"全媒体"。全媒体概念与另一个常用概念"跨媒体"相似，都倾向于媒介的业务模式和物理形态的组合跨越，却无法表达融媒体的"融"字。唐润华等认为，当时学界和业界所提的"全媒体"是一个既涉及载体形式，又包括内容形式，还包括技术平台的集大成者，如此一个大而全的东西，显然无法给出一个确切的内涵和外延都很清晰的定义。[①] 栾轶玫的《建议用"融媒体"代替"全媒体"》一文认为"全媒体"概念会使传统媒介在转型建设中忽视各个介质之间的融合，提出使用"融媒体"概念代替"全媒体"。[②]

庄勇认为，"融媒体是充分利用互联网这个载体，把广播、电视、报纸这些既有共同点又存在互补性的不同媒体在人力、内容、宣传等方面进行全面整合，视线资源通融、内容兼融、宣传互融、利益共融的新型媒体"[③]。张成良认为，融媒体就是利用网络大数据技术赋能，通过广泛融合不同媒介形态而整合成的新型媒介总称。[④] 上述概念有两个共同点，一是强调数字网络技术的基础，二是着眼于新型的媒体，有很强的形态性。但对于融媒体本质上的"融合"并未充分表达。那么，"融媒体"究竟是什么？

"融媒体"从语义上看即"融合的媒体"或"媒体的融合"，关键在"融"字。融媒体"融"的是原有媒介的所有形态性边界，将它们统一成为一个整体系统的有机组成部分，并且保留每个部分原有的特性和功效，各显其能，并在技术赋能中形成基因层面的化合反应，使万物皆媒，形成高度协同、高速迭代的有机整体；融媒体"融"的是原有媒介自有的媒介偏向和感官拟真，使整体媒介传受趋向于"全觉"，即模拟和延伸人类全部感官知觉和身心活动，达到感官知觉的完全平衡；融媒体"融"的是以叙事方式、情感表达为代表的人类精神

---

① 唐润华、陈国权：《走出"全媒体"的集体迷思》，《新闻记者》2011年第4期。
② 栾轶玫：《建议用"融媒体"代替"全媒体"》，《光明日报》，2014年12月27日。
③ 庄勇：《从"融媒体"中寻求生机的思考与探索》，《当代电视》2009年第4期。
④ 张成良：《融媒体传播论》，北京：科学出版社，2019年。

活动,以"非线性"消弭"线性";融媒体"融"的是旧有媒介体制和运转体系,颠覆性重构媒介组织方式和生存方式;融媒体"融"的是人与媒介、人与人、人与社会的旧有关系架构,重塑社会文化格局,改变社会生活面貌和人类精神世界,并在大数据无远弗届、无差别的连接和融合中,将社会的人延伸为媒介,异化为数字的人,消弭人的社会性,社会呈现节点网状。

融媒体的一大特点是在"融"的历史推力下,重新梳理了媒介发展的生态关系。之前的媒介理论在描述媒介迭代更新时,不管是麦克卢汉媒介四定律的"逆转"和"推倒",还是英尼斯媒介偏向的钟摆式取代,抑或是莱文森"媒介生态位"的占据与退场,都带有明显的取代性竞争思维。而"融媒体"的发展现实和理论发展极大地证明了前序媒介生态研究中对于媒介的拟人性和延伸性的论述,更大大地颠覆了媒介理论中对于媒介竞争更替的理解,"喜新不厌旧",单一媒介间的生存发展从竞争转换为竞合,体现出更为明显的生态环境特征。在融媒体的环境背景下,每种媒介都有其独特的生态位置和发展可能,都有其进化发展的希望,并且融合一体,彼此包含。因此,当年报纸、广播与电视的话语权争夺,电视与互联网的受众和收看率争夺,在融媒体背景下即被消解。

基于此,本书认为,融媒体是以网络传输技术为先导、以数字计算技术为根本,融合一切不同媒体形态和媒介化形态为有机统一体的媒介生态性系统环境。

这一媒介环境的变革酝酿于 20 世纪六七十年代开始的互联网浪潮,爆发和成型于 21 世纪初叶,并持续高速生长迭代。它极大地延伸了人类的感官知觉和媒介时空并形成新的媒介知觉平衡,使一切单向传播的单一媒介过时,彼此分割的旧有媒介从性质到生态被全面逆转,人类面对面交流的"部落状态"在新的维度上重现。

这个认识的重点在于将融媒体理解为系统环境,确认该环境的复杂系统性,强调该系统环境的生态性特征,指出其生态融合的最终进化目标是融不同媒介形态和泛媒介的存在成为一个整体性的、有机的统一体。

二、我国融媒体发展概况

2014 年被认为是中国媒体融合的元年。当年 8 月,习近平就推动媒体融合发展做出重要指示,中央全面深化改革小组审议通过了《关乎推动传统媒体和新兴媒体融合发展的指导意见》,媒体融合上升为国家战略,数字新媒介上升为国家思想文化阵地和主流舆论平台。2015—2016 年是中国媒介融合的探索准备之年,"深度转型、深度融合、深度变革"成为传统主流媒体和新兴媒体两端共同的自觉追求,从战略布局上推动从平台融合到传播融合,从形态融合上进行大规模的内容平移和架构建设的准备。传统媒体强化"两微一端"的产品组合,借力技术革新推进产品融合,借助"一云多屏"推进终端融合,进行平台型媒体构建,重塑用户入口;新兴媒介尝试与传统媒介在技术、内容、宣推等方面的合作和共建,以融合获得政策捆绑和主流入口,赢得更为主流的发展空间。[①] 2016—2017 年是转型升级之年,政府和地方主流媒体纷纷加大力度,媒体融合已经由简单的物理变化的相加式转型升级到化合反应的深度相融相生阶段,内容建设与技术革新相互激发,新兴移动融合媒体吐故纳新,创新、创业、创造不断取得突破,不仅深刻重塑着媒体格局,也进一步推动了舆论生态环境的优化;新媒体平台原生内容产业蓬勃发展,在技术、创作、商业和意识上进一步与主流融合,新媒体、自媒体创新不断。[②] 2017 年至今,我国媒介融合发展进入深水区,以中央广播电视总台成立和"台网并重、先网后台"战略为代表,传统主流媒体掀起"内容端供给侧结构性改革",加速了传统媒介与新媒介的体制融合、机制融合、云平台数据融合和区域市场融合。[③]

可以看到,我国以媒体融合为物质外化的媒介融合,走过了 1.0 到 2.0 再到 3.0 的阶段(见图 2-3)。

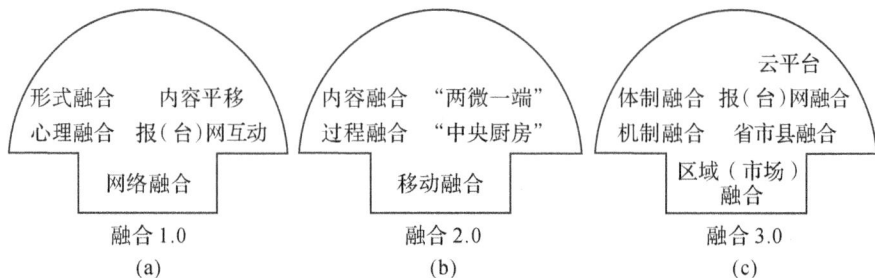

		云平台
形式融合　内容平移	内容融合　"两微一端"	体制融合　报(台)网融合
心理融合　报(台)网互动	过程融合　"中央厨房"	机制融合　省市县融合
网络融合	移动融合	区域(市场)融合
融合 1.0	融合 2.0	融合 3.0
(a)	(b)	(c)

图 2-3　中国媒体融合三阶段[④]

①　梅宁华、支庭荣主编:《中国媒体融合发展报告(2016)》,北京:社会科学文献出版社,2017 年。
②　北京市新闻工作者协会编:《中国媒体融合发展报告(2017—2018)》,北京:社会科学文献出版社,2017 年。
③　梅宁华、支庭荣主编:《中国媒体融合发展报告(2019)》,北京:社会科学文献出版社,2019 年。
④　梅宁华、支庭荣主编:《中国媒体融合发展报告(2019)》,北京:社会科学文献出版社,2019 年。

本书对中国视频节目内容的适变性观察，以中国融媒体为环境，以上述融媒体发展变迁为时代背景和客观依据。它的开端，覆盖了中国社会以电视社会为代表的单向媒介时代的末端，它的酝酿和爆发伴随着中国互联网媒介的高速发展，它的逐步成型伴随着大数据和移动互联技术在中国的爆发式发展，其影响作用于中国社会生活和中国人精神世界的方方面面。

第三节　适与变：作为研究视域的"视频"

"视频"是本书所关注的视野范围。这一媒介之于本书的独特价值主要有三点：第一，视频是一个随着媒介变迁进程不断嬗变的意涵，是鲜明的媒介变迁缩影，更能鲜明地体现媒介环境中的媒体和内容生命体对于环境变化的适变；第二，视频是融媒体环境中的最佳研究视域，它本身是图像、声音、文字等多种媒介的融合，并在融媒体现实发展中占据突出地位；第三，之于本书而言，视频是笔者深耕近 20 载的实践领域，有较为丰厚的实践积累和实践感受。总之，视频一词的演变，反映了媒介变迁大潮中的媒介形态的适变本能。

视频一词，随着时代和媒介的变迁，其含义一直在发生微妙的变化。它从最早的技术概念，到后来的媒介属性，再到行业分野和艺术门类属性，其含义涵盖五个层面的不同意义。这五种含义，也透射出一条媒介变迁的路径。

一、作为技术的视频

视频一词最早是以技术名词的身份走入人们的视野。根据第七版《现代汉语词典》的释义，视频是"在电视或雷达系统中图像信号所包括的频率范围，一般在零到几兆赫之间"。[1] 随着视频技术的发展，视频（video）泛指将一系列静态影像以电信号的方式加以捕捉、记录、处理、储存、传送与重现的各种技术的总和，例如：数位视频格式，包括 DVD、QuickTime、MPEG-4 等；以及模拟格式的录像带，包括 VHS 与 Betamax。视频技术最早是为阴极射线

---

[1] 中国社会科学院语言研究所词典编辑室编：《现代汉语词典》，第七版，北京：商务印书馆，2017 年。

管的电视系统的创建而发展起来的。因此,视频技术造就了电视这一时代媒介。最早的视频技术,与收录和播放音响的音频技术、以胶片摄影和光投射为基础的电影摄制技术等媒介技术相对而立,独树一帜。

计算机和网络技术的发达促使视频的声画片段以流媒体的形式存在于因特网之上,并可被电子设备(电脑、手机等)接收与播放。基于电视的标准和基于计算机的标准,曾被人们试图作为两个不同的方向来发展视频技术。得益于计算机性能的提升,并且伴随着数字电视的播出和记录,这两个领域又有了新的交叉和集中。同时,随着电影技术介质也迈入数字时代,电视、电影等媒介的视频技术在数字媒介的统一环境下逐渐合流。因此,视频是人类以电信号记录、储存、传输、重现动态影像的技术总和,贯穿了从模拟时代的电力讯号传播到数字媒体传播的各个技术时代。

二、作为媒介的视频

随着技术和社会的高速发展,视频一词有了媒介性。作为媒介的视频,即"视频媒介",区别于口语媒介、文字媒介、广播声学媒介等,业已成为独立的媒介类型。

从电视的发端开始,到移动互联网流媒体的视频爆炸,视频媒介一直是20世纪至今最为重要和最有活力的媒介之一。视频二字,包含着一个媒介变迁的进行时过程,直到本书书写的这一刻,视频媒介的变迁过程也仍在高速进行中。电视是视频媒介的开端和第一个高峰。作为20世纪最重要的媒介发明,电视曾是诞生之时的时代新媒介,更一直占据着主流媒介的地位和作用。它作为传播媒介所特有的媒介物质(传输设备、接收终端、录制剪辑系统)、媒介符号(文字符号、声音符号、画面符号、音响符号)和媒介信息,使它有着独特的媒介性质、媒介语言和传播规律。在时空偏倚的尺度上,电视极大地消弭了时间和空间的限制;在参与程度上,电视以"活生生的力的漩涡"① 将社会整体性地卷入其传播中,以瞬息千里的电力传播速度及理论上永久的保存时间,在当时的历史更迭中超越了一切旧媒介,在20世纪站到了媒介世界的统治地位。

①　罗伯特·洛根:《理解新媒介——延伸麦克卢汉》,何道宽译,上海:复旦大学出版社,2012年。

视频一词从技术名词中脱颖而出,走向为人瞩目的媒介名词,事实上是伴随着计算机和互联网技术的革新而来。互联网数字媒介盛行之前,通常语境下只有电视,而鲜谈视频。数字媒介的高速发展,让电视成为"旧媒介"。"视频媒介"的阵营中有了电脑和手机等数字智能终端的加入。电脑和手机等新媒介的屏幕不仅能够播放电视信号,更能播放电影技术标准的视频文件和流媒体。伴随着数字设备运算器速度的提高,存储容量的扩展,带宽的逐渐扩大,基于互联网数字技术的视频媒介与初显"迟暮"的传统电视系统产生了鲜明的对比。而视频一词如今成为囊括电视、网络数字平台乃至电影、动画等多种视听介质的媒介总和。

视频媒介在这样一个技术革新浪潮中,伴随着社会生活的巨大变化,迎接新的发展进化,将更进一步地摆脱技术和时代束缚,更趋近完全地展现这一媒介的威力。因此,视频媒介是一个见证媒介变迁,并正在经历自我变迁的媒介。

三、作为产业和行业的视频

"视频行业"或"视频产业",它区别于"出版产业""广播事业"等,是以视频生产和传播为主要手段的媒介。

毋庸置疑,视频发展到今天,作为最强有力的媒介之一,业已形成巨大的产业体系、就业系统和行业生态,并对社会进行持续的影响。新中国的视频事业,从1958年5月1日北京电视台第一帧信号的发出开始,已经走过了60多年历程,经历了社会不断的更迭和演进。以视频产业的重中之重——电视产业为例,根据国家统计局的有关数据,2016年全国电视节目综合人口覆盖率达到98.88%,有线电视实际用户数22830万户,公共电视节目套数3360套,公共电视节目播出总时长1792.4万小时,电视节目制作时间350.7万小时,广播电视总收入5039.77亿元,广播电视从业人员总数91.93万人。[①] 中国电视产业的格局,也从诞生时单一的国家宣传单位,向着国有与私营、公益与商业、大组织机构和社会团队生产并存的复合态高速生长。

随着传统互联网和移动互联网的高速发展迭代,数字视频媒介发展惊

---

① 数据来自国家统计局:《2017中国统计年鉴》(电子版),北京:中国统计出版社,2017年。

人。2018 年 3 月,作为中国视频网站第一阵营的腾讯视频与爱奇艺,均宣布其付费用户超过 6000 万名,腾讯视频 2017 年第四季度的会员营收已超过 22 亿元。移动端传播日益普遍,成为视频产业主战场。截至 2016 年 12 月,中国移动视频月活跃设备为 9.45 亿台,月使用时长约 177 亿小时。①

这个产业大格局,是中国视频文化类谈话节目生存发展的基础环境,因此也是本书展开研究和讨论的基础。尤其是在媒介变迁过程中,整个行业格局在技术、政策、经济等维度的动态变化直接导致了本书对象的性质变化,这个行业的格局也正是其所承载的视频媒介动态变化的直接反映。

四、作为内容载体的视频

在技术、媒介、产业的高速发展下,视频越来越深入地渗透和改变人们的观念和感知。尤其是流媒体新媒介环境中,媒体融合成为常态,视频作为一种独立的内容载体,区别于单纯的音频(audio)和静态的图片(picture)等,成为一种"约定俗成"的共识。本书将视频作为研究对象的首要定语,其表层用意亦是采用了视频在今天作为内容分野的语义,以界定本书的基本范围为视频这一视听媒介中的文化类谈话节目,而非广播、书本甚或咖啡馆里的文化谈话。

视频的效果基于视觉暂留原理,即:连续的图像变化每秒超过 24 帧(frame)画面时,人眼无法辨别单幅的静态画面,于是在人脑中形成连续平滑的动态视觉效果。视频重现现实的功能就这样呈现出来。同时,基于无线电广播技术的成熟,视频在发展最初(1930 年)就能够同步传输声画,使得视频(当时的电视)从最初就是一个视听同步的内容载体。因为其视听同步的特性,视频有着迥异于其他内容体(如音频广播节目、小说故事等)的创作、生产和接收的原理和方式。电视视频节目、手机短视频、网络直播视频等,都是视频这一笼罩性概念下的不同内容体分支,基于共同的基础原理,因平台和手段的不同而有着表现上的差异。

随着数字视频媒介的崛起,在通常口语和行业语境下,视频二字的含义

---

① 数据来自国家新闻出版广电总局网络视听节目管理司、国家新闻出版广电总局发展研究中心编著:《中国视听新媒体发展报告 2017》,北京:中国广播影视出版社,2017 年。

有了微妙的变化:视频成为区别于传统电视内容的新媒介属性。当人们提到视频,如"看视频""短视频"等,其会被自动理解为在描述新媒体,而绝非"电视"。因此,下文将提到的"从电视到视频",也正是引用了这样一种在生活中出现的语言变化,借以描述一个客观的媒介变迁进程。

五、作为艺术的视频

从 1895 年卢米埃尔兄弟在人类历史上第一次放映可动画面,到电影艺术和电视艺术席卷整个时代,再到今天融媒体环境下大小屏幕上的视频"爆炸",声画结合、最大限度地展现客观现实、再造想象现实的视频,无疑是人类艺术宝库中最为鲜活的一个门类。"影像"是影视艺术根本区别于其他艺术形式的本质元素。以巴赞和爱森斯坦等大师为代表的经典电影理论为所有日后的视频媒介中的视频艺术奠定了一般语法和规则。巴赞在《电影语言的演进》一文中将"影像"作为"被摄事物再现于银幕时一切新增添的东西",这种增添是复杂的,但基本上可以归纳为以下两类:影像的造型和蒙太奇。在他看来,影像的造型应当包括布景与化妆风格,在一定程度上也包括表演风格和照明及完成构图的取景。[①] 而蒙太奇则标志着电影艺术的诞生,也标志着视频艺术的开端。爱森斯坦等对蒙太奇理论、声画结构等进行开创性研究,并将蒙太奇上升到思维方式高度,与辩证思维联系在一起。之后的电视艺术,继承了电影艺术语言的基本结构,放大了客观再现性与即时性的特点,使电视成为 20 世纪最为主要的媒介艺术。

融媒体环境下的视频节目是新的传播时代条件下的综合艺术。它继承了电影、电视等先驱和前时代的综合艺术之成果,继承了这些艺术形式的大部分艺术语言、观看方式和审美价值,成为视频这一媒介形态之中最为新鲜的实践成果。因此,它作为综合艺术有着天然的"审美性"。

六、视频是研究融媒体变迁的最佳视域

正如上文分析,简言之,视频是一个集技术、内容、媒介、产业和艺术等复合意涵的概念。作为一种技术,它解决了拍摄、存储、远距离实时传输动态声

---

① 安德烈·巴赞:《电影是什么》,崔君衍译,北京:商务印书馆,2017 年。

画的人类需要;作为内容,它以声画同步和高度再现还原现实而独树一帜;作为媒介,它以强大的时空延展性、实时互动性和临场感,超越一切前时代媒介;作为产业,它以高速发展之势,反映媒介时代的内在变迁和社会生活的巨大变化。

视频作为一个变迁的媒介,穿越几个媒介进化的阶段,并随着媒介的变迁而进化,映射出一条清晰完整的发展弧光。胡正荣等大量学者在分析作为媒介融合带来的用户变化和媒介变化时,将"视频化"放在首位。[①] 视频媒介在整个中国融媒体变革中的主力地位得到广泛认同。

从媒介时代更替角度上,在电视为主导媒介的时代,视频当然是占据头筹的强势主流媒介,从其形态、业态和生态上折射当时的媒介传播特点、媒介基因特性和社会组织方式。进入融媒体时代,视频媒介又以其声画兼备的天然融合性和对现实的强再现能力,成为融媒体传播实现"在场"和"遥在"的主要载体,在5G等高速传输技术赋能下,成为融媒体环境中最为主力的媒介形态之一。

从业界实际发展速度上,视频媒介的产业规模和用户增量成长显著。根据德国调查机构STATISTA公司的统计数据:自2000年以来,中国网络视频市场的价值从20亿元增长到2017年的860亿元,在2018年和2019年,这一增长态势十分稳定,市场增长率保持在30%左右。[②]根据中国互联网络信息中心(CNNIC)发布的《第44次中国互联网络发展状况统计报告》,至2019年6月,我国网络视频用户规模达7.59亿人,较2018年底增长3391万人,占网民整体的88.8%。各大视频平台进一步细分内容品类,并对其进行专业化生产和运营,行业的娱乐内容生态逐渐形成;各平台以电视剧、电影、综艺、动漫等核心产品类型为基础,不断向游戏、电竞、音乐等新兴产品类型拓展,以IP(intellectual property,知识产权)为中心,通过整合平台内外资源实现联动,形成视频内容与音乐、文学、游戏、电商等领域协同的娱乐内容生态。[③]

从媒介形态发展复杂性上,从长视频到短视频再到直播,媒介融合进化

---

① 胡正荣:《传统媒体与新兴媒体融合的关键与路径》,《新闻与写作》2015年第5期。
② 梅宁华、支庭荣主编:《中国媒体融合发展报告(2019)》,北京:社会科学文献出版社,2019年。
③ 中国互联网信息中心(CNNIC):《第44次中国互联网络发展状况统计报告》,2019年8月,http://www.cnnic.net.cn/hlwfzyj/hlwxzbg/hlwtjbg/201908/P020190830356787490958.pdf。

的进程鲜明地反映在视频媒介的高速变化中。不同介质的视频媒介远不只是播放时长或形态方式的不同，它们的背后是传播场景、传播逻辑和存在意义的根本不同。

因此，视频媒介的蓬勃发展和其天然的融合性，给本书对媒介内容体在媒介变迁中的适应变化规律的研究提供了丰厚的土壤，成为本书的最佳视域。

综上所述，本书将专注研究"视频"这一基本范畴下的文化类谈话节目，以其变迁为背景，对中国视频文化类谈话节目进行梳理研究。研究中也将涉及音频、书面、口语等多种媒介维度的文化类和谈话类内容体的探讨，但本书研究不变的主话题阵地是"视频"这一范畴。而在视频范畴中，本书更多涉及其内容和媒介维度的讨论。

从媒介变迁的角度，视频一词也在本书着眼的两个媒介发展时代的涵盖之下：单向媒介时代的传统电视时期和融媒体时代的数字新媒体时期。传统电视、互联网视频、网络直播视频、社交媒介视频等一切视频内容形式均在研究范围内。下面的研究论述，我们将围绕这两个历史阶段的不同特点加以展开。

其中，"电视"在所有视频范畴中，有着特殊的地位。电视是视频的开端，是视频世界最早的旗手和主力。视频生产、传播、接收和运行的原则、规律与习惯，是从电视时代开始积累和形成的。互联网和数字技术兴起之后，视频这个含义更广的词语渐渐代替了电视，成为视听媒介的代名词。新媒介的视频内容无不继承和吸收了这些源自电视的原则和惯例。因此，在节目内容的基本规律上，新媒介视频和电视有着诸多共同点和相似性。但是，迥异的传播和接收方式又让它们在创作方法、思维方式、生存方式上差异巨大。

本章小结　适变：融合中的媒介与进化中的内容

通过本章的讨论，我们梳理了媒介融合和进化的规律、特性和趋向，分析了"融合"作为贯穿整个人类媒介世界变迁发展的趋势，从哲学本质上理解媒介运动；定义了"融媒体"这一划时代的媒介进化结果生态性系统环境的本质，为本书建立研究环境和研究语境。

　　本书旨在探讨融媒体时代融合变迁下的媒介生态和媒体运行变化。生态科学和社会科学的交融由来已久，将媒介的变迁类比生态环境的运动并运用生态学的理论解释媒介现象，亦成果颇丰。

　　在物种进化中，"变化"和"适应"是生物界永恒的主题。"适"是"变"的目的，"变"是"适"的前提。"变"的是环境中的个体，而"适"的背后，可以反映出环境进化变迁的规律。因此，本书的逻辑是从融媒体环境内寻找典型的切片——从媒介内容去看媒介生态适应变化的顾虑，探看今日媒介的未来，带有生态学思维。

　　本书的研究价值即构建在此之上。本书以"视频"这一媒介领域为着眼点，以"文化类谈话节目"这一特定的媒介内容为观察切片，以媒介变迁为研究视角，将这一特定研究对象的发展置于整个媒介发展历程之中，尤其是在媒介从单向传播向融媒体传播时代发展的转折点上，比较探究媒介发展的规律方向如何作用在一种媒介形态和一类媒介内容之上，研究其发展各过程的起伏跌宕是否蕴含着媒介进化的某种必然性规律，同时以研究媒介进化方向的视角讨论其未来趋势，并试图从这一个媒介内容体的发展历程中搜寻媒介变迁进化的新线索。

/ 第三章 /

跌宕重生：
中国视频文化类谈话节目综述

　　视频文化类谈话节目是本书研究的样本切片。本章将集中梳理视频文化类谈话节目的概念范畴和其在中国的发展历程。

　　视频文化类谈话节目伴随着中国电视事业的发端和发展不断演进变化，从雏形到真正的登场，从成型走向成熟，从成熟一次次走向停滞到再启的轮回，最终以多种样貌出现在电脑屏幕、手机屏幕等新媒体介质之上，可以说见证了中国视频媒介生长变化的不同阶段，也佐证了中国现代社会转型的步伐。

　　本章将先梳理"中国视频文化类谈话节目"的定义范畴和类型，为本书划定基本对象范围，并分析视频文化类谈话节目在媒介变迁视角下的本质，探寻其存在和发展的必然性。进而，再梳理文化类谈话节目在以电视为代表的传统大众媒介环境下和以互联网为基础的数字新媒介环境下的整体发展脉络和曲折历程，对中国视频文化类谈话节目的发展全貌和概况进行研究。

第一节　概念的认知
——视频文化类谈话节目定义

　　要阐明文化类谈话节目[①]的概念范畴，首先要厘清这个概念中的两个基本元素："文化"和"谈话节目"。"文化"是这类节目体的基本素材和内容来源，也是这类节目的气质定位和美学取向。"谈话节目"是这种节目体的类型划分，代表着其基本的表现形式、表达方式和美学特征，从而界定中国视频文化类谈话节目的概念。基于上一节对本书"视频"范畴的界定，本书中的"视频"涉及传统电视和新媒介的相关节目形态。

―――――――――――――

　　①　如本书上节所述，因有"视频"这一统一范畴，后文提到的"文化类谈话节目"若无特别说明，即指"中国视频文化类谈话节目"，包括了电视、网络、移动互联网等多种平台内容。

一、文化类节目

"文化"一直以来是个不容易概括的复杂概念。"仅从 1871 年到 1951 年这 80 年间有关文化的定义就达 164 种。而在 1951 年以后的 50 多年间，国内外有关文化的定义就达近 200 种，可见其复杂性。"①

"文化"是中国语言系统中古已有之的词汇。在汉语系统中，"文化"的本义就是"以文教化"，它表示对人的性情的陶冶、品德的教养，本属精神领域之范畴。近现代中国学界在西方学术的影响和启蒙下，对"文化"亦有研究和细述。如胡适认为，"文化是一种文明形成的生活方式"。② 而目前学界普遍使用的认识如同《辞海》中对"文化"词条的注解，将文化两分为广义和狭义。广义的文化指"人类在社会历史实践过程中所创造的物质财富和精神财富的总和"；狭义地说，文化是"社会的意识形态以及与之相适应的制度和组织机构"③，是"在历史上一定的物质生产方式的基础上发生和发展的社会精神生活形式的总和"。普遍认为，文化包括物质文化、制度文化和心理文化三个方面。

据此，我们能够看到，文化这一概念具有：总和性，涵盖社会生活、历史、机制的方方面面；活态性，与"生活方式"息息相关，既是久远历史的凝结和追溯，也是时刻正在发生的活态系统；互动性，文化时刻与所在的社会互动生长，润物无声，水滴石穿。

中国视频节目语境下的"文化类"这个定语，显而易见出自广义的"文化"概念。更显而易见的是，它是一个"有中国特色"的条块概念，抑或是一种内容管理概念和思维方式。与之相对的，在西方视频节目领域中，似乎没有单独以文化作为涵盖的节目。西方的谈话节目，要么以新闻评论或生活观察为更大涵盖的杂志类节目，文化观念和内容无时无刻不渗透其间，比如《夜线》（*Nightline*，美国广播公司）等；要么是以主持人为核心卖点的节目，文化话题和娱乐内容是其包罗万象的内容中重要的一块，如《拉里·金直播》（*Larry King Live*，美国有线电视新闻网）、《艾伦秀》（*Ellen DeGeneres Show*，哥伦比

---

① 欧阳宏生等：《电视文化学》，成都：四川大学出版社，2009 年。
② 胡适：《胡适文存》第 3 集第 1 卷，合肥：黄山书社，1996 年。
③ 辞海编辑委员会：《辞海》，上海：上海辞书出版社，1979 年。

亚广播公司)、《吉米鸡毛秀》(*Jimmy Kimmel Live*,美国广播公司);要么是针对文化生活领域更加细微的具体需求,如《奥普拉书友会》等。同时,英语中文化(culture)一词的多义性也与汉语中的文化存在较大理解差异。而在中国,文化这个"大词"被单独拎出,作为一个非常有针对性的电视题材,这与中国电视特有的社会条件、历史背景和管理体系息息相关。

第一,行业的划分带来了"文化类"在中国电视领域的独立位置。作为中国视频媒介开端的中国电视事业,是在计划经济体制下诞生,常年在行政领导的环境下生存发展。中国电视起步的最初,就将文化生活节目与政治节目、文艺节目、科技知识节目等类别并列,成为独立的节目类型。1961年,中国北京电视台就开始播送《文化生活》栏目,每月播出二三期。① 随后近40年的中国电视事业体系发展中,这类文化节目往往归入电视台等制作播放机构的"社会教育部"或"青少部"等面向社会进行文教宣传的特定部门来进行整编和管理,不同的电视内容部门也往往会将文化与其他行业门类并列区分,成立专门的工作组,如新闻频道文化新闻组。这里透射出浓厚的"计划经济"时代的行业划分和条块管理气息。因此,文化先是以"行业"或"战线"的性质划分。因此,"文化类"首先有强烈的行业特征和"战线"属性,它来自"文化战线"这条社会分工的行业线索,与"艺术战线""医疗战线""科技战线"等相提并论。有趣的是,按照普遍公认的文化概念,"艺术"应属文化的范畴,但在电视的内容选材上,"文化工作者"往往和"文艺工作者"(即文化艺术,实际操作中往往偏重表达大众艺术的意思)是两个概念、两批人、两条战线。前者更偏向学术界、教育界、考古界等,后者更偏向艺术家、表演者等。这个有趣的分类正好能说明"文化类"这一提法是源于社会时代分工的分类法。而这个分割明确的行业分类法,从麦克卢汉的媒介观来看,正是书面时代典型的社会组织结构的体现。在以电视为代表的电力媒介从出发到壮大的过程中,它们必定首先存在于前时代的社会环境中。而这种延续自前时代的社会背景将在这种节目体后续的发展中发挥不可回避的重要影响作用。后面的章节我们会继续展开这方面的讨论。

第二,对文化的重视带来了"文化类"在中国视频领域的独特地位。中国

① 刘习良主编:《中国电视史》,北京:中国广播电视出版社,2007年。

自古以来崇文尚智，尊师重道，我们的母体文化有着源远流长并从未实际间断的发展历程。这一独特的文明体系一直对"以文化之"饱含着独特的敬仰和敬畏。与其他很多文明不同，中华历史初期的圣贤不是宗教大师，而是知识分子的精华，如孔子、孟子、老子；历代的统治阶级对文化或崇尚至尊，以其作为统治工具；或严加管控，甚或对文化压抑扼杀；"万般皆下品，惟有读书高"的观念在民间根深蒂固，知识分子在中国绵长的农业文明封建社会历史中占据着重要的地位，形成了独特的士林阶层。这些从正反多方面说明文化的重要性和特殊性根深蒂固地植根在中华文明的最深处。新中国成立后，党和人民也将文化建设、文化生活和文化的地位提升到又一个历史高度，文化之于国家、社会和每个人生活的作用特殊又重要。尤其是改革开放以来，国家愈加重视提高知识分子的社会地位。文化在这样的社会氛围下被独立地提出，是顺理成章的。

第三，中国社会文化普及的复杂性和不平衡性带来了"文化类"在中国视频领域的特殊空间。中国的文明史虽然源远流长，但中国的文化普及程度一直显示出明显的不平衡性。在漫长的封建社会，读书学文化一直是少数人的事情。"从 1907—1933 年，中国社会的识字率肯定比传统社会 20% 来得低。……在传统一体化社会被完全毁坏之民国初年，社会识字率很有可能比传统社会大大降低。"①新中国成立初期，在扫盲前，社会文盲率在 80% 以上。因此，在中国社会，"有没有文化"成了中国人生活里常有的一句玩笑话。这句话的背面是它的潜台词——有文化人的不多，或者拥有的文化素养不够。改革开放后，中国教育和文化建设成绩显著，全民文化素质提高迅速，文化氛围不断升温。但不争的事实是，我国的文化普及和素质提升是个长期的工程。根据中国新闻出版研究院 2016 年的调查数据，当年中国人均年阅读量为7.86 本。而以色列的人均年阅读量达 60 本以上，俄罗斯为 55 本。因此，"文化类"独树一帜地立于电视内容之林，担负社会教育和文化普及的某些独特功能，就不难理解了。

因此，"文化类"节目在中国电视荧幕上生根开花，形成社会共识和认知习惯，并在新媒介时代延续到电脑手机屏幕上，扮演着独特的角色。

---

① 张朋园：《"劳著"清代教育及大众识字能力》，《近史所集刊》1980 年第 9 期。

二、谈话节目

视频谈话节目开始于电视谈话节目。"电视谈话节目"是电视内容类型领域的一个独特的品类。这种基于即兴谈话的节目形式,发端自欧美,强调口头语言的趣味性,表现手段相对较为单一,电视画面元素不算丰富。它源自广播时代开启的谈话节目传统,从其特征来讲也非常具有广播的属性,但却在世界范围的电视荧幕上掀起热潮,尤其是在现代传媒大国美国,谈话类节目业已成为一个独立的大众文化现象,为社会学者所持续研究。

谈话节目在英语语系中被称作"TV Talk Show",顾名思义是"一场谈话的秀"。在本书中,我们采用纽科姆编写的《电视百科全书》中"谈话节目"词条的定义:"'电视谈话'(TV Talk)包括了从有电视就存在的所有不用写脚本的对话和直接对观众讲述的各类节目形式。这种'直播的'、脱稿的谈话是电视区别于电影、摄影、唱片和书籍企业的一个基本因素。而'电视谈话节目'(TV Talk Show)则是一种主要围绕谈话而组织起来的表演。谈话节目必须在严格的时间限制之内开始和结束,并且要保持话题的敏感性,以便在面对上百万观众时能提起大众的兴趣。"①

这是一个相对准确科学而颇有年代感的定义。它对于"电视谈话"和"电视谈话节目"的界定,准确地揭示了电视这一媒介与其他媒介的显著不同。从这个定义中,我们能看到电视谈话节目的三个突出特征。

第一,以谈话为核心内容。最单纯最本质的谈话成为这类节目最核心最重要的内容素材被加以组织。"电视谈话"这一电视基本元素本身,成为节目内容的中心,其他手法和元素完全围绕谈话展开,给予谈话支持和辅助。同时,"谈话必须在严格的时间限制内开始或结束,并且要保持话题的敏感",这说明这类节目在时间节奏和话题控制上有其明确的业务要求和技术含量。但"必须在严格的时间限制内"这一定义,在当今的网络电视生态中将被消解和转型。

第二,具有即兴色彩。"电视特色常常就是与观众交谈的特色。大量的

---

① Newcomb H(ed.). Encyclopedia of Television(the first edition). New York: Routledge, 1997.

节目都采用面对观众'直接说'的形式。……播音员、气象报告员、新闻广播员、访谈节目主持人等都是直接面对摄像机的,因此给人的错觉是他(她)们在亲切地面对面地与观众话家常。"①这种"家常态"或者"即时态",既是电视区别于电影、唱片、书籍的最显著特点,同时也是电视一直被大量文化批判学者所"诟病"的"使社会文化和智力水平倒退的闲谈"。"即兴"代表着电视这一电力媒介瞬息千里的传送速度和其突出的"此时性"。"电视现在是人民理解和联系世界的方式。……它对于大多数人来说'成了通向世界的窗口。它提供的图像似乎就是世界本身,他们相信它的完整可靠性'。"②它与电影等媒介最大的不同在于,电视的时态可以是进行时,而非电影或书籍那般永远是过去时。电视受众往往通过电视与内容和事件同步,以此被深深卷入。"谈话节目通常视觉元素较弱,却能够得到观众的青睐,其中的秘密就在于这种节目近乎原貌地再现了一个不可重复的真实对话过程。观众能够通过节目观察到谈话者真实的心理脉络,也可期待出现某些无法预测的戏剧性场面。因此,某些规划过细、掌控过严的谈话节目,总会给人干巴、枯燥的感觉。"③换言之,实时感知的真实、同步发生的卷入、不可复制和排演的一次性和无法预测的突发性,都是电视特性带给谈话节目的天然质感和美学追求。同时,作为交流和分享体验的谈话节目观看行为,也本能地要求真实的感官见证和心理同步,很难想象一番言不由衷、缺乏"临场感"的照本宣科,能够在谈话节目中起到好的作用。事实上,在常年的访谈节目创作实践中,笔者一直强调,访谈节目的内容流实际上在讲两重意义的故事,一是主持人和嘉宾在节目进行中讲出的故事,二是这个访谈节目现场发生的故事。观众既在听谈话人物讲的内容,又在观看谈话现场发生的一切状况,即"这一天的故事"。这两者从本质来讲都是不可复制的,即便可以重录几遍,但每次都不可能是完全一样的。访谈节目的方方面面,从技术到呈现,从台前到幕后,都充满了"即兴"。

---

① 尼古拉斯·阿伯克龙比:《电视与社会》,张永喜、鲍贵、陈光明译,南京:南京大学出版社,2007 年。

② 吉妮·格拉汉姆·斯克特:《脱口秀:广播电视谈话节目的威力与影响》,苗棣译,北京:新华出版社,2000 年。

③ 苗棣、王怡林:《脱口成"秀":电视谈话节目的理念与技巧》,北京:中国广播电视出版社,2006 年。

因此,很多研究者说:"即兴是访谈节目的生命。"[1]

但"即兴"加了一个词"色彩",就意味着这份"即兴"不可能完全即兴。这就有了访谈节目的第三个特征。

第三,表演性。一个"秀"(show)字即说明了,访谈节目的实质是一场关于访谈的表演。一方面,谈话节目场中的所有人都是表演者,不管他们多么"即兴",多么"自然",甚至看上去"随机"而"缺乏准备",这都不可能是完全真实的自然态。另一方面,不管整个谈话场看似多么"即兴"和"随意",多么"脱稿"和"无脚本",任何谈话节目都是方案和议程控制的结果。虽然上文说到,过细的方案和过多的设计不一定利于谈话节目的效果,但谈话节目一定需要过硬的方案和严密的设计,因为恰恰是其"即兴"的美学特点,它在谈话场营造和把控上较之其他电视文艺形态会更加困难。同时,不管是来自政府官方还是电视机构和工作者自身,抑或是社会大众的主流意识监看,对于节目内容的审查是无处不在和从未间断的。因此,虽然电视的真正优势在于"直播态",但大多数节目,包括绝大多数访谈节目,并不选择直播而用录播模拟出现场感。这就更加需要现场谈话来表演出"即兴""真实""流畅"的感觉。而后期剪辑的介入,也用一只无形的手和一个看不见的"表演人",将这份表演性以尽可能符合节目诉求的方式放大传递给观众。所有信息,都经过加工,只是不同时代的加工工艺和程度有着时代性的不同而已。

从上面的定义推演来看,电视谈话节目的特征集中体现为以下三点:其一,以谈话为主要内容;其二,谈话是无脚本的;其三,谈话是在严密设计基础上的即兴谈话。[2]

那么符合上述三点突出特征的节目内容体,就是电视谈话节目。而从上述定义出发,亦从中国电视谈话节目的实际操作出发,谈话节目可有进一步的类型细分。

从外观形态来讲,"电视谈话节目"是围绕"电视谈话"而生成的,而电视谈话包括了从有电视就存在的所有不用写脚本的对话和直接对观众讲述的

---

① 苗棣、王怡林:《脱口成"秀":电视谈话节目的理念与技巧》,北京:中国广播电视出版社,2006年。

② 苗棣、王怡林:《脱口成"秀":电视谈话节目的理念与技巧》,北京:中国广播电视出版社,2006年。

各类节目形式。因此,电视谈话节目从外观形态来讲,至少基本分为三个形态。

第一,访谈节目。两人或以上进行以对话形式展开的谈话节目,或采访回答,或共同讨论侃谈,模拟的是生活的聊天或讨论,在场所有人都是谈话的参与者。这样的节目在谈话节目中数量居多。如《艺术人生》《文化视点》《东方直播室》。

第二,讲话节目。即谈话者面对镜头,透过屏幕等介质,向媒介那一端的受众直接说话的节目形态。这种"单向度"的谈话节目多少有前时代广播的印记。更有趣的是,这类节目在中国走过的发展轮回,恰恰刻画了一条媒介发展演变的"麦克卢汉弧光",能够清晰地看到时代更迭的迹象。中国电视事业的最初,一批便于演播室操作的"讲话"节目,成为最初电视屏幕上的重要内容。1958 年 5 月 1 日,中国北京电视台(中央电视台前身)的第一次试播出的第一个节目,就是直播《工业先进生产者和农业合作社主任庆祝"五一"节座谈》。这不仅被公认为中国电视史上第一个讲话节目,更是中国电视事业开端的第一声号角。1958 年 6 月 8 日,为了配合《红旗》杂志上毛泽东的《介绍一个合作社》的发表,北京电视台安排河南省商丘市应举农业合作社的主任崔希贤做了电视讲话,他成为第一个到电视台讲话的中国人。"整个 20 世纪五六十年代,英雄辈出,宣传模范的先进事迹成为讲话节目的重要内容。"引起轰动、反响最大的是大庆油田"铁人"王进喜的报告。[①] 讲话节目成为当时反映时代风貌、发挥电视喉舌作用、鼓舞凝聚社会干劲的重要手段。到了 20 世纪 80 年代,随着社会文化的复苏和高考的恢复,空中大学、电视书法等讲学性质的节目大量涌现,成为现代讲话节目的一大前身。进入 21 世纪,在中国电视形态琳琅满目、百花齐放,事业和产业都同步发展的社会条件下,中央电视台科教频道于 2001 年 7 月 9 日开播讲座式栏目《百家讲坛》,以"建构时代常识,享受智慧人生"为宗旨,以充满趣味性和悬念感的选题吸引观众,在学术创新、个性表达中,强调雅俗共赏的节目播出效果。这个节目的开播,对"讲话"节目的发展具有划时代意义。2012 年纯网知识分享脱口秀《罗辑思维》应运而生,至今总共播放 200 余期,在优酷、喜马拉雅等平台总播放量超过

---

①　刘习良主编:《中国电视史》,北京:中国广播电视出版社,2007 年。

10亿人次。这个以罗振宇单人为唯一符号，以"一个磕巴不打，一口气说到底"的讲话为唯一内容的节目，是讲话节目在互联网时代最为重要的例证之一。而随之出现的如《吴晓波频道》《樊登读书会》等类似形态的产品大量涌现。同时，近几年在互联网和移动互联网发展迅猛的所谓"网络直播"，大多是单人带领网友互动的"直播讲话"。历史有趣地在讲话节目的发展历程中划出了一道轮回。

第三，综艺杂糅型谈话节目。近几年，大型现场形态类节目不断涌现，其中不乏从以上两类谈话节目派生而出的新节目，甚至直接是两种形态的综合和杂糅。如，《朗读者》，将密室访谈、现场访谈与朗读结合；《开讲啦》《国家宝藏》，将电视讲话、访谈、讨论和文艺表演形式杂糅在一起。这类节目往往用相对于普遍意义的访谈节目巨大得多的投入来获得巨大的资源引入和社会关注，形成"爆款"。其中有不少打破了常规的周播或者日播，以"季播"的模式，成为一年一播或两播。

从谈话形态和语言方式来讲，谈话类节目大致分为以下五类。

第一，叙事型。这类谈话节目以讲述故事、描述经历和感受为主要内容诉求。电视时代最典型的例子是《艺术人生》《超级访问》《夫妻剧场》等。融媒体时代出现的《透明人》《易时间》等亦延续了这类节目的发展。人物访问是这类节目的重要题材和外部形态之一，讲故事，引起受众兴趣，是其最基本的手法。

第二，评论型，或称为话题讨论型。这类谈话节目有明确的话题主题、关注方向、讨论目标，往往为了解决某个问题或某个需求，有相对较强的新闻性、事件性和针对性。如，电视上的《新闻1+1》《对话》《东方直播室》《实话实说》《小崔说事》《有话好好说》等，融媒体下的《四味毒叔》《聚焦》。议题的设置、议程的展开和观点的多元，是这类节目最突出的特点。

第三，辩论型。这类谈话节目形态非常聚焦，以不同观点的交锋碰撞为主要看点，真可谓"真理不辩不明"。典型案例有电视时代的《时事辩论会》《国际双行线》，融媒体时代的《奇葩说》。尤其是《奇葩说》这类近几年网生的综艺节目，将辩论谈话与综艺、竞技、清谈等类型杂糅并包，获得了新的发展空间。

第四，清谈型。这类谈话节目似乎没有明确的话题或形态，以谈话本身的乐趣为卖点，对生活态的闲聊进行模拟。这类节目将谈话中"访"的一面弱化，强调"谈"的一面。这类谈话节目从世界电视发展的最初就出现在公众面前，并且一度成为欧美文化批评家口诛笔伐的对象，认为电视趋于闲谈的天然倾向将会降低孩子的读写能力，拉低社会的文化水准。但这类节目一直存在于电视内容领域。在中国电视视域下，它首先在港台地区不断发展，《锵锵三人行》等便是典型的例子，随后在内地（大陆）电视领域出现的《龙门阵》《夜夜谈》等，都属于这种类型。进入数字融媒体时期，《圆桌派》等节目延续了这类谈话节目经久不衰的魅力，究其原因，相信除了因为它们成本相对低廉灵活外，更是因为它们符合人们通过电视延伸自己的社交交流的需求。

第五，讲授型。以讲课和传授为基本语言方式和表达形态的谈话节目。这类节目在单向传播的电视屏幕上一直存在，从最初的讲话节目、教育节目，到20世纪90年代中国电视高速发展时期的《百家讲坛》，到融媒体时代的《逻辑思维》《晓说》《嘟嘟》等，成为一支独特的节目力量，其中一些更从节目体蜕变为知识付费产品。

三、文化类谈话节目

通过上面对文化类和电视谈话节目的界定与分析，我们不难归纳视频文化类谈话节目的定义。这是在广大的视频谈话节目中，专门针对文化领域，报道文化新闻、访问热点人物、探讨文化观点、推广文化政策、普及文化知识、交流文化意趣、关照社会文化价值和大众文化心态的这样一类谈话节目。这类节目在相当长的一段发展时期里，往往呈现出较高的文化深度、较强的文化责任感、较浓的文化气氛、较淡的商业诉求。

结合电视谈话类节目的形态分野，从实际操作的不同倾向来看，中国视频文化类谈话节目主要有以下形态。

一是话题讨论类，如《文化视点》《文化访谈录》《开坛》《首席夜话》《圆桌派》。这类节目模拟公共议事厅，对社会关注的文化事件、现象进行分析、讨论，试图深入了解和理性分析生活和时代。

二是人物访谈类，如《艺术人生》《大家》《搜神记》《十三邀》。这类节目以文化人物为主要切入，模拟客厅谈话，力求深入了解剖析人物的故事、情感、观点和思想，并以人物为放大点，阐明节目所要揭示的文化观点或社会潮流，完成节目诉求潜台词的申发。

三是文化讲坛类,如《百家讲坛》《文化公开课》《罗辑思维》。这类节目以主讲人物对镜头叙述讨论,以屏幕介质前的受众为虚拟对象,力求传播文化常识、知识学养,也同时传播主讲人代表的价值观念、生活方式和思维倾向。

四是综艺形态类,如《朗读者》《奇葩说》《开讲啦》《国家宝藏》。这类节目以电视文化谈话节目为基础,综合了大量综艺节目的元素和手法,进行大形态节目体的研发,形成较为重大的媒介关注和影响。

这四类节目基本涵盖了中国视频媒介从 1958 年发轫之时直到今天的文化类谈话节目,也构成了本书基本的研究对象和案例来源。我们可以看到,文化类谈话节目是一个独立门类,独立于其他类型的视频谈话节目(如,经济类谈话节目《对话》;纯科技类谈话节目《走近科学》;医疗服务类《养生堂》;创业类《创业星球》;社会服务类《非诚勿扰》)。这一独立的节目样态自然承担着独特的社会功能,因而在中国视频领域长期存在。

中国视频文化类谈话节目诞生自中国电视的成熟期,是电视媒介特性的缩影。如果把视野拉宽到整个媒介发展历程,不孤立地限于视频媒介环境,我们就能更加清晰地认识到这一节目内容形态在媒介变迁视角下的本质,并揭示其在媒介发展中的存在必然和研究价值。

本书认为,视频文化类谈话节目本质上是在电子媒介对人的中枢神经的延伸的语境下,媒介内容对人类文化思维的延伸,以满足人们文化表达和文化交流的内心需求。这条以"前身"组成的发展脉络,简单地说明了这样一种思维延伸和欲望满足在各个历史阶段都有其存在形态,这说明人类在构建自身文化的过程中进行表达和交流信息是人类内心深层的欲望,"分享是人类的天性"①。这样一种神经和欲望的延伸,在不断演进的媒介中持续生长,在各个时期的媒介形态上表达出来,本书所讨论的视频文化类谈话节目是它在模拟和数字两个阶段的视频媒介上的投射与表达。从这个意义来说,文化类谈话节目出现在视频媒介世界是一种必然,是人类文化思维寻求表达和交流的欲望的凝结。将它放置在媒介变迁的过程中,它就成了一个运动的对象,更有助于研究其自身规律和发展趋势。

---

① 汤姆·斯丹迪奇:《从莎草纸到互联网:社交媒体 2000 年》,林华译,北京:中信出版社,2015 年。

第二节 跌宕的曲线

—— 电视时代语境下的视频文化类谈话节目发展概述

中国视频事业以中国电视事业的萌发为开端。中国视频文化类谈话节目的肇始是中国电视文化类谈话节目。

中国电视事业从20世纪中叶起步,经历了急速发展又复杂交织的半个多世纪。说它复杂,是因为这一发展路径交织着从新中国成立到今天的曲折过程,伴随着中国特色社会主义道路的不断演进,社会实际与西方社会有很大区别,整个历史发展的密度和速度都与西方社会迥异。说它交织,是因为中国媒介历史的变迁轨迹在近30年是跨越式浓缩式的急速发展。中国电视在这半个多世纪带给中国社会巨大变化的同时,自身也必然发生了巨大的改变。

本节,我们将中国电视文化类谈话节目整个的发展历程归纳在以下四波浪潮之中。造成这四波潮汐的引力,既是中国电视事业演进发展的推动,更与中国各个阶段不同的政治背景和社会政策面有极大的关系。这四波潮汐描述的是中国电视文化类谈话节目发展中有明显变化现象的四个阶段,从中定能看到时代演进的历程。

一、雏形:伴随中国电视的诞生发展,从孕育到萌芽(1958 年至 20 世纪 90 年代初期)

文化类谈话节目这一十分具体的内容体,其萌芽在中国电视的诞生之初就已出现。

1958 年 5 月 1 日 19 时整,首都北京上空出现了电视信号。中央电视台的前身北京电视台实验性地传送了中国电视史上第一帧画面,从此中国电视事业诞生。当时处于萌芽状态的中国电视,还远未有节目形态、类型等制作思路,更没有真正意义上的谈话节目。但电视文化谈话节目的两大要素,"讲话"和"文化",在最初的电视屏幕上皆已出现。以谈话为载体的节目和以社会文化生活为主题的节目破土而出。

一是"讲话"元素。5 月 1 日当晚,《工业先进生产者和农业合作社主任庆祝"五一节"座谈》节目播出,三位工农模范在中央人民广播电台记者李宜的串联下,介绍了生产情况,并插播了一些生产图表和照片。中国电视史上第一个播出的节目就是谈话节目的雏形。而这样的"讲话"节目成为最初社教类节目的重要内容。"初创时期的社教节目大都可以归入讲话节目,因为它们所传播的内容,基本上都是通过来宾'讲'出来的。除了几个较为固定的栏目外,还有不定期的讲话栏目。这些栏目都是配合当时国内外的政治形势或重大节日、纪念日而制作,不但数量多,有的篇幅还特别长。总的说来,电视讲话成为北京电视台早起政治性、教育性节目的重要形式。"①其中影响最大的莫过于大庆油田"铁人"王进喜的报告,一经播出就引起社会强烈反响。"当时电视是直播的,'铁人'的讲话不用讲稿,他讲的都是亲身经历,早就深深地印在头脑里。"②值得注意的是"不用讲稿"这四个字,恰恰吻合了我们对"电视谈话"的最根本定义——电视上的脱稿讲话。1960 年,上海电视台同华东师范大学联合开办了"电视大学",一周播出 6 次,共 24 小时,招收学生达1.6 万人,电视讲学有了鼻祖。

　　二是文化类元素。在最初 10 年的中国电视播出实践中,"文化类"节目总有它不可或缺的一席之地。1961 年北京电视台正式开办了《文化生活》专栏,每月播出两三次。较受欢迎的节目有《新春谈年画》《介绍我国古代十大画家》《郭兰英的歌唱风格》《泥人张》等。为了比较系统地传播知识,《文化生活》还办了系列节目,如《戏曲知识》《音乐知识》《书法讲座》等。天津、上海、哈尔滨等中国首批开设电视台的城市也相继开办相似的文化节目,与文艺节目、科教节目、新闻节目、政治节目、少儿节目等门类相提并论。这些早期的文化节目很难说是成型的谈话节目,但不可否认的是,这些节目不乏以电视谈话性语言进行交流和串联的内容。

　　随之而来的社会运动和"文革"浩劫,给中国电视沉重的打击。北京电视台不得不中断了《科学常识》《卫生常识》《文化生活》等社教栏目的制作。涉及意识形态的《文化生活》栏目则始终被禁止,直到"文革"后才得以恢复。反革命集团在破坏正常的电视秩序和电视台工作的同时,也不忘利用这个时代

---

①　刘习良主编:《中国电视史》,北京:中国广播电视出版社,2007 年。
②　刘习良主编:《中国电视史》,北京:中国广播电视出版社,2007 年。

媒介，播出《儒法斗争》《评〈水浒〉》《文艺评论》等带有文化评论、意识形态讨论的专题，充斥着大量煽动性、错误的观点，充满空话、大话。[①]

1976年10月，十年动乱结束。中国电视一方面要走出十年"文革"的阴影，另一方面要发挥舆论导向的功能推动社会思想解放的进程。1977年5月23日，北京电视台《文化生活》栏目恢复，第一批节目是老艺术家与观众见面，陆续播出音乐评介节目《高歌一曲赞红梅》等专题，一批"解禁"的文艺作品和文化工作者陆续在节目中亮相，《文化生活》有了丰富的节目来源，收到了处于文化饥渴期的广大中国观众的热烈欢迎。更具有标志意义的是1978年10月，为了配合时任国务院副总理邓小平同志出访日本，中央电视台播放了日本故事片《望乡》和《追捕》。《望乡》是一部涉及妓女生活的影片。播放前，中央电视台以"讨论"的形式向观众介绍了影片的时代背景，并引导观众正确分析影片的情节。播出后，中央电视台文艺部又邀请了文艺界部分人士"座谈"，录制了社教节目《电影〈望乡〉播出以后》。[②] 这播出之前的电视讨论和播出后的电视座谈，已经具有典型意义的电视文化类谈话节目的形态，直到今天的电视屏幕也依旧活跃着相同作用的电视文化类谈话节目，如中央电视台电影频道《佳片有约》（播前讨论）和中央电视台综艺频道《文化视点》（播后座谈）。从这以后，电视台在相对薄弱的条件基础上不断恢复。这个阶段，电视仍是个"微缩的影院"，以电影和剧场的转播为支撑，中央电视台每晚只有2.5小时的播出时间。但即便在这样有限的条件下，文化类谈话节目的雏形依然有着稳定的播出空间。表3-1是1979年1月2日中央二套加长时间的播出单，即可见一斑。

表3-1　中央二套加长时间的播出单(1979年1月2日)[③]

时间	节目
9:00	科教片:毛孩
9:40	京剧:红娘
19:00	新闻联播

①　刘习良主编：《中国电视史》，北京：中国广播电视出版社，2007年。
②　刘习良主编：《中国电视史》，北京：中国广播电视出版社，2007年。
③　刘习良主编：《中国电视史》，北京：中国广播电视出版社，2007年。

续表

时间	节目
19:20	国际新闻
19:30	文化生活:谈谈电影《巴黎圣母院》
19:40	意大利法国合拍片《巴黎圣母院》

20世纪80年代初到90年代初,中国电视步入转型期。1980年7月12日,另一个标志性的新节目诞生。中央电视台推出了第一个评述性新闻专题节目《观察与思考》,首播节目《北京居民为什么吃菜难》,庞啸作为第一个被批准出镜采访的记者,成为首位中国电视主持人。电视从此发出自己的评论声音,从宣教到直接的观点介入,此类节目扛起了电视舆论的大旗。上海、陕西等地随之响应,开办类似节目。

这个时期,电视教育节目开始走入人民生活。告别"文革",十年教育的凋敝使转入经济重建的中国人民对于知识文化异常饥渴,大量闲置的频道资源给予这些节目平台条件。以海外英语节目《跟我学》为代表的大量电视学外语节目异常活跃,各地的空中大学、电视讲座在此形成井喷,并催生了中国教育电视台。

转型期的中国电视,将迎来飞跃式的发展。中国电视文化类谈话节目也即将诞生。

二、成型:伴随中国电视的飞跃发展,从应运而生到短暂沉默(20世纪 90年代至21世纪初)

1992年,邓小平南方谈话和党的十四大召开,激发起全国人民以及各行各业建设中国特色社会主义事业的热情。在适应客观形势变化和观众收视需求的方向下,电视宣传改革逐步深化。中国电视迎来了飞跃发展期。

这件飞跃的标志性事件是中央电视台机制的创新和节目结构的改革。1993年5月1日,中央电视台《东方时空》开播,很快成为最有影响力的新闻杂志节目,不仅培养了中国电视观众早间的收视习惯,也在《东方之子》《面对面》《焦点时刻》等板块中展开了谈话节目的最初尝试。各地各级电视台专业频道雨后春笋般破土而出,为新的节目样态提供了广阔的平台天地。1993年

8月,当时中央电视台三套(现"综艺频道"前身)每周日晚间开播时长120分钟的大型综合文艺栏目《文化广角》,其中的《周末话题》《大家谈》等板块,充分尝试了文化类谈话节目的元素。1994年4月1日,历史坐标性的节目——《焦点访谈》在中央电视台开播。节目"评"与"述"相结合的语言特色、深度剖析新闻事件的节目风格,引起社会强烈反响。这一定位和方向一直延续到今天。中国电视屏幕上第一次明确出现了带"访谈"二字的标题。为真正独立意义上的中国谈话节目的诞生唱响序曲。

1996年3月16日,《实话实说》开播,取得巨大成功。中国电视谈话类节目有了真正意义上的开端,电视谈话作为一种鲜明的节目样态和收视期待在中国电视土壤中发芽。中国电视谈话节目的萌发,可以说是中国电视发展的必然,是中国受众成长背景下受众活跃度不断提高和参与欲望不断上升的必然结果,更是"电力时代"重新唤回"口语文化"、重现"部落文明"、"使用者即生产者"等特性的中国实践展现。

在中国电视谈话节目方兴未艾的历史条件下,真正意义上的中国电视谈话类节目乘势而上,应运而生,走上了历史舞台。

1996年3月31日,凤凰卫视卫星频道随着凤凰卫视有限公司的成立同步启播。该平台以"拉近全球华人距离"为宗旨,以"为全世界华人提供高质量的华语电视节目"为目标,孕育了一系列以谈话为主要内容的节目,可以说"以新闻立台,以谈话立命"。这为今后《鲁豫有约》《锵锵三人行》《名人面对面》《开卷八分钟》等带有浓厚文化类气息的节目播下种子。

1996年5月12日,《读书时间》在中央电视台一套播出,第一个成型的读书类专业节目诞生,从一开始就以鲜明的访谈形态为本。各地随之效仿,上海电视台开办《阅读长廊》,北京电视台开播《华夏书苑》,湖南电视台播出《爱书晚亭》。

1996年,《文化视点》在中央电视台文艺部推出。这是中央电视台当时200余档节目中首个专门的文艺评论节目。时任中央电视台台长的赵化勇在《约会大家——走近文化视点》一书的序言中写道:"1997年4月,《文化视点》经过了10期的尝试和调整,重新定位,与观众见面。改版后的《文化视点》从文艺评论逐步拓展到相对广义的文化关注,选题范围不断扩大,风格样式也有所突破,不仅仅限于演播室里的座谈,外景的引入、相关资讯的提供都扩大了节目的信息量与表现力。1997 年以来,《文化视点》社会影响力不断扩大,收视率稳步提高,曾经高达 9.01%,在当月所有专题类栏目中排名第三。"①可以看到,最初的文化类谈话节目以其新颖的形态、全新的交流、文化的风格,在收视市场上取得过很大的影响,在 21 世纪到来之前形成文化类谈话节目发展的第一次高潮。

2000 年前后,《开坛》《新青年》《可凡倾听》等一批有影响有质量的文化类谈话节目如雨后春笋涌现,文化类谈话节目成为一个类型登场。凤凰卫视推出大型文化系列片《千禧之旅》,虽然不是谈话节目,却用谈话加纪录的手法,在中国电视史中留下浓墨重彩的一笔。同时,以余秋雨为代表,打造了之后逐渐出现并成为现象的"电视知识分子"的最初形象范本,老百姓也从这个节目开始接受学者型嘉宾娓娓道来的文化讲述,更掀起新一轮的大众文化热,余秋雨的著作更是在节目播出后一直占据图书销量榜的前列,成为中国电视为 2000 年做下的独特注脚。2000 年 12 月 22 日晚,《艺术人生》开播,随即引发热烈反响,其以清丽雅致的风格,在充满喧嚣的电视屏幕上,带来一股"电视纪实"风格的渗透和影响。② 2001 年,《百家讲坛》开播,于丹、易中天、阎崇年、蒙曼等一系列"电视知识分子"成为社会大热,影响直至今天。这一切标志着文化类谈话节目发展的一次井喷。

这一批文化类谈话节目在出发伊始就很快倾向于"精英文化"。文化大家、名人名家、重量级文化活动、自创精英化文化论坛,成为这些节目共同追求的内容和调性。陕西卫视《开坛》连续三年推出《华山论剑》《中华大祭祖》《风追司马》,试图以全国影响性的文化活动实现对社会的震撼和对公众的吸引;湖南卫视《新青年》是全国最早明确提出以"精英文化"为定位的谈话节目,其创始人杨晖在 1999 年明确提出"节目要吸引有质量的观众而不是全部观众"的观点,开办《新青年——千年论坛》,首开中国电视学术论坛之风,在岳麓书院直播当代学术名家讲学。③ "电视精英文化"引领社会时代的渴望清晰而明确。但是,"精英文化"的取向也使这类节目的观众规模很难拓展。

① 赵安、张晓海主编:《约会大家——走近文化视点》,沈阳:辽宁教育出版社,2000 年。
② 胡智锋:《会诊中国电视》,北京:文化艺术出版社,2005 年。
③ 杨晖:《电视精英谈话节目的影响力与受众分析——2005 年中国电视精英谈话节目影响力调查分析报告》,《现代传播》2006 年第 1 期。

"精英文化"的消费对象同时也是占社会少数的"精英"群体,不仅数量少,而且这个群体相对较为挑剔,主见强,忠实度很难形成。"昔日《新青年》的制片人杨晖在 2005 年 4 月在北京、上海、长沙三个城市随机对 1336 人首次就电视精英谈话节目的受众收视动机、收视行为、收视效果进行问卷调查,这份《中国电视精英谈话节目影响力调查报告》的调查数据显示,虽然精英谈话节目的目标受众是高质量的群体,但也是非常挑剔的群体,他们对栏目的忠诚度较低,经常漂移,收视率并不稳定。以《对话》《新青年》《决策》三个栏目为例,定期收看的观众均未超过 10%,偶尔收看的比例均超过 30%,而没看过《新青年》和《决策》的观众超过了 20%。"①

这里还有两个重要而微妙的环境变化。一是收视率。在 20 世纪 90 年代后期,收视率正式登场,发展迅猛,测量手段不仅从日记卡向人员测量仪迈进,网络调查也迅速扩大。收视率调研逐渐形成一个相对独立的新兴行业,规模不断扩大,从最初的几百万元猛增到差不多两亿元人民币,只用了不到 10 年的时间。② 收视率作为反映电视观众收视行为和偏好的主要指标,在节目编排、广告投放决策以及电视节目评估中的作用越来越被业内人士认可。二是广告成为中国电视重要支柱。收视率与广告收入的捆绑早在 1996 年前后以央视改革为代表的中国电视经营机制调整中就已出现,并激发了全行业活力,催生了《东方时空》等许多出色的改革成果。那个年代被业内戏称为"背着麻袋做节目",指的就是当时用麻袋背出现金做节目的活跃机制。这种"收视率—广告收入"捆绑型的模式发展到 2000 年以后,即出现了"收视率末位淘汰"的机制,"唯收视率论"的实际环境升温。

从 20 世纪 90 年代中后期到 21 世纪最初几年,文化类谈话节目走过初创和激昂,却很快进入发展的瓶颈。常年精英定位带来的是收视成绩低迷的积重难返。"曲高和寡"成了业内外对这类节目一致的评价。加上创作团队的思路枯竭和题材枯竭,使得这些节目在发展仅不到 10 年的时间就陆续显示出疲态。2002 年,中央电视台颁布《节目综合评价体系方案》和《中央电视台栏目警示及末位淘汰条例》,以收视率末位淘汰为机制,关停了作为文化类节目

---

① 杨晖:《电视精英谈话节目的影响力与受众分析——2005 年中国电视精英谈话节目影响力调查分析报告》,《现代传播》2006 年第 1 期。

② 中国广视索福瑞媒介研究(CSM)官网:http://www.csm.com.cn/gycsm/。

先驱的《文化视点》和《电视诗歌散文》;2004 年 2 月 9 日,科教频道改版,新设文化周刊《五日谈》,《读书时间》作为其中之一,做全新改版,2004 年 9 月 13 日起,栏目形态调整,改变原有播出方式,《读书时间》不复存在。而在这之前,上海电视台的《阅读长廊》于 1998 年停播;北京电视台的《华夏书苑》于 2001 年底停办;湖南电视台的《爱晚书亭》关门大吉;凤凰卫视中文台的《开卷有益》也悄然下马;青岛电视台的《一味书屋》被取消。至此,到 21 世纪初,以文化类谈话节目为首的一批文化类低收视率节目集体下架为标志,一个发展阶段告一段落。

　　在这个 10 多年的阶段内,中国电视文化类谈话节目从无到有,创造过高峰,产生过影响,也很快遇到转折,急转直下,走过了一条过山车般的抛物曲线。

三、成熟:政策支持下的重启与市场变革下的冲击(2004 年前后至 2010 年前后)

　　情况在一年多之后发生"反转"。以《文化视点》《读书时间》等文化类访谈节目为代表的一批低收视率文化节目被陆续关停。这本是电视机构节目调整的正常行为,但却引来社会较大的负面意见。尤其是作为"行业老大"的中央电视台因为收视率而停播文化类节目,引起了来自公共媒体和社会大众的批评,一时间相关的评论、反思和呼吁时常见诸报端。"对此,社会各界一片痛惜、惊讶、感慨的哗然之声,已有许多评论把矛头指向当下物质利益至上、消费主义至上的媒体生存环境:读书气氛淡薄、出版界泡沫现象严重、媒体唯利是图,种种不一而足……"①这反映了中国电视政治喉舌和社会舆论导向的突出使命,也反映了在时代转型的夹缝中,电视在社会效益和经济效益之间做出选择的尝试和徘徊,也反映了我国电视机构希望从属性上厘清自身、不再杂糅含混的实际需要。

　　国家主管机关敏锐地发现了这一社会动向,并向各电视机构发出明确指令:必须恢复文化类节目的播出空间。2004 年 10 月,《文化访谈录》在央视三套开播,每周一期时长 30 分钟,定档深夜档 22:30—23:00。这意味着停播近

---

① 魏曦英:《解读央视〈读书时间〉的消逝》,《中华读书报》,2004 年 10 月 29 日。

两年的《文化视点》再次回归。与此同时,央视复办《电视诗歌散文》,新办《道德观察》。同年底,时任中央电视台台长的赵化勇提出"绿色收视率"概念,倡导绿色收视,即:"在努力提高收视率和收视份额的同时,杜绝媚俗和迎合,坚守节目的高品位,抵制低俗风,实现收视率的科学、健康、协调、可持续增长,增强电视媒体的权威性、公信力和品牌价值。"①简言之,电视台的社会效益不能低于经济效益,导向品格是生命线。这一概念为正在重启道路上的文化类谈话节目"松了松绑",《文化访谈录》等文化类节目在"绿色收视率"的政策下被列入"政策保护栏目",不再进入末位淘汰机制。各地以谈话节目为龙头的文化类节目逐渐出现,形成了又一轮的发展高潮。

这波发展潮流又可大致分为两个部分,基本以 2008 年北京奥运为分界点。

2008 年之前,以《文化访谈录》《开坛》为代表的文化类谈话节目作为先导和坚守者,在开拓自身节目空间的同时培育同类节目的电视土壤。

中央电视台三套《文化访谈录》由马东主持并担任制片人,时长 30 分钟,从 2004 年开播至最终改版,制作节目 300 余期,采访文化人物不下千位;开办特别节目《中国文化记忆》,成为年度文化回顾的品牌;该栏目制作的《对话郭敬明》《不负丹青——吴冠中专访》《不老玉翁——黄永玉专访》《准备奥运》《设计的力量——上海世博会专题》《汉语拼音之父——周有光》《香港的镜像——陈可辛专访》等一批高品质节目,至今仍为人称赞;《我们的节日》特别节目,每年对七个传统节日进行专题挖掘。这些节目形成了一条清晰的发展轨迹。

陕西卫视《开坛》首播于 2002 年 1 月,时长 45 分钟,以"传统话语当下化,人文话语传媒化,精英话语平民化"的理念,并以此话语形态坚持"大众话题、精英解读"的栏目宗旨,始终带着深深的人文底蕴解读人文中国。根据《开坛》栏目的自我介绍,"开坛"就是开放的论坛,从民生话题到先锋思潮,从演播室到广阔山河,《开坛》为中国知识分子提供了一个"贴着地面行走"的鲜见的电视平台。《开坛》从探索起步,寻找精神归途,由问题入手,重建人文家园。这种既切合时代又自成一格的栏目形象,不断吸引着当代中国社会人文

---

① 刘昂:《央视"绿色"评价体系与媒介影响力》,《青年记者》2011 年第 26 期。

思想界最具影响力的人物纷纷做客《开坛》，畅谈天下。尤其是《华山论剑》《中华大祭祖》等大型特别节目，引起了全国关注。

2007年5月，北京奥运前夕，贵州卫视推出全新人文节目《论道》，开创性地邀请前外经贸部副部长、中国入世首席谈判代表、博鳌亚洲论坛原秘书长龙永图先生作为领衔嘉宾，围绕"高度、深度、关注度"，关注热点事件、焦点人物和国际风云，邀请政界名人、商界明星、学界名家共同论道，致力于用普适的、主流的价值观去进行思想启蒙和价值引导。《论道》的嘉宾和话题都定位于高端，但是敢于直言的龙永图并不喜欢"高高地端着"，他希望节目达到的效果是：用民生视角解读高端话题。这也是《论道》节目不断追求的方向：将公共价值作为节目的最高理念。这是文化类谈话节目首次以"非专业"人士作为节目核心符号。龙永图先生超越电视范畴的资源和个人眼界，给电视业带来了前所未有的质感和宽度，世界范围的政要、精英来到中国的电视屏幕上。这个节目一下子跳脱而出，似乎也预示随着北京奥运到来而豁然打开的中国电视谈话节目的思路和局面。

而在港澳台地区及商业电视平台领域，凤凰卫视2007年开播《开卷八分钟》，形成一条非常有价值的品牌链；注册于香港的阳光卫视，自开播之初，就以精英化中国家庭的文化服务为核心定位，其开办的《阳光书坊》等文化类谈话节目因其坚持也取得了长期的影响力。

随着奥运的临近，全面提升建设"两个文明"的内在需要越来越强烈，尤其是对提升精神文明和文化素养的氛围在全社会越来越浓。在此期间，要求进一步加大文艺评论和文化导向的宣传指令从主管机关不断传达。一批新的文化类谈话节目出现，其中不少带着新的形态思维，试图给这类节目带来节目逻辑上的突围。

2008年前后，北京卫视《五星夜话》开播，让观众与名家、大师近距离接触，节目以"五星阵"为核心环节，把观众们带入一个话题"迷宫"，而坐镇五个角落的五位星智者各显谈锋，试图颠覆人们对传统文化节目的认识。《五星夜话》不仅追踪热点，而且试图引领中国文化时尚，带来一个更清新、高远的视野：通过节目传递新的思维方式和新价值观，摆脱认识误区；通过新锐学者的观点魅力，展现文化交流的独特美感；节目追求收视率，更追求美誉度；通过有前瞻性、建设性的"策论"内容，在政要层、学知层的高端人群中形成共鸣。2009年,北京电视台再次投入力量制作了以名人读书为核心的现场谈话节目《非常接触》,试图用名人名家说读书生活的切入点拉近读书与公众的距离,进行读书谈话节目的创新实验。

2008年,湖南卫视推出战略性产品《零点锋云》——一档原创高端文化节目。节目欲在政治、经济、文化领域乃至民间,发掘新锐的思想者,以启迪更多的观众,也就是荟萃精英主体的文化,来引导民众文化的进步,打造一个中国知识分子讨论中国话题的公共平台。① 该节目在每周四晚12点即零点播出。原主持人为电视电台主持人、创作歌手、新锐作家查可欣,改版后的节目取消了主持人。2011年6月,节目再次改版,从原来的30分钟延长至40分钟。每期的嘉宾增加至四人。该节目以电视博客的精神来运作,反映精英文化、大众文化、商业文化和青年亚文化,在电视这样一个公共空间里让名人主体化,让具有推动力的思想电视化。麦家对话郭敬明等节目,以其鲜明的对话模式和有趣的文化人物组合,形成了独特观感,引起业内关注和一定的社会反响。嘉宾颇具个人色彩的观点也引发了一定的社会争议与讨论。

而当时间来到2010年前后,上一个阶段急转的抛物线有趣地再次上演。众多曾经火热的文化类谈话节目再次陷入集体低谷,有的不断改版自我否定,有的默默消逝,不知所踪。文化类谈话节目的发展总体上有三个共同特征：一是似乎很难保证持续健康的活力,能够形成某种发展高潮,但如潮水般很快退浪,很难在较长时间坚持其初衷;二是不管具体境遇如何,文化类谈话节目一直处在电视版图和收视范围的边缘,这种边缘化很明显,"精英文化"的气息是其一以贯之的调性;三是此类节目普遍存在经营的困难。

以《文化访谈录》为例,它走过波折的六年。节目从2004年开播到2005年末,以演播室话题专题访谈为主形态,制作了《今夜我们说相声》《挑挑错别字》《给歌词挑毛病》《起名的故事》《广告史话》等一系列有社会性的话题,却很快遇到话题瓶颈和制作瓶颈。2006年,节目话题转向文化政策配合宣传,并从单一演播室的录制环境拓展出外拍专访模式,以解决定期录像不灵活的巨大问题,也从成本上做到尽可能节约,《林兆华》《吴冠中》《王蒙》《黄永玉》

---

① 李耀武、蒋蓓蓓：《创则新,变则通——2009年湖南卫视的亮点与活力》,《当代电视》2010年第1期。

《刘欢》《冯小刚》等一系列追求品质感的专访节目出现。2007 年，开办《文化月谈》，每月一期，转回演播室，固定嘉宾进行文化评论。2008 年，中央电视台再次调整其内部节目测评机制，"不再设置政策类保护节目，但对连续两个季度得到警示的栏目不再进行末位淘汰，而是责令其频道整改或更换制片人"①。其制作团队所面临的收视压力实际上不断增大。同年，该节目成为直接向中央宣传部门呈报选题的节目之一，受主管机关直接领导。但其收视低迷和边缘化趋向却更加明显。2010 年，中央电视台三套进行频道制改革，《文化访谈录》改版停播。在这一波发展集群中，《五星夜话》《零点锋云》等同类节目也在此前后停播下马。《开坛》在陕西卫视政策倾斜下持续制作，但影响力逐渐走低。不同的是贵州卫视《论道》节目，持续介入国际和社会大事，开办相关论坛，围绕龙永图这一个人符号定向打造，截至 2020 年初仍在持续更新。

这个时期可以说是电视文化类谈话节目在传统大众媒介环境下一次较大的发展。这应与四个方面的原因有关。一是政策的扶持和导向的控制，直接促成了这类节目的发展空间，而这一因素是很长一个历史阶段里这类节目得以存在发展的最大原因。中央电视台等机构纷纷将文化类谈话节目列为政策保护类节目，不进入或以不同方式进入综合评价体系。② 二是从 20 世纪初到 2008 年北京奥运及其后续阶段，以 2001 年中国入世为开首，以 2008 年北京奥运为支点，以 2010 年上海世博会为节点，一系列走向国际的历史性坐标性事件把中国社会的现代文明程度和开放程度推进到一个新的维度，社会和人民对于文化的需求和自我文化认知的迫切强于以往，中国也非常迫切建立属于这个时代的文化国力和形象，这为文化类谈话节目在这个阶段的发展奠定了社会基础和时代基础，也为这类节目现实的操作提供了巨大的时代题材库。三是此类节目往往成本低廉，操作灵活，便于决策和上马。四是电视谈话这种内容体裁天然地适应"文化"这个内容领域，所有的"文化性"内容用言语来记录和交流传播是最天然、最直接的。而这种具有高开低走共性的过山车抛物线式发展轨迹，则隐含着这类节目所面临的深层次问题和挑战。总

---

① 中央电视台总编室：《中央电视台节目综合评价综述》，《电视研究》2010 年第 7 期。
② 2006—2009 年，央视启动节目综合评价的第二阶段，政策保护节目单独评价，以彰显对政策保护节目的扶持和鼓励。

之,这一阶段的抛物线末尾,重启的文化类谈话节目又走过了一个生命周期,开始面临内外冲击。

四、拐点:变革前夜,运动式的诞生与多元化的发展(2010年至2012年)

这个只有两年左右的阶段,却是个急速变化的阶段。

第一,互联网视频的高速发展进入新的阶段,3G移动互联网初具规模,颠覆性产品出现。在此期间,优酷、乐视、爱奇艺、腾讯视频等强势视频网站高速发展,基于网络的节目内容传播和收看渠道逐渐成形和成熟,网络视频版权乱象得到政府主管机关和行业自律的共同抑制,网络内容生态得以健康发育,网生内容的势头开始蓄积。2011年,深圳腾讯公司上线手机社交App微信,突然打开社交手机网络的风口,人们的注意力迅速大规模地从各类屏幕上转移到手机屏幕之上,随着微信公众号、微信支付等应用的上线,自媒体内容真正爆发,点对点传播真正达成,手机一键通天下的生活真正到来。3G的出现大大提升了2G时代的信息速度,而更强大的4G即将到来。这一切的变化将深深影响社会生活和媒介生态,也将对文化类谈话节目产生深远的影响。

第二,传统电视产业发生了深度变化。社会化生产和制播分离体系逐渐成熟,购买模式生产形态化节目产品,逐渐成为电视机构决胜市场的主要手段。以2012年《中国好声音》为代表的引进版权节目的成功,带来了引进节目和多元化市场行为在中国电视产业的急速发展。这类大规模形态化产品往往意味着大投入和高回报,资本随之进入电视行业的制作和分成之中。传统电视体制的人员开始流向新媒介,其他行业的从业者涌向电视内容行业。资本杠杆撬动的不仅仅是电视行业内部的原有平衡,更是观众需求和期待的高度。所谓"爆款"的思路瞬间成为各大电视平台的共识。而资本带来的逐利性和随之而来的一哄而上的内容同质化和盲目竞争,也是显而易见的。传统电视平台的位置和角度发生偏转,而其原先担负的宣传喉舌作用客观上被不断削弱,但其喉舌宣传的主观意愿却比任何时期都要迫切。

第三,政策面再次给予发展契机。党的十七届六中全会于2011年10月15日至18日召开,全会听取和讨论了胡锦涛受中央政治局委托做的工作报告,审议通过了《中共中央关于深化文化体制改革、推动社会主义文化大发展大繁荣若干重大问题的决定》,在精神导向、体制改革、政策措施等多个层面做出重要安排，注重培育主流文化，重振国民精神，部署"文化兴国"战略，寻求一条解决文化问题的政治路径，融合多元文明，实现"先进文化的中国化"，同时通过百家争鸣、百花齐放，发扬传统精神，凝聚文化共识。这在当时是一次重大的文化路线整理和洗礼。为呼应全会"在文艺大繁荣大发展的时代背景下加强社会文艺评论"的精神，中国广播电视艺委会开始打造专业的电视文艺评论家队伍，坚定政治立场和文化导向，各地电视平台又开始恢复文化评论等节目类型的制作播出。

这三大方面的时代背景，使中国电视文化类谈话节目形成了多元化的发展状态。其一，业已存在的老牌文化类谈话节目被保留下来，升级改造，并更加鲜明地体现出文化舆论的导向功能，如《艺术人生》更突出其文艺人物的"德艺双馨性"，凸显其"表彰性"的意味；《文化访谈录》更名回《文化视点》，向着大现场脱口秀节目方向进行改版，后缩紧到文化事件和人物的访谈中，2012年底到2013年初，节目核心人员马东离职，该发展尝试止步。其二，一批相应政策面动向的新节目在包括央视和地方电视台等平台上出现，如央视一套播出的《首席夜话》，由撒贝宁和当时火热的乐嘉主持，想以综艺元素展现轻松的夜话氛围，而其内容主题与之前的《文化访谈录》极为相似，但很快偃旗息鼓。此时上马的许多其他节目也与其类似，最终都以"运动式上马，塌方式下线"结束。其三，网络平台上第一次出现纯网制作的文化类谈话节目，以个人表达为唯一内容，却取得巨大的反响和成功，甚至登上卫视的时段单独播出，成为网生内容反哺传统媒介平台的第一次记录。

至此，中国电视文化类谈话节目走向了多元共生的发展道路，老牌与创新并存，传统和网生同在，公益与商业同行，成为中国电视媒介半个多世纪发展的缩影和新时代到来的序曲。

第三节　融合的重生：
——融媒体时代语境下的视频文化类谈话节目发展概述

经过半个多世纪的发展变化，电视媒介上的文化类谈话节目逐渐走向了瓶颈和拐点。随着融媒体时代的孕育和发展，新兴的网络传播平台和手机移动屏幕,成为这类节目内容全新的舞台。在这个正在进行着的、与电视为代表的单向媒介时代相比并不算长的时间阶段里,视频文化类谈话节目在融合创新中呈现出新的发展态势。

笔者将两个状态的媒介环境之分割点设定在 2012 年。因为在这一年发生了显著的社会和媒介变化。这些变化为视频文化类谈话节目的全新发展奠定了基础和背景,有着特殊意义。

(1)2012 年,网络视频用户达到 3.72 亿,比 2010 年增长 31%;2012 年 3 月至 2013 年 2 月,中国网络视频用户阅读覆盖用户峰值达到 4.5 亿人,网络视频用户月度浏览时长达到 29.9 亿小时,居各类网络应用之首。[①] 这意味着收看视频成为网络使用中最核心、成长最显著的一项需求。

(2)受个人电脑、手机、智能电视等新媒介冲击,北京地区电视机开机率从三年前的 70% 下降到 30%,传统广播电视收听收视群向老年人集中。视频市场的占有率至此开始向新媒介倾斜,新媒介成长开始加速,以年轻人为核心的新媒介受众群体的意见在舆论形成中展现出越来越重要的地位。

(3)2012 年 7 月,国家广电总局发布《关于进一步加强网络剧、微电影等网络视听节目管理的通知》(广发〔2012〕53 号),鼓励广播电台、电视台、网络广播机构、互联网视听节目服务单位、影视制作单位等各类机构,生产制作适合网络传播、体现时代精神、弘扬真善美、人民群众喜闻乐见的网络视听内容。这意味着网民和其他"非专业"制作机构也成为网络视听节目制作的一支生力军,内容生产市场松绑,网络自制内容开始井喷。

(4)2012 年 3 月,网络自制文化脱口秀《晓说》上线,引起轰动;12 月 21 日,网络文化脱口秀《罗辑思维》开播,成为现象。自此,完全由新媒体孵化的视频文化类谈话节目以崭新的面貌登场。因此,这一年可以被称为"网络视频文化类谈话节目元年"。

(5)2012 年中国网络广告市场规模达到 753.1 亿元,同比增长 46.8%,2006 年至 2011 年,除 2009 年受金融危机影响,网络广告市场一直处于高速发展期。网络视听新媒体广告市场保持 57.6% 的快速增长,达到 71.7 亿元。

---

① 以下七个端点数据综合采自国家新闻出版广电总局发展研究中心:《中国视听新媒体发展报告 2013》,北京:社会科学文献出版社,2013 年;唐绪军主编:《中国新媒体发展报告 2013》,北京:社会科学文献出版社,2013 年。

(6)2012年,3G网络已覆盖全国所有城镇,3G用户达到2.46亿,手机视频用户达1.3亿;解决4G频谱这个最大瓶颈后,中国移动开展4G(TD-LTE)网络的试商用;杭州、深圳等城市主城区4G网络达到试商用水平。移动互联网的汹涌大潮即将到来。"人随网走"逆转为"网随人走"。移动互联的高速发展进一步推动了视频产业在新媒介快速发展,越来越快的网速和越来越低廉的收看成本使越来越多的收看行为转移到新媒介上。这给视频文化类谈话节目培养了最基础也是最广大的受众土壤。

(7)"微信"脱颖而出,从2011年1月推出后,其发展速度超乎想象,2011年11月微信用户超过3000万,而到2012年底其注册用户就已超过3亿。"微信速度"成为热门话题。微信带来了全新的交互方式和内容获得方式,给视频文化类谈话节目的新媒介生长提供了重要的阵地和空间。

这七个端点让我们从数字里能够预感到某种喷发前的迹象。在2012年,网络视频成为人们上网的头等目的,而传统电视的开机率断崖式塌方;社会化制作被松绑,自制节目如雨后春笋般出现,最先冒出的笋尖就是文化类谈话节目在网络的新发展;网络广告市场这一新媒体的动力源头获得数量级的发展,两年以后第一次超过传统电视,成为第一广告平台,资金和资本有了新的去向;而微信所代表的移动互联让新媒介进入下一个时代。这些都将深刻影响我们的社会结构和行为,也直接影响着文化类谈话节目等内容体的发展和命运。

以2012年为起点,一批由互联网原生的视频文化类谈话节目在数字平台不断涌现,有较大社会影响的节目和产品相继出现,与传统电视平台之上的同类节目相对艰难的境况产生了较为鲜明的对比。

从历史意义上,原生(或俗称的"网生")文化类谈话节目的出现成为中国网络原生节目最早的试验田和成果树,不仅代表着文化类谈话节目在网络的重生和发展,也标志着中国网络自制节目大幕的开启。

在节目内容的外在形态上,率先出现在新媒介平台上的视频文化类谈话节目与电视平台上的同类节目有许多相似的地方,其电视媒介的继承性非常明显。随着融媒体深入融合的不断推进,其中许多节目从形态到本质发生剧烈变化。

总的来说，互联网的发展、数字技术的跃进和融媒体趋势的深入，给视频文化类谈话节目带来了全新的发展局面。

一、"讲话型"节目形成现象

如前文所述，"讲话型"是文化类谈话节目的早期形态，在电视媒介的历程中随着《百家讲坛》等节目的成功而再次走向波峰，随后没落。而这类节目在互联网传播环境下，成为最早出现的网络原生视频节目，也成为最早一批获得巨大反响的现象级节目。其中，《罗辑思维》是较为突出的例子。

2001年央视《百家讲坛》的开播，让时任《对话》栏目制片人的罗振宇为之一震。震动他的并不是《百家讲坛》的火爆，而恰恰是他发现"以人为核心价值的表达"，其意义在传统电视上还远远没有被完全开发出来，"日复一日地研究所谓节目手法和收视率，栏目组的精力完全被浪费了"[①]。从那时起，他就开始思考未来媒介的核心价值，他的结论是"人"——有趣的人，长时间的持续表达，价值完全凝结在人的身上。之后于丹等"电视知识分子"以表达走上社会注意力的顶端，让他更加坚信自己的预测。他萌生了一个想法："以人为资产、为核心打造，一个人说，啥花哨都没有，做一个给年轻人看的《百家讲坛》，不追求电视所追求的最大公约数，做精准传播。"

2008年，罗振宇从央视辞职，成为自由职业者。他开始成为《决战商场》《中国经营者》《领航者》等经济类小众节目的主持人，并担任第一财经频道的总策划人。在此期间，他开辟了《第一财经》节目每天最后三分钟的评论专栏，自己写稿自己评论，以磨炼和尝试其"一个人说的节目"的可能性。三年间，罗振宇的评论段落成为《第一财经》每天收视率最高的段落。

2012年，罗振宇和当时在《中国企业家》杂志的申音开始策划一档谈话节目。而此前，罗振宇一直担任腾讯的顾问，对于微信公众号等即将推出的新功能有独特的情报渠道。2012年8月23日，微信公众平台上线，新媒介的一个新时代拉开帷幕。

2012年12月21日，《罗辑思维》首期视频上线，每周更新一期。与此同时，同名微信公众号也开通运营。上线100天后，《罗辑思维》在优酷的累计

① 本章提到的许多具体情况来自笔者2015—2017年对罗振宇的采访和对《罗辑思维》的走访。

点击超过千万，微信粉丝也超过 10 万。《罗辑思维》以"有种、有趣、有料"和"死磕自己，愉悦大家"的口号与态度经营同名的微信公众号和优酷频道的知识型视频脱口秀节目。同时，当时的《罗辑思维》官方微博"罗辑思维朋友圈"也很快拥有超过 17 万的关注量。除此之外，喜马拉雅网络电台、百度贴吧、豆瓣小组也都有《罗辑思维》的推广与互动平台。

从 2012 年开播至 2019 年，《罗辑思维》长视频节目积累播出 205 集，在优酷总播放量超过 4 亿次，喜马拉雅等平台播放超过 10 亿次，在文化历史、创业创新、社会话题等领域制造了大量有广泛社会影响的话题。

2016 年 5 月，《罗辑思维》进一步裂变，以省时间的高效知识服务为其宗旨，进一步扩大"以人为核心价值"的产品开发思路，推出以主讲人为中心的平台型融媒体产品"得到 App"。截至 2019 年 5 月，其用户数突破 3000 万，日活跃用户数达百万。

同为央视主持人出身的樊登，在 2013 年开办网络讲书视频《樊登读书》，并同时发送音频版在喜马拉雅等音频网站，以一年讲书 50 本为最核心内容，裂变培养线下读书会，开办樊登书店，与商业地产结合，并最终归流到樊登读书 App，形成较为清晰的商业路径，充分体现出融媒体时代内容体变性裂变的巨大活力。

读书讲述节目《一千零一夜》由出版机构"理想国"与优酷合作研发推出，以"电视读书人"梁文道为核心打造。节目开创性地以长镜头特写不间断地进行行进式记录，将演播环境设定在完全真实的深夜街巷之中，创造了一种近乎实况的"直播感"语态。从 2015 年至 2020 年 7 月制作上线 240 余期，成为北京深夜街头一道独特的文化风景。其节目简洁单纯又洒脱自由的创意风格，成为业内讨论的话题。

这类脱胎自"讲话类"谈话节目的融媒介视频文化节目，以极为单纯的诉求、极为简洁甚至有些"简陋"的制作风格，带来了不小的社会影响，直至完成变现与自我良性循环生长，以一个"旧"的体例，在新的通路上，给视频文化类谈话节目的发展带来了新的思维和思考。

二、"访谈型"节目多元增长

"访谈型"节目是谈话节目中最为常见的类型形态，在文化类谈话节目的创作语境中也是传统的一类。《文化视点》《开坛》《论道》等一系列造就该类节目高峰的品牌都是访谈为主的节目。"访谈"在实际操作层面往往包括了"访"和"谈"两个方向："谈"即谈话节目传统以"谈话场"为核心氛围的话题谈话，而"访"则意味着走访和专访。

与传统电视平台上的访谈节目日趋式微的境况不同，互联网给这类文化节目带来了新的生长空间，呈现出多元化的发展态势。

《夜夜谈》是较早出现的网络原生访谈类文化节目，2013 年由腾讯视频出品，原凤凰卫视评论员杨锦麟主持。该节目将演播室搬进酒吧，一改传统的电视制作模式。轻松自在的节目氛围让嘉宾能够表现出真性情，不矫揉造作，说人话，讲真事儿。这个节目体现出初期网生节目的突出特征：把"电视"作为"对立面"，并将"正儿八经""矫揉造作""不讲真事儿"等负面标签置于电视之上；把网络监管力度的相对宽松作为"首要竞争力"，在推出的话题策划中有明显涉性和反主流色彩；同时追求中产阶级色彩浓厚的审美品位，强调偏城市中产调性的"文化氛围"。

《圆桌派》2016 年开始在优酷网播出，脱胎自凤凰卫视曾经的品牌性节目《锵锵三人行》，保留窦文涛的核心主持位置，也保留了马未都、梁文道等常驻嘉宾的基本构成和格调，改"三人行"为"四人行"，引入马伊琍、徐静蕾等明星，一改在凤凰卫视时期该节目电视化质感的"简陋"，而采取电影纪录片级别的摄影画质，并改节目性质为"聊天真人秀"。可以看到，这样一个老牌文化谈话节目班底的新作，在诸多方面意图革新和突破，也折射着网络原生节目所面临的娱乐至上的生存环境。

《十三邀》也诞生于 2016 年，由腾讯视频原创独播。该节目一改访谈节目一贯的中立色彩，以主采访人、作家许知远的个人视角为基准，带着浓郁的个人色彩和好恶倾向。每季对话 13 位有着"社会切片"意义的社会文化人物，李安、罗振宇、马东、俞飞鸿、白先勇、贾樟柯、李诞等话题人物悉数受访。这个节目另一大尝试是将这样的文化访谈内容冠以"纪录片"的性质和质感，创造出"准纪录"的概念，在网络放出长达数小时的完整版，将剪辑"舍弃"，尽可能还原现场。值得一提的是，与《圆桌派》的凤凰卫视背景相对，这个节目是由原中央电视台新闻评论部《看见》团队出走后基于网络而研发的新作品，可以看到随着互联网视频行业的兴起和发展，传统电视人在新的传播环境下有着怎样不同的空间和表现。

同样推出于 2016 年的《搜神记》,在模式尝试上走得更远一些。《搜神记》定位为一档"跨界纪实真人秀",主持人是作家冯唐。他以写一本《搜神记》为由头,搜罗生活中土生土长的所谓"大神"(网络用语,借以指代精通某一领域的人),如电影导演吴京、歌唱家龚琳娜、前央视主持人张泉林、钢琴家赵胤胤、日本天妇罗传人、鸡尾酒达人等,通过对话和过招的方式,展现"大神"们的"神技",呈现他们成为大神的故事,迸发出值得思考和感悟的精神。可以看到,这个节目实质上就是本书讨论的文化类谈话节目,但它用纪实真人秀的名义,试图给节目增加某种来自内容形态的驱动力。

总之,"访谈型"文化类谈话节目在网络视频的环境下呈现出了多样化发展的态势,找到了其生存发展的新空间。

三、"娱乐向"节目破土而出

向娱乐形态转变是网生视频节目市场的泛娱乐化在文化类谈话节目上的表现。从上面一类节目不断给自身加诸"真人秀"等形态性质的标签这一现象,就可以窥见一斑。而以《奇葩说》为代表的一系列视频节目,以文化类谈话节目为底蕴,却试图跳出文化类谈话节目固有的文化性、知识性、教育性的刻板印象,试图形成独有的娱乐节目样态,在市场上赢得更大的回报。

《奇葩说》以"说话达人秀"自居,以辩论为主要形式载体,在辩论比赛和演讲表达的包装下,大篇幅讨论社会文化观、青年人生观等问题,言论成为其内容的核心,实质上起到了文化类谈话节目的社会作用。该节目从 2014 年上线以来,反响巨大,成为互联网视频领域的一支主力军。

《你说得都对》也是思路相似的一个视频节目,它邀请各个门类的"年轻知识偶像",每期围绕一个看似浅显却含义多元的社会话题,展开不同知识层面的解读和讨论,在"知识达人竞赛"的节目外观下,完成文化话题的讨论。其子品牌《脑洞大开博物馆》以节目中的知识偶像为核心人物,回到"讲话型"节目的道路上,试图富有青春趣味地传播文史知识。

这些节目都试图用节目形态的内在张力,改变文化类谈话节目一贯相对单一的表达方式,以综艺化手段拉近内容与观众的距离。

四、"导向性"节目逆势创新

融媒体融合深度的突飞猛进和互联网内容产业的汹涌来袭，对传统主流媒介带来的压力与倒逼显著。主流媒体一方面努力加大与互联网领域的牵手与融合，一方面迫切建设自身的融媒体机体，完成自身的互联网转身，依靠自身优势，努力打造"爆款"产品，建立融媒体影响力。2018 年 4 月 19 日，中央电视台、中央人民广播电台、中国国际广播电台合并组建成立中央广播电视总台，开始了从信源采集、编辑播发到宣传推广的"全流程融合"的全新征程。这标志着国有传统媒介质变成深度融合的现代新型主流媒介这一历史任务的实质性展开。

在这股发展浪潮中，视频文化类谈话节目在主流媒体上体现出逆势创新的态势，在社会主流文化导向领域发出新声。其一，以《朗读者》为代表的原创性节目，以文化访谈为最核心内容方式，以国家台的文化气度、制作底蕴和社会资源，打造出融媒体全环境的主流内容影响；其二，以《国家宝藏》等节目为代表的创新综艺节目，将文化访谈元素作为整个节目内容体系的重要部分加以融入，创新了访谈部分的人格设定、话语方式、话语环境等艺术手法，为文化类谈话节目的进一步发展积累宝贵实践经验；其三，《光华锐评》等新媒体纯网文艺评论平台不断孵化，其间，文化类谈话短视频嵌入文字、音频等不同媒介介质当中，成为融媒体报道体系中重要的组成部分，以视频不可比拟的逼真感和生动性，在融媒体系统发声中，担当着重要的角色。

本章小结　跨越媒介时代的研究样本

本章从单向传播的传统电视时代到融媒体时代，整体梳理了视频文化类谈话节目在中国的发展历程。我们可以较为清晰地看到该类节目自身发展的跌宕曲线，这条曲线也蕴藏着媒介发展变迁的历史轨迹和客观规律。

可以看到，视频文化类谈话节目是一个不可多得的研究样本。一方面，这个样本在不同的历史阶段都有丰富的发展事实，为研究提供丰厚的研究土壤。更重要的是其变迁的显著性。以 2012 年这个鲜明的时段分界点来看，它的生命轨迹发生了巨大的变化，甚至是质的不同。它在电视时代所遇到的不适，集中体现了单向传播媒介无法解决的媒介短板和时代社会困境；而它在融媒体时代获得的巨大生长，则折射了媒介变迁对社会方方面面带来的影响和改变，其自身也记录下媒体内容行业从生存逻辑到创作美学再到文化理念的系统性适变。

第四章

围墙困"兽"：
单向媒介时代文化类谈话节目的
特征与困局

　　从上一章的梳理中可以发现，电视媒介下的文化类谈话节目走过了一个跌宕起伏的历程。它的产生发展和其自身特征的形成，至少是两个维度的力量推动和角力的产物。其一是媒介发展运行的内在规律和动力，推动电视媒介取代广播、报纸、书本等一系列前技术媒介，跃升为社会的统治媒介，决定了文化类谈话节目的特性与命运起伏；其二是中国社会在此期间走过复杂历程，电视文化类谈话节目恰逢中国社会改革开放、社会急剧变化和高速发展的历史时期，其所背负的社会塑造和协调使命，决定了它的内在价值和外在表现。

　　本章将集中探讨电视这一单向媒介环境下的文化类谈话节目的特征，进而探讨这些特征所构成的电视文化类谈话节目所折射的电视媒介特征和时代特性。如上文所述，我们以 2012 年这个特定的时间点作为区分单向媒介时代和融媒体时代的节点，那么本章所讨论的主要对象便聚焦在 2012 年以前以电视为主要传播渠道和阵地的文化类谈话节目。

　　在单向传播时代，文化类谈话节目具备表达这一媒介时代特性的特点，也具有中国社会高速发展期所需要的功能作用。也恰恰是这些特点和性质，文化类谈话节目在单向度的传统电视媒介的发展困境里有其时代必然性。

第一节　应运而生的导向议场：功能价值与角色特征

　　前文提及的"生态位"概念，是媒介环境学派研究视角中一个重要的概念引入，最早来自生态学的研究。这一概念在保罗·莱文森等的发展下，与媒介环境研究深度结合，以描述不同形态媒介在同一环境下的生态运动。总的说来，媒介生态位的运动主要有三种方式。第一是"竞争排斥"，即零和模式，是新媒介通过技术资源强势占据旧媒介的全部生态位置,旧媒介消亡;第二是"置换",即新媒介通过分割旧媒介的一部分生态位形成其生长空间;第三是"竞合共生""共进共存",即在整体媒介系统环境下每个单一媒介形态都得到生态位,并得以发展,和谐统一在有机媒介系统环境下。可以看到,第三种生态位方式即融媒体环境所具备的特点,在相对宏观的系统环境视角下,融媒体系统中的各媒介形态几乎不会形成零和竞争的排斥替代关系。但落实到微观视角,针对某个时刻某一特定空间某一特定媒介下的具体媒体乃至媒体内容体而言,其生态位的竞争争夺和置换挤压是现实和惨烈的。

中国电视媒介下的文化类谈话节目,诞生于中国电视媒介发展的成熟期。电视逐步取代报纸和广播,成为中国社会最重要的媒介。电视文化类谈话节目以其还原现场谈话的明显优势、亲切的口语化语言和人格塑造、视听同步的高卷入度和跨越时空的传播速度,充分体现了电视媒介在当时的"新媒介特性"。从生态位竞争角度看,当时的电视文化类谈话节目是所有媒介文化讨论型内容中的进化胜出者,它"差异性扩散"了电视媒介的先进特质,获得了其独特的生态位,并与其他媒介的相关内容种群进行兼具"竞争排斥"的"置换"互动。

同时,中国电视文化类谈话节目又是诞生于改革开放初见成果的20世纪90年代中期,经济和科技的发展、国门和视野的打开、社会阶层的渗析分层、文化产业化的萌芽等,让中国社会的观念、思潮和文化趋向多元。因此,这类节目在上述两个力量的推动下,是合乎媒介发展内在需求和社会发展客观需要的,也经历过一段持续发展、蔚然成风的时期。

从前文的梳理中可以看到,这类节目在不同历史条件下对中国社会产生过不同的作用,但基本担负着几个稳定的价值地位和传播使命。

一、政治导向和文化宣传的阵地

从中国电视诞生伊始,电视作为党和国家意识形态和文化宣传的喉舌工具,是中国电视事业存在和发展的基本原则。这一基本原则决定了所有电视平台和其节目都是党和国家的"宣传阵地"这一基本性质。因此,文化政策的宣传和社会主流价值的塑造作为党和政府社会建设的重要战略方面,很自然地成为文化类谈话节目的根本任务,也恰恰是这类节目得以存在的最重要条件。

从中国电视文化类谈话节目的发展历史来看,在不同的历史时期,其发挥的政策宣传和主流文化构建作用是相当明显的。电视诞生初期,带有文艺分析性的电视讲话节目就开始影响和引导大众对于文艺作品和审美思潮的认识,凝聚和指明社会文化舆论的方向。改革开放以后,中国电视事业伴随着整个社会的春意盎然而蓬勃发展,20世纪90年代中后期真正意义上的文化类谈话节目从出发伊始就担负起文化宣导的使命。尤其在2000年后,随着社会经济建设的高速发展和媒介多元化的历史发展,人们接受信息的通路增多,人们遇到的转型期社会问题和矛盾日益复杂,各种社会思潮也在嘈杂的社会议事场中不断出现,党和国家的文化声音和传播力度都在面临新的考验。文化类谈话节目在这个历史背景下承担起了更加鲜明和重大的责任。

以《文化访谈录》(2004—2010年)为例,其创办的直接目的便是恢复之前《文化视点》的宣传功能,节目一直保持其开办时被给予的节目宗旨"文化界的《焦点访谈》"。在最初的摸索阶段,节目曾以"文化,一个大词,一些小事"为栏目口号,意图将文化的厚重和距离感消解在对生活的侃谈和观察中,制作了《票价为什么这么贵?》《找找身边的错别字》《婚礼趣谈》《给歌词挑挑毛病》等节目,内容更趋向于大众文化批评和文化生活趣谈,取得了一定的反响。比如《票价为什么这么贵?》一期,直指演出市场的不健康乱象;《找找身边的错别字》和《给歌词挑挑毛病》这两期节目,以略带调侃的方式点名了一批当时在社会上广为人知的名家和作品,甚至连故宫的错别字都找了出来,让人在嬉笑间反思我们对身边文化细节的不重视。但这样的节目格局和定位很快就不再适应其节目宗旨的要求,遂改版调整,以直接的政策宣导为核心内容,并一度成为国家宣传主管机关直管的宣传阵地,其节目片头口号也变成"关注变化中的中国"。2007年前后,应上级主管机关要求加大文艺评论和增加特定文艺评论家的指令,《文化访谈录》开办《文化月谈》专栏。2010年,为响应"恢复传统节日的文化氛围,定传统节日为法定假期"的部署和号召,《文化视点》在有关机关的指导下开办《我们的节日》特别节目,以"文明和谐共生,文化薪火相传"为口号,一年七期,在七个传统节日当天播出,烘托节日气氛,传承节日文化。这一系列节目一直开办到2015年,成为该栏目的支柱性项目,以缓解日渐低微的经费给栏目运行带来的困境。

可以看到,宣传和导向对于这类节目来讲,既是其天然的工作领域,更是其在中国电视传媒环境的语境下得以存在的最大保障。正如陕西卫视内部对于《开坛》节目的态度:"《开坛》就是陕西卫视的'上层建筑'。"①由此可见,这类节目对于政策面有巨大的依赖需求,传统电视机构在中国电视特有的语境下对于这类节目也有政策导向的需要。但是,传统的宣传思路和宏观进入微观的管理方式,也往往给这些节目带来了框框和束缚,这些束缚很多时候是无形的,甚至实际上是操作层面自己加给自己的,这些框框力量是巨大的。正如俞虹教授在其著作中写道:"主流文化的节目形态可以不拘一格,只是我们长期以来被严肃正统的观念束缚,以为主流文化节目就应该一板一眼、规规整整,结果是叫好不叫座、卖座不叫好。"②

二、文化服务和启发民智的花园

"宣传政治""传播知识""充实群众文化生活"是 20 世纪 50 年代的"广播事业局"(后来的"国家广播电视总局"的前身)给刚刚成立的北京电视台规定的三大任务。③ 满足人民日益增长的包括精神文化需求在内的美好生活需求,一直是整个电视行业,也包括文化类谈话节目不断努力的目标。

文化类谈话节目中的主题讨论型节目,将文化信息、文化观点、文化思辨带给观众,观众跟随分析进行思考,获得启发和脑力锻炼。同时,其公共议事场的功能也使观众希望参与公共话题和事务,发表和交流自己观点的欲望和需求得到部分满足。

文化类谈话节目中的讲话型节目,则更直接地在启发民智和文化服务方面有长足的发展。以 2001 年开播的《百家讲坛》为例,在集之前所有讲座讲话类文化普及节目的大成的同时,开拓了巨大的电视创新发展和社会影响力,推动了社会文化热的再一次到来。一时间,深夜看讲坛吸收文化,成了流行的生活方式。于丹、易中天、阎崇年等讲坛的知识分子常客,以其独特的表达力和课程的策划力,一夜之间成为"大众明星",其个人价值和作品销量扶摇

---

① 这是一句来自陕西卫视内部的"戏言",偶得于笔者对《开坛》核心团队和管理者的采访,从一个侧面展现了这种节目对于一个频道的政策意义及其与政策面的依存关系。

② 俞虹:《电视受众社会阶层研究》,北京:北京师范大学出版社,2010 年。

③ 刘习良主编:《中国电视史》,北京:中国广播电视出版社,2007 年。

直上，直到今天仍影响颇深。从某种意义来说，这是所谓"电视知识分子"在中国历史上发展的最高峰阶段，加上之前凤凰卫视《千禧之旅》推出余秋雨，"电视知识分子"热潮可谓蔚为壮观。在繁荣市场的同时，这些讲坛和电视知识名人丰富了普通观众的收视选择，拉近了人们与较为艰深的文化知识的距离，满足了社会巨大的学习需求，更为之后这一形态的逆转和新物种的诞生铺下宝贵的路。

也有不少学界业界内外的评论，对电视知识分子和电视文化类谈话节目的传播提出了疑问和担忧，正如布尔迪厄等对电视近乎一致的文化批评一样，不少学者对电视传播知识文化的有效性和准确性有所质疑。但不可否认的是，这类节目带给社会的改变是鲜明的。从中国特有的社会文化基础上看，这些推动和改变具有十分积极的意义，也是文化类谈话节目对这个时代做出的贡献。

三、阶层沟通和利益代言的议场

70 多年的新中国成长史，40 多年的改革开放，中国社会内部发生着深层次的变革。其中一大转变是社会阶层的深层次变迁。社会的结构和主要矛盾从"阶级"的分野转向"社会阶层"的变迁与流动。2002 年 4 月《中国现阶段阶级阶层研究》由中央党校出版社出版，提出对我国当时阶层状况的基本观点是：第一，两大阶级的基本格局没有变，但每个阶级内部发生了重大变化；第二，随着改革开放的发展，出现了若干个新的社会阶层；第三，以发展生产力为共同的任务，形成了三个大的利益群体，即普通劳动者、经营管理者和生产要素所有者。[①] 而俞虹在其专著《电视受众社会阶层研究》中，将当前社会阶层分为：一是强势集团，由拥有充分的组织资源的国家与社会高层管理者、拥有充分的文化资源或组织资源的大型企业经理人员、拥有充分的文化资源的高级专业人员、拥有充分的经济资源的大私营企业主构成；二是中间阶层，由拥有相当的或一定的组织资源、经济资源、文化资源的国家与社会管理者、经理人员、私营企业主、专业技术人员、办事人员、个体工商户、商业服务人员、产业人员、农业劳动者构成；三是弱势群体，由仅仅拥有很少量的或基本

---

① 陆学艺主编：《当代中国社会阶层研究报告》，北京：社会科学文献出版社，2002 年。

没有三种资源的商业服务业人员、产业工人、农业劳动者、无业、失业、半失业者构成。① 在此基础上,我们可以将中国当前社会的阶层变迁提炼为三个特点:一是财富阶层的崛起;二是中间阶层的壮大;三是社会底层的扩大。随着中国经济社会的不断发展、不断细化的社会阶层,对所谓"中国公共话语空间"的构建产生重大影响:其一,不同社会阶层的出现,使得更多不同利益群体成为发声主体,客观要求作为公共讨论平台的公共话语空间不断发展;其二,一些社会阶层利益差距不断扩大,使得不同利益主体间的辩论可能更为激烈,进一步催生了完善公共话语空间的需求。

"公共话语空间"的概念发展脱胎自哈贝马斯的"公共领域"概念,普遍被认为是其"公共领域"概念在中国社会实际下的"等价物"。② 哈贝马斯的公共领域理论建立在"国家—社会"分离的社会现代化进程中。中国社会也在这样一个社会发展的进程中。但中国的公共话语空间构筑在更加复杂和有中国特色的社会现实之上。中国社会并不是哈贝马斯所描述的"公域"与"私域"对立、"国家"与"社会"分离的二元结构,而是自古以来即"大一统"的社会,国家与社会几乎没有界限。因此,有学者指出,"在这种体制下,国家政治权力压倒一切,它没有时空限制,可以渗透和扩张到社会的一切领域,一切社会生活都以国家政治为中心……在中国历史上,既没有公共生活,也没有私人生活,国家对个人一览无余。这种状况造成两个越位:公共生活对私人生活的越位,国家生活对社会生活的越位。"③随着改革开放,服务型政府和有限政府理念的推行,中国"国家—社会"的分离正在出现。但社会构成的漫长历史,使得中国公共话语空间和哈贝马斯的公共领域相比,具有以下鲜明的特点:一是继承了哈氏公共领域的公共性和基本功能,即形成公共舆论。二是就存在领域而言,"公共领域"是介于国家和私人之间的一个中介地带。而公共话语空间则是国家和社会的交集,是因为一方面,随着中国市场调控资源、

① 俞虹:《电视受众社会阶层研究》,北京:北京师范大学出版社,2010年。
② 中国社会科学院研究院景天魁曾就哈贝马斯公共领域理论中国适用性致信哈贝马斯,哈贝马斯在回复中提及"公共领域等价物"这一概念:"经济的进一步自由化和政治体制的进一步民主化,将最终促进而且需要民主形式的舆论必须植根于其中的,我们称之为政治公共领域和联系网络的某种等价物。任何一种以更广泛、更知情和更主动的参与(我们在西方仍在为之努力的目标)为目标的改革,均依赖某种健全的公共交往,它可以发挥某种敏感过滤器的功能,用于体察和解释'人们的需要'。"——摘自哈贝马斯:《关于公共领域问题的答问》,梁光严译,《社会学研究》1999年第3期。
③ 敬海新:《公共领域概念的中国适用性考察》,《理论与改革》2008年第1期。

有限政府等理念和制度的逐步建立，一些本属于社会的功能正从早先"全能
国家"或"无限政府"中脱离出去，中国社会不再是"大一统"结构，另一方面，
中国社会生活结构很多还是复合状态，国家和社会元素互相交织。三是中国
公共空间的参与主体更为复杂，哈贝马斯的公共领域产生于市民社会的私
域，强调"个人"和"公众"；而中国公共话语空间发生于从"大一统"传统社会
向现代社会转型的语境，参与主体既包括社会成员，也包括具有或部分具有
国家属性的机构，这部分具有国家属性的机构（如电视台、宣传部门和口岸）
也同样参与公共舆论的形成和引导。四是"公共领域"概念中强调的公共领
域与公共权力的"对抗关系"，在中国社会关系的实际操作中，更趋向于建立
一种协商基础上的和谐关系，或博弈基础上的平衡关系。

　　中国电视文化类谈话节目充分扮演着社会"文化议事场"的功能，不仅要
面对复杂的社会阶层的流转和不同利益诉求，也以中国社会公共话语空间为
活动场，同时推动着中国公共话语空间在文化和社会思潮领域不断的成形和
成熟。转型期的中国社会新的问题矛盾突出，不同阶层的利益和立场产生了
越来越明显的"扭矩"。文化类谈话节目的主办单位往往带有国家属性，共同
参与到社会"公意"的形成过程中。如《文化访谈录》早期的选题《票价为什么
这么贵？》《疯狂粉丝杨丽娟事件》等，都带有不同阶层共同发声的议事场特
性。更典型的一个例子，发生在 1995 年。当时正当红的两位女演员江珊和史
可，隶属中央实验话剧院。那年 2 月 16 日，计划在北京海淀剧院上演的话剧
《离婚了，就别来再找我》突然停演，原因是主演江珊、史可患病住院。观众感
觉受骗，舆论哗然。后来，中央实验话剧院通报"重病"系子虚乌有，经过讨论
决定开除江珊和史可。这次"罢演"事件在当时的社会上掀起轩然大波，被作
为"名人名家被经济大潮席卷、只认钱不认观众"的典型而遭到口诛笔伐，更
被引申为改革开放先富起来的受益者的社会责任问题和整个社会拜金主义
的倾向等重大问题。虽然两人表示确实患病住院，但罢演事件给两人带来诸
多谴责和不良影响，甚至当年中央电视台、中央人民广播电台和中国国际广
播电台都暂不邀请她们上电视和广播，原来录制的节目近期也不予播出。时
任中央电视台《文化视点》制片人朱彤曾是江珊在中央戏剧学院的班主任。
他在一年多后的《文化视点》节目中，策划了一期特别节目，邀请包括江珊和
史可在内的几位演艺名家，乘坐劳模李素丽售票的公交车。面对李素丽这位

虽没有掌声、鲜花环绕却依然默默做出奉献的服务明星,演艺明星们的心灵终于有所触动。江珊说:"即使在舆论批评之后,我也没有像今天这样感到内疚,我为我曾经有过的举动而难过。"史可也表示,作为演员就应该把观众放在首位,她为罢演事件向观众道歉,并恳请原谅。汽修工出身的王洁实则认为,演员和司售人员有相似点,那就是你的一言一行观众或乘客都会看在眼里,并或多或少地产生影响,因此演员们要有李素丽那种时时把观众放在心上的精神。① 这期节目播出之后反响巨大,在这一声道歉下,江珊和史可借助新兴的电视文化类谈话节目重新获得公众的理解,并再次回到大家视野中,而这次由全社会参与、各个阶层发声的社会公共议题也在中央电视台文化类谈话节目的公信力下画上句号。这个节目,沟通了演员、观众(强势、中间、弱势)等多个阶层,既表达了社会大众对于拜金主义的鄙夷和对艺德的呼喊这一公共利益,也解开了"误会",维护了暴露在公共舆论漩涡下的演员阶层的利益。这个生动的例子不仅说明了文化类谈话节目在单向传播的电视时代所担负的沟通阶层和利益代言的作用,也表明了上面提到的中国公共话语空间的作用对象往往在对抗和对话中找到和谐、理解和平衡的特点。

综上,电视文化类谈话节目是社会文化议场在电视媒介下的模拟与延伸,它所负载的电视媒介先进性,让其在当时超越其他媒介成为中国社会主流价值和政治导向在文化宣传领域的主阵地。在转型期的中国社会,电视文化类谈话节目宣传导向、沟通各阶层文化利益的作用和使命非常鲜明。

第二节 "视听化的论文":内容元素特征

上一节讨论的单向传播媒介环境下中国电视文化类谈话节目的社会作用和传播使命,是其所处历史地位和传播环境所决定的,是其节目宗旨和特性的成因。因此,在这样的历史背景和功能前提下,中国电视文化类谈话节目就具备了以下常见的内容特征和元素共性,这些共性都常常印刻着单向传播的电视时代的媒介烙印和社会烙印。我们将从话题、主持人、现场、剪辑四

---

① 《江珊史可承认罢演"错了"》,《文汇报》,1996 年 10 月 16 日。

个角度展开。

一、话题："笋型论文"

话题是谈话节目必不可少的策划方式和组织方式。而单向媒介时代的文化类谈话节目，其话题的策划和组织呈现出一种鲜明的"笋型结构"和"论文特性"。

无疑，几乎所有类型的文化类谈话节目都是话题策划性的主题节目。话题讨论型的节目自不需多言，一定是围绕其主要话题的展开进行；单人专访类的节目，只要是稍稍纯熟和有品质的策划，就往往会在人物的背后设置一个更大视域的话题，作为选择这个代表人物想要说明的问题，使其更有思辨的深度。有的节目，直接从事件和现象出发，选定采访主嘉宾，如《文化访谈录》2007年专访香港导演陈可辛，事实上是通过陈可辛刻画典型香港人的性格和美德，对回归后的香港文化及生活进行观察和关照；讲话类，尤其是文化普及类谈话节目，就更加需要一个主题引发主讲人的系统讲述；即便是清谈类的节目，虽似信马由缰，"说哪儿是哪儿"，但实则每一个精彩段落都是一次或即兴或"深谋远虑"的成功的主题话题策划，只不过别的节目一次策划一个话题，他们需要在节目进行间随时组织策划话题，同时一个节目选题的调性和方向往往是可以找到一致性的，不管节目内容"跑"得多远，如《锵锵三人行》，每天随性侃谈，但话题几乎围绕时事焦点、历史文化、名人轶事、生活感悟而来。

当然，文化类谈话节目的选题内容标准一定与其宗旨即"文化性"相关。基本特征有三个：①从文化领域直接选择热度和价值感匹配的新闻事件；②从过去的事件和人物中寻找和今天相关有共鸣的话题；③以"理性""科学""冷静"等文化感极强的态度，以"历史学""心理学""社会学""哲学"等学理视角和思路，观察社会百态，即"社会文化观"或"社会文化心态"。这三种选题特征是常见的文化类谈话节目的选题方向，所有相关节目的选题性质几乎可以被涵盖在这三点之下。这也成为文化类谈话节目选材思路的一般工作方法。

电视文化类谈话节目在传统电视环境下，其话题的选择、包装和结构方式，有其明显的规律和技巧。

（一）话题的选择:热度的滞后

文化类谈话节目在话题的选择和时机的把握上,在实际操作中,往往体现出一种微妙的"热度滞后性"。所谓的"热度滞后性"是指在文化类谈话节目的话题操作过程中,话题呈现的时间点往往滞后于其热度制高点,呈现出一种"后续评论性"甚至"事后诸葛亮"的过去时观感。

《文化访谈录》推出的《文化月谈》就是典型,每个月评论一次文化事件,有时是当月事件,有时直接将题目理解为"当月被热谈关注的事件",对时效性的追求进一步削弱。《文化访谈录》在经过几百个选题的策划之后,一条重要的经验便是"让事件再飞一会儿",不着急找结论。其时效不像电力时代的电视,倒更像印刷时代的杂志。

事实上,这种"滞后性"是一个与电视媒介理应具备的时空延伸性和同步性相反的媒介特征,同时这种现象在文化谈话类节目和许多中国电视业内场景中并不鲜见。这一特征有着多重成因。从表层客观上讲,电视节目,尤其是常常需要"旁征博引"的电视文化类谈话节目,往往需要较长的制作和播出周期。从管理实际来讲,在传统主流电视管理体制中,这类节目往往无法直播,从话题策划到批复制作再到成片审查,需要过关斩将,经历一个客观的时间消耗。而从更深层次的角度看,这类节目的一个核心追求是"独到准确的见地",甚至"盖棺定论"的结论。"独到""准确""盖棺定论"都需要事件的发展和时间的沉淀。这一诉求不仅仅是从业者自我的要求,更是主管机关和社会受众对于这类节目根深蒂固的认知和内心要求。"独到""准确""盖棺定论"的实质是讨论的完结,背后的本质实际上是"唯一至真"的答案,而不是多元的讨论,其真正用意实际上是"避免犯错"。也就是说,实际上这种"热度的滞后性"对于文化类谈话节目的操作来说恰恰是一种主动的选择,而非客观被动,成为保持"话题质感"和"内容硬度"的一般方法。

（二）话题的包装:"小马拉大车"

话题的包装是以吸引受众感知和兴趣为手段的一种思维方式。在文化类谈话节目策划过程中,往往会遇到相对宏观、抽象、思辨的话题和内容,而这些内容在传统电视的思维体系中属于需要用"电视化"语言和手段进行"解构"以便于观众接受和跟随议题的部分,电视文化类谈话节目自然也以此"电视化思维"包装话题。

文化类谈话节目的包装用一句在实操中经常用到的经验术语来概括，便是"小马拉大车"：用细小和具体可感的事件、人物或环节，引出或展示话题，用一匹匹小马拉起宏大话题的大车。话题的包装集中体现在话题的切入和话题的展示这两个部位。我们以中央电视台《文化访谈录》节目为例。

1. 话题的切入

在话题的切入中，拉起"大车"的"小马"有可能是一个众人皆知的事件，比如《文化访谈录》有一期话题"想象的力量"，讨论中国动画片产业的现状，而引出话题的"小马"便是当时美国动画片《功夫熊猫》在中国获得票房冠军这一事件；又如某期话题"书以载道"，邀请书法家邵秉仁讨论书法在今天生活中的地位，而切入点是"黄庭坚《砥柱铭》拍出两亿天价"的事件。

话题的切入也常常是一个带悬念的环节。如"准备奥运"这个话题，邀请申奥大使杨澜和中外朋友聊北京奥运准备的方方面面，话题的切入从四张描绘中外不同文化不同思维方式的漫画开始，并让现场的外国嘉宾猜测图的意思，不同文明的文化差异一下子显现了出来，得到很好效果。

话题的切入也可以是一个意想不到的细节。如"谢晋专访"这期，主持人的第一个问题是关于谢晋的年龄，戏称谢晋是 80 后年轻人，还有用电影的计划引出"如何让艺术生命不老"这一核心话题。

2. 话题的展现

在话题的进行中，为了有效铺开话题逻辑，并且使电视机前的观众可感受到，电视文化类谈话节目常常使用环节的"小马"拉动话题推进的"大车"。

环节可以是道具和设计。上面提到的谢晋专访一期，全场的话题推进是依靠主持人手中的一本"电影相册"，这本相册记录了谢晋人生各个阶段的形象和作品，最后一页是空置的，预示着谢晋的创作生生不息。

环节也可能是电视文艺手段。如《我们的节日 2010·元宵》，用形体默剧表演元宵节文化渊源的方法来做节目话题的隔断，将整场节目分解为"爱情之节""雅趣之节""团圆之节"等话题层次，让主嘉宾余秋雨的讲解谈话有了现实可感的落点。

总之，话题的包装总的表现为"强设计"。在传统电视传播环境下，策划设计能力成为一门独立的技术，并催生了"电视策划人"这个当时新兴的电视岗位。

3.话题的结构:笋型结构

当我们展开当时成熟的电视文化类访谈节目,往往可以看到一个完整的思路体系深埋在内容当中。我们常常将拆解一个问题的过程比喻成"剥笋"。而电视文化类谈话节目这一"探讨问题"的节目类型,其话题结构达到充分的审美状态,也往往呈现出"笋型结构"。

一档优秀的电视文化类节目,其话题的层次和展开往往呈现出图 4-1 中的特点。首先,话题的切入要求精巧,锐利而准确地切入讨论的核心问题;其次,之后的话题展开要求层层递进,娓娓道来,互相关联,下一层话题比上一层话题更重大、更宏观和更深入,如剥笋般层层剥开问题的实质和思考的高度;再次,结论要求回到起点,回到生活,回到可行动的部分,简明有力地阐明结果、启示和对未来行动的意义,通常会回到生活可感的部分,让宏观落地;

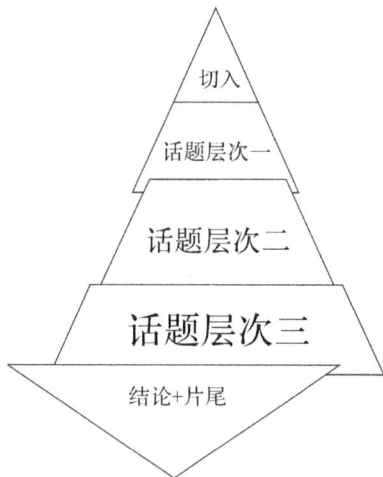

图 4-1　话题的笋型结构

最后,片尾再加上点睛之笔,或强调结论,或渲染情怀。这一笋型结构也暗合着中国自古以来对于好文章的结构定义,即"凤头""猪肚""豹尾"。

以《文化访谈录》"想象的力量"为例,展开其结构,见表 4-1。

表 4-1　《文化访谈录》的"想象的力量"结构

结构	内容
切入	《功夫熊猫》在中国爆火,好看在哪里?
层次一	我国的动画片产业是什么状况? 为何做不出《功夫熊猫》?
层次二	我国整个文化产业和社会教育的方方面面与世界做对比,寻找中国想象力乏力的内在原因
层次三	想象力和文化在今后的国际竞争和文化安全上究竟意义何在?
结论	我们要从哪里做起,才能重塑中国动画的春天?
片尾	1961 年版《大闹天宫》片段,不忘曾经中国文化创意的高峰

再以同栏目"香港镜像——陈可辛专访"为例,展开其结构,见表 4-2。

表 4-2　《文化访谈录》的"香港镜像"结构

结构	内容
切入	陈可辛新片《投名状》上映
层次一	《投名状》的导演思维和目的
层次二	从《甜蜜蜜》到《如果爱》，陈可辛的电影历程
层次三	从"红裤腿"到"飞纸仔"，陈可辛亲历的几代香港影人的成长之路
层次四	从陈可辛的父亲到陈可辛，香港人的典型性格和奋斗态度
结论	陈可辛作为一名典型的香港人，是香港可贵品质的写照，是香港历史的缩影
片尾	回顾陈可辛电影镜头里的香港，借以祝愿香港的社会和文化越来越好

层层递进，层层剥开，锐利切入，落地情怀，这样的笋型结构，在电视文化类谈话节目中不一而足，成为这类节目有效而常见的审美范式之一。这一范式透着浓厚的作者立场和精巧设计，投射着背后编辑部的话题诉求和文化主张，使得这类节目在电视谈话节目之林中显示出独特的风格和韵味，区别于单纯的人物访问或故事讲述类的访谈节目。

简言之，从电视文化类谈话节目的话题选择、包装和结构的审美要素能够看到，这类节目的话题设计体现出强烈的作者意识，试图让受众有一种类似"阅读"的审美体验，去感受思维逻辑完整性的美感和大格局情怀带来的触动。

二、主持人：从"非人"到"人"

"主持人"概念来自西方。英语中将新闻主持人称为"anchor"，原意为"锚"，还指橄榄球等体育比赛中位置排在最后的一位运动员，意为"最后一位把所有新闻串联在一起的人"，由美国哥伦比亚广播公司（CBS）新闻部制片人唐·休伊特（Don Hewitt）于 20 世纪 50 年代首先运用。[①] 而谈话节目主持人在英语中被称为"host"，即"客厅的主人"，这一称谓形象地展现了谈话节目作为"客厅谈话的模拟表演"的实质。中国电视在 20 世纪 90 年代基本完成从播音员向主持人的转换，在近 30 年的历程中得到长足的发展。俞虹教授在 20 世纪 90 年代中叶率先提出节目主持人概念："节目主持人是在广播电视中，以

① 俞虹：《节目主持人通论》，杭州：杭州大学出版社，1996 年。

个体行为出现，代表着群体观念，用有声语言、形态来操作和把握节目进程，直接、平等地进行大众传播活动的人。"①并进一步提出节目主持人社会性、可信性、审美性、个性、情感性、能动性等基本特征。②

正如胡智锋等所言，主持人的风格往往代表着一档谈话节目的独特品格。③谈话节目主持人是所有策划和准备录制成功前的最后一道岗位、最后一步呈现，承载着整个节目的调性、效果，甚至价值观和成败；主持人在无法重复的谈话现场，始终参与谈话，需要巧妙引导谈话走向，应对不期的变量，并且展现其语言能力、个性魅力和人生阅历，穷一生之所积。因此，主持谈话节目不容易。

而文化类谈话节目由于其话题领域的专注和话题质感的独特，对于谈话主持人的要求就更高。电视文化类谈话节目的主持人是这个节目外在的最强烈符号，是这个文化议事厅外化于公众的显性主人，因此一个主持人往往决定了一个文化类谈话节目的性格。同时，主持人所表达的内容并不是他个人完全的意志。在单向传播时代的大众媒介环境下，主持人往往是机构和栏目的代言人，带着浓烈的平台属性和机构标签。因此，主持人，既是一个"人"，又不是"一个人"，这个"人"是大众传播机构的"代言人"。

而普遍意义上的文化类谈话节目主持人，其特征在很大程度上与其他门类的谈话节目主持人具有一致性，也因其独特的内容范畴而具备特殊性。这一特殊性，在传统电视传播环境下，表现为这类节目的主持人往往具有高度相似的同质性，像是"同一类人"，甚至"同一个人"。

（一）形象和定位

首先，是知识分子，具有文化感和书卷气，是这类主持人最直观的气质。《文化视点》主持人姜丰、《读书》主持人王宁、《开卷八分钟》主持人梁文道，都是"读书人"和"知识分子"的典型形象。其中不乏本身就是学者属性和高学历背景的人士，如，姜丰是复旦大学硕士研究生，《开坛》的主持人郑毅拥有博士学位，《读书》的嘉宾主持人曹景行本身就是清华新闻学客座教授。这一形象规律反映在早期的文化类谈话节目主持人着装上，也形成了某种电视时代

①　俞虹：《节目主持人通论》，杭州：杭州大学出版社，1996年。
②　俞虹：《节目主持人通论》，杭州：杭州大学出版社，1996年。
③　胡智锋主编：《影视艺术导论》，北京：高等教育出版社，2012年。

的同一性，比如端庄的正装，或校园气息浓郁的衬衣，或传统文化气息浓郁的中式时装，其中很大部分人都戴框架眼镜。总之，不会穿件 T 恤就上场，总要对造型相对认真或有品质地设计一番，从内到外形成某种人们固有观念中对文化的美感想象。"有文化的人才能来讲文化"是本能直觉的判断，而"文化是个认真的事儿"也是人们对于文化的普遍观念。而这类节目对于主持人也往往有很强的塑造作用。比如《文化访谈录》的马东，其在生活中本身就是一个爱好阅读之人，但与姜丰、王宁等"校园派文艺女青年"形象不同，他在文化谈话节目之前的主持形象是幽默、有综艺感和对社会话题有犀利的观点，以《挑战主持人》《有话好说》为代表，综艺、幽默、机智和生活化的语言是其特色，更趋向于"生活中的读书人""自由知识分子"等定位——看看他今天创立的《奇葩说》等节目，就可大致了解其真实的自我定位和喜好。其在主持《文化访谈录》为代表的电视文化谈话节目的过程中，也刻意回避一些此类节目主持人留给观众的刻板印象，以期跳脱出来。但随着主持文化类谈话节目的深入，其形象和定位越来越靠近上述典型形象。他曾经刻意调整过自己的语言和用词，使其更贴近"文化感"，更加沉静和沉淀下来。

其次，这个人必须非常了解中国文化领域，在这个领域有深入的研究和一定的积累及感悟，了解中国社会历史的复杂性和文化格局的基本成因，能够触类旁通地对社会经济、政治各个方面的动向融会贯通。因为在中国大地上，文化问题从来不是一个单纯的问题。文化问题背后，有复杂的社会矛盾问题、民族宗教问题、历史学术问题、外交政策问题、业内平衡问题。中国社会近现代史的急速变化，也给了带领大家谈文化的这个人巨大的挑战。如果没有这些基础，这个主持人拿起文化话题"生啃"，不仅不一定能啃得动，还容易犯错误。文化的事，小到一个生活细节，大到民族团结政治导向，不可有一丝闪失。尤其是在国家级电视台这样的"高处"，更有"不胜寒"的风险。这就要求这个人须得沉静、谨慎、勤奋、仔细，不浮躁、不动摇，放下私念，一丝不苟，不可有半点松懈。

再次，这个人要透射出独立见解、思辨能力和思考习惯。这是文化类谈话节目主持人优秀和突出的必要条件。这类主持人的提问，不能有稿件色彩，不能照本宣科，不能囫囵吞枣、语焉不详，必须有内在消化的逻辑，展现主持人的自我修养、思考和提问，融入其"血液"，体现主持人自我的修养和一部分自我世界观的认知。对于话题,是"真了解""真思考""真关心",而不是幕后策划的传声筒。所以这类主持人和团队在娴熟之后,往往有一种操作的默契,主持人真正上场开始谈话往往不完全按照方案的设计,而是遵循其内心梳理好的话语逻辑。

最后,在单向传播的电视时代,文化类访谈节目的主持人往往带着明显的"精英阶层"的色彩,代表较高学历文化的背景,散发着掌握文化资源和话语资源、拥有相对优越的物质生活条件和精神生活水平的"强势阶层"的浓郁气息。精英的引领性,在这类节目的主持人形象上充分展现。

简言之,电视文化类谈话节目的主持人的形象是该节目内在定位的外化,而在实际操作中,主持人本身的形象、气质和特色很大程度上会作用于节目的定位,两者存在博弈关系。

(二)话语和立场

话语是主持人介入文化类谈话节目的基本工作材料,话语也是所有谈话节目的最基本材质。代树兰等学者分析,谈话节目的话语具有鲜明的"职业话语语境"性质:"电视访谈发生在大众传播的职业语境中,访谈话语受传播机构的职业背景的限制,新闻访谈的主持人的提问和嘉宾的回答构成了谈话节目的基本结构特征,而主持人的主要职责使他不能轻易站在个人立场发表个人观点或与嘉宾争论或对嘉宾的观点进行批评,也不能对嘉宾的观点表示赞同、支持或进行辩护;在较随意的访谈中,主持人的话语角色远不如新闻访谈中受到较多的限制,其表达方式在尽量接近随意交谈的同时,因其所具有的大众传播机构代言人的身份,也带有较强的职业话语性特征。"[①]

这一分析基本描述了这类节目在主持人话语性质上的一个共识,即主持人是大众传播机构的代言人,其在主持工作领域的职业话语是外化为口语色彩和个人交流传播的机构话语。中国电视媒介的"新闻战线"属性,又让"新闻类"和"较随意"的这两种节目调性的分野并不存在——再轻松随意的谈话也带有新闻的客观性和评论的专业性。

而文化类谈话节目的主持话语,在中国传统电视传播环境下,更鲜明地显现出其机构代言性的本质。话语的语态,其决定因素实质上是话语的立

---

① 代树兰:《电视访谈话语研究》,北京:中国社会科学出版社,2009年。

场。就文化类谈话节目的专注领域和话题特点,其主持的话语立场基本有三个。

1. 代表"人"

代表观众提问,是谈话类节目主持人最基本的话语立场。而在场者(包括主持人、嘉宾和观众)都明白一个事实,那就是这场谈话并不是单纯的人际交流,谈话所面对的不仅仅是现场的录制观众,而是更为广大的不在场观众。因此,主持人和嘉宾的整场谈话自始至终都在努力让观众感觉到节目是为他们制作的,而不是一个随机发生的个体间闲谈。文化类谈话节目的本质是一场针对文化话题的谈话表演,它常常涉及较为艰深的文化知识或文化思维和观点,因此代表观众提问,层层进入话题,就显得更重要。文化类谈话节目的主持人常常需要代表不同程度的观众提出不同层次的问题,甚至不惜提出"傻问题"[①],进行"明知故问"的表演。

在探讨中,主持人也常常代表个人,将自己的文化观点或文化感受进行交流,一方面拉近与采访对象的话题距离,另一方面让谈话节目所模拟的"人际传播"更加自然和可感。

主持人代表观众这一立场,贯穿文化类谈话节目的始终。这是其大众媒介传播性质决定的,也是文化类谈话节目主持人带领观众走完整个话题逻辑的需要。

下面是 1997 年《文化视点》姜丰采访金庸的一段问题实录[②](回答略,括号里的内容为笔者加注的分析):

> 姜丰:有华人的地方就有您的小说,大家关心的也是您的武侠小说,我知道从 1955 年到 1972 年当中,您一共写了 15 部小说。(以"大家"的名义来提问)
>
> 金庸:是,是。
>
> 姜丰:您当初为什么会写武侠小说呢?(大多数金庸迷都知道,这是

---

① "傻问题"是文化类谈话节目操作过程中的一个形象的"术语",常常用于该类节目的策划工作中,指的是针对较为浅层次观众的需求所设置的基本而简单的问题,常常属于某个层面的常识问题,或故意提出见识浅陋的问题,以引起特定的话题。

② 赵安、张晓海主编:《约会大家——走近文化视点》,沈阳:辽宁教育出版社,2000 年。

为不了解的观众问的"傻问题"①)

金庸:……(略)

姜丰:大家都觉得非常可惜,您 1972 年就封刀了,那年您才 48 岁,正值盛年,为什么那么早封刀呢?(再次代表"大家"提问)

金庸:……(略)

姜丰:查先生,我们读您的小说发现,几乎每一部小说里都有一位可爱的女主角,这是不是体现了您的一种理想或者审美情趣?(以"我"和"我们"的感受提问,距离越来越近)

上面截取的这段采访实录,典型地说明了这种代表"人"的语态在文化类谈话节目中如何一步步以观众和个人为名,引领其走进话题逻辑之中,表演好这段人际谈话的模拟。

2.代表"机构"

以栏目的策划方向和机构的宣传诉求为立场,是文化类谈话节目主持话语的突出特性。即便是上面讨论的人际立场的话语,其本质亦是其机构的立场。尤其是针对文化这类有突出意识形态的范畴,个人的观点往往在大众媒介环境中不具备足够的权威性,不足以代表"完全正确"的立场,必须由更权威的机构进行"赋能"。因此,这类节目主持常常用"我们"代替"我"来抒发观点和提出问题。有的"我们"指观众,如上文;有的"我们"意指栏目组或电视平台;有的"我们"指更加抽象和广大的社会群体。这个"我们",表明节目内容并非创作者随意的个人观点,而有其社会基础,在内容审查和社会监督并进的环境下,这个"我们"也是一个微妙的"免责"机制。来看一段开场:(《文化视点》——文艺呼唤评论,1997 年 6 月 3 日播出②)

白燕升(主持人):很长时间了,作为一位年轻主持人,在奋斗忙碌着,一场场现场转播,一期期节目制作,一次次南来北往,节目是做了很多,可在这种循环往复的忙碌中似乎失去了些什么。常想,节目在不断地呈现给观众,观众喜欢是为什么,不喜欢又是为什么,评论界是怎么看

---

① 此处"傻问题"并非贬义,而是电视策划主持业务中的"行话",指代表不了解内容的观众专门提出的基础性、常识性问题,多为铺垫和展开话题而设。"傻问题"是此类节目操作中常见的要素和技法,虽基本,但必要。

② 赵安、张晓海主编:《约会大家——走近文化视点》,沈阳:辽宁教育出版社,2000 年。

的呢？说心里话，我们的确是想听到观众反馈、评论的声音，我想我们创作者是不是也有同感呢？带着这样的问题，我们开始了采访。

这样一段开场，从"我"到"我们"，代表了好几种声音。这里的"我"，当然是主持人自己，但他的感受马上带出了第一个"我们"，意指栏目组或电视台，而第三个"我们"则把话题的立场扩展到整个文艺创作者队伍，最后一个"我们"回到栏目组，表明接下来的节目是机构行为。

3. 代表"社会"

代表"社会"意味着代表社会的共同利益和价值，代表全体民众的希望和呼声，也代表着国家社会权力机关的导向和主张。这个性质的立场常常出现在文化类谈话节目的结尾。"宏观"是其突出的特质。如 2007 年播出的《文化访谈录》——准备奥运。

> 马东（主持人）：其实我们为这期节目也准备了好久，就像我们全国为奥运会准备了好久，有人说"百年梦圆"，我们从 100 年前可能就开始期待这一刻，30 年前我们经济的高速发展，好像也预示着这一刻将要到来，七年前，我们申奥成功，开始期盼这一天，但是这一天即将到来的时候，恰恰需要我们有一个冷静的心情去面对它，因为在这之后，可能会有更多的奇迹、更多的惊喜，等待着我们这个即将复苏的、即将走向伟大复兴的民族。谢谢大家收看这期的《文化访谈录》。

又如 1997 年播出的《文化视点》——文艺呼唤评论。

> 白燕升（主持人）：加强和改进文艺评论是所有文艺工作者面前的一项艰巨工作，为此要求我们的评论家有敏锐的直觉，还需要有勇气和魄力，更需要有批评的良好氛围，我们也深深感受到了这一点。

两期节目前后相隔 10 年，但总结方式展现出明显的内在一致性，即宏观观察笼罩，从全社会和文化主管机关的口吻作为立场出发点，对更广阔的共同利益、社会发展和民族未来，发出呼声。同时，这一呼声并不来自个人，甚至没有主语。但背后的说话人一目了然。事实上，在文化类谈话节目的发展过程中，主管机关也曾多次将"旗帜鲜明""必须有观点"等作为明确要求来规范栏目制作方向。

（三）个性和价值观

虽然文化类谈话节目的主持话语本质是更强的机构话语色彩,但随着媒介内容的发展和社会审美观念的变迁,主持人这个岗位作为个体形象在电视行业的存在,越来越强调个性化色彩,越来越从"非人"的机构属性向着作为"人"的可感属性发展。2008年汶川地震期间,赵普等主持人在客观的新闻主播台上挥泪动情,引起了社会极大的共鸣和好评,也潜移默化地改变着公众和管理者对主持人审美的理念。

对于文化类谈话节目而言,主持人的个性展现在方方面面,语言、性格、文化意趣和偏好,都能形成个性的构成元素。而从本质上构成主持人个性的恰恰是其个人和栏目的双重价值观,决定其个性实现的是这两方价值观的相符程度。缺乏个性特色或与其节目平台并不契合的个性特色,在文化类谈话节目的领域里无法成为鲜明的符号。

《文化访谈录》栏目第三版片头解说语写道:"五千年的文化坐标,我们身在何处? 川流不息的文化长河,谁能指点迷津? 探访历史,往往是通向未来的捷径,面对现实,常常要追问文化的起因。关注变化中的中国。"这个片头展现了"用历史发展的维度和社会文化的眼光观察今天中国"的节目诉求,一种强调冷静理性的独立品格跃然纸上。而这与主持人马东内在的性格和理念吻合,使得马东的文化谈话节目在仍保持创作活力的阶段,体现出与众不同的独立思辨和鲜明观点。而这种有鲜明个人性格色彩的主持方式和节目理念,这个团队早已开始实验。2005年,开播不久的《文化访谈录》就社会上沸沸扬扬的"郭敬明抄袭疑云"制作专题,请来当事人郭敬明。马东出于其个人的"文化正义感",拷问郭敬明抄袭的真相,直至郭敬明哭泣退场。整场节目马东几乎站在个人的立场之上,对最基本的事实进行挖掘。节目的最后,马东对台下郭敬明的年轻粉丝不论黑白盲目支持偶像的态度,进行了直接的观点批判。这期节目在社会上引发了广泛的讨论,支持马东的声音认为这是媒体人应有的担当,并且使马东的性格和威望更加鲜明;而反对之声则针对公共媒体过于个人化和电视主持人应不应该直接批评嘉宾和观众等观念展开。先不论这期节目的是非长短,单就这期节目的出现来讲,是主持人价值追求和栏目价值观念的一次展示与伸张,而这样的现象将在未来的融媒介环境中成为常态。

另外，这期节目的出现相较于上一个特征而言，似乎是反证。但事实上在传统电视传播环境下，这样的节目露出是非常少的。这期节目引发的社会争论也可以说明，在当时的时代条件下，这种节目并不是常态。

总之，文化类谈话节目的主持人是个专业的岗位，是有着浓郁文化底蕴和文化气息的电视机构代言人，其主持话语体现出人际传播的口语特性，其本质体现出明显的机构话语色彩。但文化类谈话节目主持人作为"人"的标记将越来越明显和重要，其文化意趣、性格特征、价值观念与节目内容存在博弈互动，成为电视文化类谈话节目的实际外化和符号表征。

这里要强调的是，不管"人"的标记如何变强，在传统媒介环境下，电视谈话逃不出对生活谈话的模拟和表演，电视文化类谈话节目主持人这一元素不可避免具有本质上的表演性。一个重要的意义是，上述所有的主持人特征，都在塑造一个尽可能"完美"的文化主持人形象：有学识，有见地，有智慧，有独特个性，有正义责任感……文化主持人是不能犯常识错误的，文化节目是不能有错别字的，因为这类节目天然承担着某种社会文化责任感和标杆性。这是社会大众给这类节目加诸的道德属性，也是单向传播的大众媒介环境下必然的结果。

三、现场：议场和"论文"的双重还原

"场"曾是麦克卢汉等笔下描述电力时代区别于印刷书面时代的一个重要概念。电力瞬息千里的伟力和电视媒介实时同步的卷入性，让人们的生活变成一个信息交互和过载的"场"，让事件在复杂的"场效应"间发展，让世界融合成一个村落般的场域。

电视文化类谈话节目是对现实生活中的文化讨论场、文化论坛或讲坛的电视化模拟表演。从其组织呈现来看，核心的工作是"谈话场"的建立。笔者将这类节目构建谈话现场的常见美学特征归结为四个元素：场景、嘉宾、观众、节奏。

（一）场景：品质感文化性

这里的"场景"是指在电视艺术范畴内的呈现环境，包括节目的舞台美术、灯光造型等物理环境表现及其营造的演播氛围。这与后文将会提到的融媒体传播范畴的使用"场景"并非同一概念。

　　文化类谈话节目之场景通常是客厅或讲堂的模拟与延伸,《文化视点》的布景是大大小小的客厅和书房;《论道》是论坛道场的缩影,有时也直接选用真实论坛会场进行录制;《百家讲坛》顾名思义是电视对课堂的模拟。目前出现的文化类谈话节目在场景上不约而同地追求两个方向:文化性和品质感。

　　文化性集中体现在场景的文化元素上,其中用得最多的元素是书架(如《文化视点》《读书时间》),讲台(如《百家讲坛》《中国文化记忆》),云纹、团锦、甲骨文等传统文化饰样(如《百家讲坛》《文明之旅》《我们的节日》)。以《文化访谈录》(后更名为《文化视点》)为例,其场景曾经有过三个"书房",第一个是360度的全景书房,书架上的书是泡沫塑料包的书皮;第二个是类似美式脱口秀现场的大型客厅加书房,满壁的书是单色无字抽象的仿真书泡沫模型;第三个是白色浮雕,嵌在现代抽象的白色书房之中。虽然越来越抽象,但书、书架和书房这类元素的意象从未间断。

　　品质感集中体现在节目场景的道具质感、灯光影调、色彩选择、服装要求等美学细节之上。由于此类节目相当大的一部分是低成本运行的节目,因此在场景细节上投入往往非常有限,其场景品质感常常有赖于导演团队整体的美学观念和电视美感的程度。记得在经费最为紧张的时期,《文化视点》"文化月谈"的场景仅有400平方米演播室内(中央电视台综艺演播室中面积最小的一个)的一圈黑布,每次靠现场导演和灯光用十几个廉价筒灯照射出富有质感的冷峻场景。许多文化节目也选择放弃演播室布景,直接去有品质的文化场地进行实景拍摄。但节目模拟客厅或讲堂的议事场环境没有本质变化。

　　文化感和品质性是这个时代环境下从审美上对于文化类谈话节目的基本要求,与文化相关的场域必须有文化的雅致和精细。

　　(二)嘉宾:话题的结构,社会的缩影

　　嘉宾是现场主持人以外最重要的角色元素,决定了话题走向的顺畅程度和谈话质量的高低。文化类谈话节目的嘉宾根据具体类型细分,大致可以分为"讲话类"嘉宾和"讨论类"嘉宾。

　　"讲话类"嘉宾针对如《百家讲坛》这类的讲话节目,嘉宾往往是通常意义的"电视知识分子",我们将在后面展开分析。

　　"讨论型"嘉宾则是针对"话题讨论型"文化谈话节目而言,也是这类节目场最常见的构成元素。而这类嘉宾最终"成局"时,往往呈现为一个依托其话题笋型结构的"渐变色"模式（见表 4-3）。这是笔者对这类节目嘉宾结构的一个形象化的比喻。如果我们按照与切入话题的直接相关程度来定颜色的深浅而画一个嘉宾图谱的话，那么这个图谱往往呈现出一个有层次感的渐变过程，往往表现为"最相关嘉宾—次相关嘉宾—弱相关嘉宾"的组合模式。我们以《文化访谈录》的嘉宾构成为例，红色代表与切入话题最相关的嘉宾，往往是切入事件的当事人；粉色代表次相关嘉宾，往往是与事件相关或同业但不具有核心当事人身份的嘉宾；白色代表弱相关嘉宾，通常是与事件没有直接关联却有内在联系或相关观察资历和能力的嘉宾。

表 4-3　《文化访谈录》嘉宾"渐变色"模式

主题	红（最相关嘉宾）	粉（次相关嘉宾）	白（弱相关嘉宾）
准备奥运：探讨北京奥运前的文化心态准备（2007 年）	杨澜：中国申奥大使，长期从事奥运相关工作	苏珊·布朗奈尔：北京体大访问学者，《何振梁》英文版译者，田径运动员，在中国生活 20 余年的德国人，长期从事体育传播跨文化研究	张天蔚：文化评论员
想象的力量：探讨中国动画片的想象力出路（2008 年）	贺梦凡：动画企业宏梦卡通创始人　林超：动画片导演，中国美院动画学院副院长	欧阳逸冰：儿童剧作家	陆川：特约评论员，潜在的动画片制作者
一飞冲天：第 27 届"飞天奖"综述（2009 年）	王丹彦：时任国家广电总局艺术司副司长，电视艺委会秘书长，飞天奖主办者	康洪雷：电视剧导演，飞天奖获得者	彭吉象：北京大学教授，文化评论家，飞天奖评委

从这个"渐变色"模式可以看到，讨论型的电视文化类谈话节目的嘉宾构成有其规律性的范式。嘉宾的分布从切入事件开始引发，是其话题范式的笋型结构的落地实现。最相关嘉宾一般是切入事件的直接当事人，负责切入事件的展开，讲述故事和感受是其首要任务；次相关嘉宾往往是事件的参与者，或同领域的相关者，一脚在事中，一脚在事外，将话题进一步深入、补充并进行联想拓展，是其突出任务；而弱相关嘉宾往往是观察者的角色，其有自我的相关经历或资历能够对切入事件和相关话题有自己的观点，同时能够更加宏观和独到地切进现象的总体或本质，升华整个谈话。

文化类谈话节目的"文化讨论表演"性质在这个嘉宾人员构成的图谱中也表露明显。这个谈论文化的"局"一定是一个有预设、有目标、有角色、有分工的"秀",这些分工和预设来自话题的分布和结构,每层色彩的人物都是一层笋型结构的人格外化。而话题的设置则来自对问题的分析和对实际生活的模拟。

(三)节奏:隐形的剪辑手

文化类访谈节目现场的节奏,亦是话题策划的落地实现,笋型结构的外化有两层含义。

一是指话题性质的推进节奏。在文化类谈话节目中,这一节奏一般呈现出从具象到抽象、从点到面、从外到内的、从表象到本质的典型推进过程。这从本质上是人对一个问题的思考过程的延伸,是人的思维的模拟。这主要有赖于前期方案的思考深度和布局精度。

二是指现场流程的速度节奏。这主要是主持人在现场代表幕后全编辑部进行的节奏控制。理想的文化话题讨论往往在现场展现出一个"从快到慢再到快"的速度变化,即:切入话题要迅速精准,展开话题要充分细致,结尾前要达到讨论甚至争论的高潮,结尾要干脆利落,手起刀落,结论明确而精当独到。

这两种节奏,是主持人和策划方案的共谋。而在现场,最关键的控制者是主持人。他通过话题的引导、分配、启停来控制着抽象的节奏,发酵现场的"场效应"。在主持人心里,必须有三个感知:一是话题的感知,即对话题、结构、角色、知识量、故事点等所有内容安排熟稔于心,目标明确;二是对话的感知,即对调动嘉宾的话题方向、情绪、兴致有策略,对谈话者的心理有掌握;三是受众的感知,即时刻感知现场观众的反应和注意力的变化,并时刻揣摩不在场的电视观众的注意力变化。这对于主持人的功力和阅历是极大的考验。实际上主持人在现场把控中,既是导演团队作者意识的代言,又是现场这篇"文章"的作者,还是这个节目第一个隐形的剪辑手。他对于现场的控制、裁剪和发挥的好坏,在决定一场节目成功与否的问题上有着至关重要的作用。

(四)观众:不清晰的互动模拟

观众是文化类谈话节目现场常设的元素。观众既是讨论现场交流互动的延伸,又是电视机前节目观众的延伸,还负载着延伸现场气氛的功能。

　　但是，在传统媒介环境下的电视文化类节目现场，能够给予现场观众真正的交流互动并不多，就像跟电视机前的观众的互动几乎为零一样。传统电视单向度的播放收看机制实质上是实际交流互动的模拟，并不能真正构成交流。这使得观众这个元素往往是极不充分的，甚至是尴尬的。

　　但在传统环境下，将观众摆在哪里，对于谈话场的性质和其背后的理念价值的表达是有作用的。《文化访谈录》10余年的历程中，曾经四次改变观众的现场位置。第一次，观众被安排在谈话场内，离谈话者仅一步之遥，体现与观众近距离对话、促膝倾谈的传播理念；第二次，节目将观众放到了场外，成为通常意义的"镜框外"的观众，不再直接进入现场；第三次，节目将观众放到了现场上方，如斗兽场一般俯视现场，体现某种"观众至上"的观念，透射着希望服务于观众的潜意识；第四次，进入虚拟演播室，革除观众这一元素，直接面对电视机前的虚拟观众。

　　这四次观众的位移，实际上是节目理念发生的四次改变，同时也可以从中看到观众所代表的交互在传统环境下的不足。不管如何位移，观众几乎是活动的道具，并不发生真正意义上的讨论和互动。观众的主要职责是给谈话带来反应（笑声、掌声、应和、关注），或所谓"上台互动"，更多时候是经过导演组安排的表演性互动（俗称的托儿）。这更说明了作为一个"论文结构"，这个时代的文化类谈话节目的逻辑和去向是相对封闭和单向的，就如同它所在的传播时代。

　　总的来说，场景、嘉宾、观众、节奏，构成了文化类谈话节目的谈话"场效应"。现场是文化类谈话节目"场效应"的实现，是对现实生活中的文化讨论与思考场的模拟和延伸。它需要创造一个尽可能接近生活又充分精彩的文化谈话场域，有较易辨识和进入的文化气氛，让观众有置身其间的"错觉"，提供某种交流互动的意味。这个"场效应"是电力时代的典型特征，也是这类节目在操作时非常微妙的一种控制，几乎无法量化或套用公式，更多取决于实际的经验和临场的反应，依靠的是感知，每次的"尺寸"①都不尽相同，不同的人也会有截然不同的控制。这也是电视文化类谈话节目其电力媒介属性的

———————————
　　①　此处的"尺寸"一词为中国曲艺的术语，意指笑料结构的恰当位置和拿捏分寸，此处被借用来形容场效应拿捏的分寸火候。

一个反映,因为媒介的最终取向是延伸人的神经官能,延伸的是"感觉"。而"场"即一种"感知"。同时,话题的结构和内在的节奏控制又让现场成为一个典型的"论文结构",成为一篇论文稿件的视频化和交谈化。

四、剪辑:隐藏的"论文编辑"

剪辑的实质是谈话场在后期编辑的范畴内进行的重构。其目的是再造出一个理想的谈话过程。简单来说,单向传播时代的文化类谈话节目往往是"重剪辑"节目,需要再构和调整的元素很多。基本的特征有以下三方面。

(一)叙事:两条故事线

文化类谈话节目的话题常常包含丰富的文化信息和故事脉络,所以剪辑的叙事线往往面对两条故事线:一条是话题讲述的故事线,话题内部提到的故事和观点逻辑是否通畅,高潮和节奏是否合适并能吸引观众;另一条是现场的故事,即整个谈话过程、整个场发生了什么,是否能吸引人。

(二)留白:剪与不剪,真与不真

剪辑的基本工作是留下有效的,去掉无效的。但谈话类节目,尤其是文化类谈话节目,其剪辑的水平高低往往在剪辑的"留白"之中。剪辑的本质是再造一个理想的谈话场和谈话过程,是对真实谈话的模拟,这就要求剪辑不仅要删减语义逻辑,更要修剪现场氛围、情绪铺垫过程、正常的思考和反应。要构建一个真实感的谈话现场,就得有意识地留下一些现场的瑕疵和从语义上无效但在正常交谈语流中不可或缺的语气词、废话和停顿。尤其是停顿,留得好,会产生无声胜有声的效果,也会埋伏言外之意。但对于文化类谈话节目这种强逻辑强内在故事流的节目形态,其剪辑往往容易陷入"只剪内容稿,而不剪现场稿"的误区,使得讲话内容有效而现场气氛与流畅度无效的局面。

(三)位移:话题的再构

语序的打乱和重新编辑,是这类节目后期编辑的常见做法。文化类谈话节目不同于故事性或情感性节目,其内容有相对较多的思辨性和逻辑性,加上现场的不确定性,往往使其探讨问题的实际过程并不"完美",需要在后期"理顺",使其传播效率和问题讨论的清晰度有所增加。本质上,位移是对话题的作者主动性再构造，以达到"理想"的状态。

总之，剪辑的实质是再造和重构，剪辑所给出的"真实"是再造的非真实，是对真实谈话场景和过程的模拟，是后期强介入的方式。这种强介入的目的是达到节目话题结构的顺承和现场气氛的吸引力，是一种"给予"式的单向度思维方式：作者要先将自我的观点逻辑和话题结构理顺并"塞"给观众，同时在接触不到真实观众的情况下，以自身感受为根据猜测观众的心理节奏，调整其节目的内容排布顺序和节奏，以期能更好地被观众接受。实质上，完成作者创作意图的诉求在这类节目中往往是优先的。这种"作者思维"向度下的创作也是传统电视创作中普遍的现象。根本原因在于，单向度媒介表达的是一个单向度的传播社会，缺乏互动的技术途径和观念，在完成大众传播的同时，以牺牲互动为代价。

五、电视时代的"书面论文"

通过对传统电视媒介环境下的文化类谈话节目特征的梳理，我们发现，其创作范式呈现出极强的书面时代色彩。文化类谈话节目的逻辑结构是一个典型的书面论文结构，层次清晰，条块分割，分工明确，其主持、现场和剪辑都是为了呈现一场近乎"完美"的文化"笔谈"，它们共同展现了一篇用电视语言书写的"论文"，是充满预设性和作者意图的现实模拟。

同时，文化类谈话节目作为电视媒介的内容形态，其场效应充分反映了人们中枢神经的延伸、交流和理解欲望的外化，主持人等"人"的因素也越来越显现出向着"去机构化""个性个人化"发展的时代趋势。

"视听化的论文"这样一个特征，一方面体现了电视媒介对于前技术时代的模拟和再现，这暗含了麦克卢汉的媒介定律：任何新媒介都以某种旧媒介为内容。它更体现了电视媒介在整个视频媒介发展历程中的不成熟性和过渡性：电视作为人类中枢神经的延伸，是从书面时代向数字时代变革的中间阶段，其技术的局限性决定了其时代的困境。

第三节　困兽之"墙"：单向媒介时代下的发展痛点

视频文化类谈话节目作为电视时代一枝独特的花朵，有过其应运而生、超越前媒介、绽放电视媒介先进特点的时期。中国独特的社会形态和传播体制,又给了这类节目独特的使命和生存的空间。可以说在媒介生态位和政治生态位上都有其特殊的空间。视频文化类谈话节目似乎理应成为中国传媒世界里的一匹"神兽"。

但是,这匹"神兽"在传统电视媒介环境下,其发展命运展现出明显的潮汐感和轮回感。视频文化类谈话节目发展经历过几次相似的浪潮。每次浪潮中,过程起伏跌宕,高潮不时来临,但低谷却很快到来。过山车抛物线般的发展历程成为这类节目几次浪潮的共同形状。文化类谈话节目在这个环境下,似乎总是"水土不服",很快就处在一个劣势和被动的发展条件下,并且难以突破。在它的周围,似乎一直有密不透风的重重迷"墙",挡住它前进的方向。

一、生存发展墙:"事业理想"与"市场现实"冲突巨大,"存在维"发展受困

从行业生态角度看,在半个多世纪的高速发展下,从单一的宣传平台到繁荣发展下的收视竞争主体,再到市场化的多元平台,中国电视呈现出蓬勃的发展气象。但在这个过程中,电视文化类谈话节目一直处在文化宣传的位置,与市场的发展基本无关。

"收视率"是文化类谈话节目头上的"紧箍咒"。这类节目一直没有找到方法来突破电视收视的瓶颈。虽然在一段历史时期,这类节目被放在"政策类保护节目"的保险柜中,不参加直接的收视竞争,但持续的收视低迷使得这些节目长期处于平台的边缘位置,虽然"生存无忧",但"条件困难"。比如,央视《文化视点》等文化类日常低成本节目曾经一度没有持续播出,而以"特别节目"的形态完成一些上级交办的宣传任务,日常即便有播出,也被安排在下午三点左右的所谓"文化节目播出带"中。这本质上是一种人、财、力的集中浪费。这类节目往往需要较高思辨能力和文化关注的受众,即普遍意义上的高知、高购买力、高话语权的"三高",而这类节目却被安排在只有"赋闲在家"的退休老人或家庭主妇才会在极小概率下打开电视的时段。这是一种鲜明的资源与市场的不匹配。在这样的境遇下,此类节目只有两个选择,要么坚持原有风格和格调,承受低收视的压力和随之而来的生存忧患;要么放弃原

有定位,为该时段设计符合其受众现实的节目。而这两种策略的共同结果是,原节目死亡。

长期的边缘化使节目的播出跌出较热时段,影响力无法建立,无法参与到平台的核心建设序列中。不居核心地位就得不到资金和资源的有效配置,发展格局受限。工资收入相对较低,从业者成就感较低,人员流动大,坚守者中不乏"习惯性养老"和"消磨性等待"。而这类节目事实上需要极强的业务积累和文化积淀,需要极强的工作能力和耐力,非一朝一夕之功可以胜任,使得这类节目长期面临人才问题。竞争的劣势、资源的有限和人员的短缺使节目陷入低收视、低回报、低发展的"恶性循环",常常体现出"口头上不可或缺,实际上缺钱缺粮"的窘境。社会整体的电视文艺批评态势也受到影响,某种"颓势"延续至今,正如胡智锋等所述,当时的电视文艺评论存在"三不"现象,即不主流、不专业、不受关注。[①]

二、审美创作墙："观念固化"与"创新乏力"难以突破,"艺术维"活力匮乏

电视文化类谈话节目的创作和创新是其发展的难点,总体上呈现出思路老化、反应迟缓、语态跟不上时代、创新举措无法长期坚持等现象。究其原因,核心有三点。

一是观念固化。从管理层到一线生产者,对文化类谈话节目的定位认知长期趋于狭窄。一方面,片面理解"文化感"和"导向性",在重视其文化舆论导向和文化品位的同时,将其与"观赏性"和"娱乐性"区隔开来,不相信甚至实质上不允许这类节目进行较大程度的改变,使这类节目的艺术语言和创作手法容易过时,使其进化无方;另一方面,不相信或根本想不到这类节目的市场可能性,在宣传工作和经营工作两方面压力都巨大的现实中,更多把它定位为"不能没有"也"没有大用"的部件,让其存在,却也不抱希望,不给这类节目应有的经费条件支持,甚至随时抽去这类节目的经费和播出时间等生命线,为"其他更重要的节目"让路。这些观念深深锁死了这类节目当时的可能性。它从本质上是对"文化"的片面理解,从根本上将文化类谈话节目与整个

① 胡智锋等：《电视发展新论》,北京:中国社会科学出版社,2016 年。

电视节目创作的规律隔绝开。

二是管理僵化。恰恰因为这类节目所承担的文化宣传任务举足轻重，加上上述观念的钳制，对于这些节目的管理显示出明显的缺位与不到位。评判这类节目的标准往往是"不出问题"大过"有所突破"，试错空间狭窄。节目的一线编导乃至主管领导都无法确定节目的内容和观点是否完全"没问题"，于是逐级上报将问题移交，换回的往往是对问题严重性理解的逐级放大，最终的结果也往往是收缩与取消。这就使"失控感"成为这类工作环境下的常见心境，容易使其从业个人和机构陷入典型的"习得性无助"[①]心理症候。这一症候的结果便是"待在原地""什么都不做"。因此，对于这类节目应有的发展管理被僵化成为杜绝一切问题和"失误"的免责管理，其被动性极其明显。

三是欲望怠化。由于上面说到的体制、机制特点，尤其是"习得性无助"倾向的工作机理，使得从业者对于这类节目的改变抱有一定程度的无望感和抵触感，创作和创新的欲望得不到鼓励和生长，进而消磨殆尽。而这类节目"必须存在"的特殊地位又让其中一部分从业者失去了生存的基本压力，形成了怠惰。而这损失的恰恰是任何一个节目体或事业持续发展最宝贵的动力——欲望。

因此，作为内容表达方式和表层符号的创作审美背后，埋藏着从业态到体制到社会心理的复杂成因。这一切终究汇聚成一堵无形的"墙"，将文化类谈话节目在电视环境下的创新发展隔离在一个极其有限的范围之内。这本质上反映了一个单向度传播的社会时代不可避免的权力集中和媒介封闭。

三、传播推广墙："通路狭窄"与"受众失联"无法解决，"传播维"积重难返

文化类谈话节目在电视媒介生态中的特殊位置使其不在生态圈的核心圈层中。单向传播的媒介环境下有限的传播通路和连接机会，逼迫其以并不

---

① "习得性无助"（learned helplessness）：由美国心理学家塞利格曼于1967年提出并被广泛研究，他发现将狗关进笼子进行电击，如果狗不管做什么电击都不停止，那么即便有逃离电击的可能，狗也不会试图逃跑，反而在电击前就倒地呻吟。该概念引入人类心理学范畴，是指通过学习形成的一种对现实的无望和无可奈何的行为、心理状态，人类因为重复的失败或惩罚而造成的听任摆布的行为。参考 Peterson C, Mainer S F, Seligman M E P. Learned Helplessness: A Theory for the Age of Personal Control. Oxford: Oxford University Press, 1995.

"健硕"的身板卷入媒介资源的混争之中，与其他所有类型的节目进行无差别的竞争。通路不畅，使这类节目很难与其目标受众取得连接。

事实上，这种"失联""失焦"是单向媒介——尤其是电视媒介的普遍现象。天天为了观众，却根本找不到观众，不知道观众是谁，也积累不下观众的反馈。所谓的节目定位、目标受众往往是制作方一厢情愿、闭门造车的结果。在传统电视平台的受众分析数据中，服务大众"草根文化"的周播选秀节目与代表精英文化引领的日播文化评论节目，往往在观众构成上几乎一致；而这两个定位和调性完全相反的节目，其观众构成又与整个平台的观众构成几乎一致。这就说明，在传统电视环境下，技术的限制使内容根本无法有效找到自己服务的对象，根本上无法做到真正意义的交流，无法做到真正意义的分众传播和点对点服务。所有内容面对的都是最广大的中国社会各阶层群体。

而当内容面对的是所有人时，也就意味着谁也无法真正被很好地服务。作为一个需要在传播中实现价值的内容体，这种对传播对象和传播环境以及传播效果的几近茫然，是致命的。而作为节目种群中的"弱势群体"，文化类谈话节目所能得到的信息和资源是相对较少的，而其面对的危险和困境却是大大增加的。

四、文化认同墙："言不由衷"与"声不抵心"长期并存，"文化维"缺乏构建

文化类谈话节目的取胜之道，究其根本是其传播的文化理念和观点获得广大人民群众的共鸣和认可。如果说前文所述的有限通路导致的是这类节目观点的到达率不高的话，那么中国社会文化阶层的复杂性，使得其内容的被接受程度难以被预计和把握。

这类节目从定位到呈现，从性格到语言，从主观创作意图到潜意识的创作诉求，从内到外，都较大范围地体现出了一种电视精英文化的调性选择。在互联网打开多元的文化语境之前，从制作者到管理者再到受众，对于"文化"的主流理解是一致的，即文化是崇高的、精致的、精英的、引领的、高级的，而非"市井"的。因此，对这类节目的刻板想象往往指向某种精英文化的代表。

但电视是大众的，面对全社会全阶层的，事实上无法做到真正意义上的分众传播或窄众传播。电视的功能本质是"解构"，而不是"结构"。电视的语

言更趋近通俗松散而不是理论逻辑。这使得精英文化取向的这类节目处在文化定位的夹缝中。尴尬的是，在大众传播媒介的环境下，这些坚持所谓精英文化定位的节目，却在不约而同地不断尝试如何尽可能迎合大众的文化审美，使节目有更高的收视和更大的反响。"收视"和"品质"在很长一个历史阶段似乎是"不兼容"的，要"收视"还是要"品质"成了一个争论的话题。而文化类谈话节目品质胜于收视的定位根深蒂固。因此，这些争取收视的主动行动往往在不久之后就会被社会舆论和管理意见否决。

电视文化类谈话节目因此而往往呈现出在精英文化和大众文化之间的左右摇摆。这种摇摆，让节目更加无法锁定本已数量不多、定性困难的目标观众，也让节目生产者找不到头绪，定不下心神，集中不了气力。

另外，作为文化宣传口岸性质存在的中国文化类谈话节目，其发展困境的本质实际上是国家文化层宣传的"困境"。在中国社会公共话语空间的建立过程中，国家领域不断试图影响和引导私人领域，在很长一段时期以自上而下的姿态、强势灌输的方式和"永远正确"的家长制口吻，介入"社会公意"性的文化思潮，试图影响社会价值的生成。

随着市场经济的快速发展和有限政府的理念转变，政府在不断变化语态和姿势，调整自身定位，向着更加趋近于现代社会政府的功能发展，其近年的变化和发展有目共睹。

但是，常年的灌输式介入是有惯性的。它不仅效果不好，还使社会出现了"两个舆论场"的现象。2003年，时任新华社总编辑的南振中发文提出："在现实生活中存在着两个并不完全重叠的'舆论场'：一个是主流媒体着力营造的'媒介舆论场'；一个是人民群众议论分析的'口头舆论场'。……在一些问题上，我们想说的事情人民群众不太感兴趣；人民群众痛切感受到因而议论纷纷的事情，在我们的新闻报道中又很少见到，或者虽有报道，但与人民群众关心的程度相差甚远。这就使得在某些时候、某些问题上，两个舆论场互不衔接、互不交融。对人民群众的正确舆论，主流媒体没有及时给予肯定和支持；对于一些模糊的认识，主流媒体没有及时给予解释和疏导；……多年的实践经验揭示了一条规律：两个'舆论场'重叠的部分越大，主流媒体引导社会舆论的针对性和实效性就越大，吸引力和感染力就越强；两个舆论场重叠部分越小，吸引力和感染力就越差。如果两个舆论场根本不能吻合，那么，主流媒体就有丧失对社会舆论的影响力的危险。"①这两个舆论场事实上就是国家领域与私人领域在中国文化公共话语空间的构成过程中不可避免地相互不适。这种不适很大程度上外化在文化类谈话节目的生存不适之上。

综上，从前文提到的媒介生态位角度而言，电视时代的文化类谈话节目与其同环境的其他电视节目种群相比，面临着"差异性消亡"的趋势。从生态位资源维度而言，这类节目种群无法很好做到对观众需求的满足，也得不到相应的满足机会，在广告投入、消费者支出、时间支出等维度上尽显劣势，其媒介内容维度也在激烈竞争与自身困境之下，体现出方向性迷茫与行动力丧失，其媒介生态位岌岌可危。

本章小结　电视不是文化类谈话节目的最佳栖所

从本章的探讨可以看出，单向媒介时代的视频文化类谈话节目有极强的书面时代的气息，是视频化的政论文和文化论文，是有着强烈作者意识的宣传工具，它的指向是全社会各个阶层，以单向度的自上而下进行宣导。而从媒介进化理论的角度看，文化类谈话节目的本质是人类文化思维和交流的延伸，其具有天然的互动需求。这与其在电视媒介为代表的单向度媒介环境是恰恰相悖的。

电视诞生和发展是处于电力时代以破竹之势取代书面时代的过程中。这个时代的断裂，从性质来看是迅猛的，但从实际过程来看是漫长的。电视作为这个时代的集中体现，它必定存在和面对一个杂交的系统，一个从书面时代继承而来的社会系统。

首先，从思维困境来说，这个时代的社会格局、政治思路、社会观念，都留有浓烈的书面时代传统，使得电力时代应有的能量在一定的社会时期将会面对来自书面时代习惯和传统的抑制。这类内容的内在冲突，实际上反映了两种时代思维和结构的剧烈冲突，体现的是一个时代取代另一个时代的复杂博弈。所以，文化类谈话节目在中国会外化为官方语境的个人表达、电力时代

---

① 南振中:《把密切联系群众作为改进新闻报道的着力点》,《中国记者》2003 年第 3 期。

的书面论文。

其次,从技术困境来说,电视无法改变单向的"播放—收看"这一基本观演关系,无法做到真正意义上的身临其境和交流,平台和受众总会隔着屏幕的维度互相猜测。

最后,从根本上说,媒介的发展方向是无限接近和还原"面对面"的沟通,达到人类中枢神经的无限延伸。作为人类文化思维延伸的文化类谈话节目,需要让自己真正成为文化议场,而不只是一种"模拟"和"表演"。这是处在"受众茫然"和"互动缺位"困境中的传统电视无法做到的。

因此,文化类谈话节目在电视媒介中的困境是必然的。电视不是这类节目最佳的栖所。可以把电视看成这类节目发展中的过渡阶段,这个阶段已带来了电力时代强大的时代改变力,却也带着浓厚的书面时代色彩,在激烈的社会转换和微妙的时代博弈间,推动媒介和社会的共同发展,并等待着从技术上到观念上都更加极致的新媒介的出现,也让文化类谈话节目找到更适宜的媒介土壤。

第五章

融媒体下的产品适变：
突破"生存墙"

　　不管是从媒介进化的视角还是媒介行业的实际,"生存"是一切发展首要的前提。

　　上一章,我们试图证明传统电视媒介不是文化类谈话节目最佳的平台,媒介发展的规律决定了电视文化类谈话节目是视频文化谈话节目发展的一个必然存在但注定命运多舛的过渡阶段。

　　从这一章开始,我们来讨论以数字新媒介为特点、以大数据技术和互联网传播技术为根本、以深度融合为进化方向的"融媒体"时代下,作为研究样本的中国视频文化类谈话节目产生了怎样的适应性变化,在"媒介生态位"(niche)上有了怎样的改观。

　　在接下来几章的讨论中,"媒介生态位"相关理论将作为分析工具和视角而出现。

　　在描述媒介生态的总体状况时,媒介种群赖以生存的"资源维度"是界定其媒介生态位的重要属性。斯洛博奇科夫和舒尔茨等提出的术语"宏观维度"(macro dimension)和"微观维度"(micro dimension)分别表示资源维度及其细分。其中,媒介生态位的宏观维度主要被分为六个方面加以理解:①获得的满足;②满足机会;③消费者支出;④时间支出;⑤广告投放;⑥媒介内容。[①]"获得的满足"指媒介或其细分产品所提供的内容和服务所能满足的需求;"满足机会"指这类内容和服务在多大程度上能够被需求者接收,使服务和价值能够到达和实现;"消费者支出""时间支出""广告投放"是客观衡量该媒介和产品服务在整体媒介环境中被使用的份额和能够争取的生存资源,并在此基础上考量其生态位的宽度和重叠度;"媒介内容"是指在内容特殊性层次,该媒介和其服务与内容在多大程度上独树一帜、不可替代、形成规模,进

---

　　① 约翰·W. 迪米克:《媒介竞争与共存——生态位理论》,王春枝译,北京:清华大学出版社,2013年。

而考量其生态位宽度与重叠度。这一套观察体系将帮助我们在这一章余下的部分理解视频文化类谈话节目在融媒体背景下的生态位变革和性质变化。

这一章,我们将从视频媒介的生态环境改变入手,对文化类谈话节目的进化方向获得一个总体性认识,讨论其内部性质是否为了适应而发生了质的改变。这将决定其内在认知,决定其适变性策略与行动,并深度影响其外观、功能、价值和命运。

第一节　网聚、长尾与大数据:需求侧突变

从"媒介生态位"的理论视角来看,决定媒介生态位的竞争格局变化的核心因素是资源限制。当媒介生存所需资源无从增长,则同一环境中媒介竞争格局就将出现"置换"和"排斥"。视频文化类谈话节目在电视时代的窘境,是其无法掌握足够资源供其生长,无法在那个生态下与其他媒介种群或媒介内容物共存。如果要改变这个情况,一种可能是资源增长以适应种群的需要,另一种可能是种群改变自己的资源使用方式以减少与其他竞争种群的"生态位重叠"。这里蕴含了两个重要的信息:第一,媒介生态环境资源的变化直接决定了一个种群的命运去向;第二,种群和物种有能动性,可以从改变自身的途径以适应环境,得到进化。[①]

融媒体时代的中国社会,发生着巨大的改变。媒介生态环境给每一个媒介群落、每一个如文化类谈话节目这样的特定节目生命体带来了完全不同的生长背景和逻辑。维度性资源增量的出现,直接表达为决定生态位宽度的"满足"与"满足的机会"的数量级增量。换言之,即"需求侧"从规模到结构再到逻辑产生了突变。

一、网聚效应与足量客源

首先改变视频文化类谈话节目生存环境的是互联网最为基本的特性:聚

---

① 约翰·W.迪米克:《媒介竞争与共存——生态位理论》,王春枝译,北京:清华大学出版社,2013年。

合。这一特性给这类节目带来了前所未有的用户来源,重建了这类节目与用户的连接。

从1969年美国军方的阿帕网诞生开始,"分布式"的网络结构即被奠定。"分布式"的核心是去掉作为中心交换点的网络中心,形成了一张由无数节点连接而成的网络,每一个节点都有多条途径通往其他节点。[①] 正是这种"分布式"的结构决定了互联网"去中心化"的根本方向(见图5-1)。

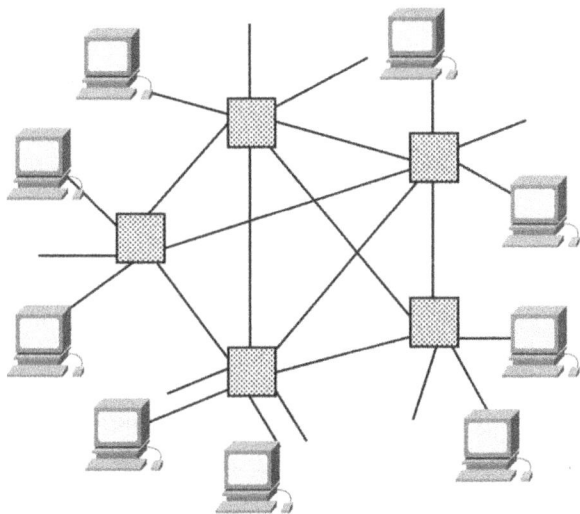

图 5-1　互联网的"分布式"结构

这有三个重大的意义:一是作为节点的每一台设备和其背后的每一个意识(人、组织、国家)在信息的获得和传播上是无差别的,是平等的,即每一个意识所代表的利益和需求都是同等有价值的,并从逻辑而言都有被看到和被满足的等量可能;二是互联网信息交互的无障碍真正从技术和观念层面打破了时间和地域的限制,尤其是空间的藩篱,只要鼠标一点或手指一划,就可以使任何一个需求随时去向任何一个能够满足需求的地方,而没有任何难度和时差,使"网聚"有了渠道保障;三是互联网的搜索特性深度改变了人类的认知习惯和社会运行方式,这意味着从技术角度的任一需求随时都能立即找到世界上任一地点能够使其满足的任何服务,而任一服务能够足不出户地汇集来自全世界的相同需求,即便需求再小众、再稀缺,也能够通过这种从世界各

---

① 彭兰:《网络传播概论》,北京:中国人民大学出版社,2019年。

个角落的搜集与汇集,形成一个相对巨大的需求总量,以支撑其服务的生存和发展,这也就是网络从技术逻辑鼓励"定制"和"个性化"的根本所在。

因此,"聚合"是互联网技术的基本属性和媒介本能。这个无远弗届的"货架",其天然的聚合属性在理论上可以将世界任何一个角落的微小需求凝聚起来,使得"任何一种内容都能够找到它的受众",并且将看似最小众的受众汇聚成足以支撑内容生存的消费大众。正如《失控》作者凯文·凯利提出的"一千个铁粉"逻辑①所描述的,文化类谈话节目在新媒介环境下的"吃饭问题"有了着落。

这对于在传统电视媒介世界中被"深锁"的文化类谈话节目而言,不啻革命般的重生,犹如"天壤之别"。之前苦苦折磨这类节目的发展瓶颈——受众微小、无人问津,在互联网及其最新形态的融媒体生态下,瞬间不再是问题。在文化类谈话节目的种群中,这样的例子很丰富很鲜明。窦文涛在主持《锵锵三人行》20 年之后,节目在传统卫星电视平台走到末路之时,于 2016 年在互联网播出平台优酷转身成为《圆桌派》。《圆桌派》几乎保留电视时代《锵锵三人行》节目的主要形态和特色,却大放异彩,不仅成为该平台的品牌性内容,更使其被称为"言值"的核心特性成为互联网时代的全新品牌标签。原央视主持人樊登在离职之后,开办网络自媒体视频讲话型节目《樊登读书会》,以"一年解读 50 本书"的周播形式,借助网络的聚合效应,很快聚集了最初的一万名付费用户,一年流水有百万元,成为中国互联网最早的付费知识内容成功存活和良性发展的典型之一。有趣的是,《樊登读书会》的视频节目从形态到制作都是极简的,樊登作为唯一的元素在镜头前讲书,仅凭一个不化妆的主讲人在自己家书房的书桌前毫无环节设计的单纯讲述,就能聚合人们的需求和发展的资源,这在传统电视时代是不可想象的。那些绞尽脑汁、耗费几代电视人职业生命的读书节目,在精心策划、用尽十八般"兵器"的前提下,在电视媒介下依旧难逃"颠沛流离"、生态位被一再压缩直至消亡的命运。这样的对比是鲜明而尖锐的。

从根本上讲,互联网技术用"网聚"的本能,让文化类谈话节目的受众需

---

① 凯文·凯利曾断言,只要能够找到 1000 个愿意每年花 100 美金订阅内容的铁粉,这个作者就可以在美国过上体面的生活。"一千个铁粉"逻辑,成为自媒体从业者共同的"信仰"。这个逻辑,也被之后出现的 YouTube 等自媒体平台上"万众创业"的成功案例所证明。

求这一核心资源大大增加,生态位宽度发生剧变。

二、长尾效应与无限货架

融媒体互联网天然的"长尾效应"给了这类节目革命性的生存机会。

克里斯·安德森于 2004 年提出"长尾理论"(见图 5-2)。他发现,只要产品的存储和流通的渠道足够大,需求不旺或销量不佳的产品所共同占据的市场份额可以和那些少数热销产品所占据的市场份额相匹敌甚至更大,即众多小市场汇聚成可产生与主流相匹敌的市场能量。也就是说,商业和文化的未来不在于传统需求曲线上那个代表"畅销商品"的头部,而是那条代表"冷门商品"或"失败者"的经常被人遗忘的长尾,即"利基产品"。事实上,"长尾理论"是统计学中幂律(power laws)和帕累托分布(pareto distributions)特征的再运用和再发展。

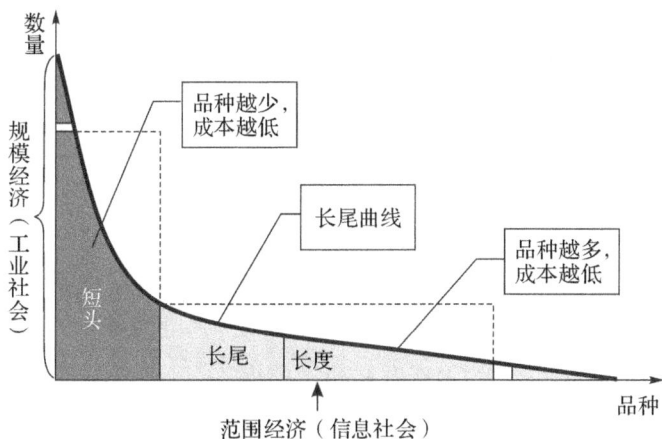

图 5-2 长尾理论

"长尾理论"在继承幂律函数的基本思想的基础上,其对前理论的突出发展有两点:一是对帕累托定律"80/20 法则"进行颠覆,指出在互联网经济技术条件下,占据 80% 数量份额的"长尾"(传统意义上的小众市场、非热门产品、"失败者")的贡献将大于头部热门,从隐藏的需求摇身走上市场主流的舞台,成为市场的主体份额;二是指出长尾的末端,"曲线并没有下降为零"[1],而是

---

[1] 克里斯·安德森:《长尾理论》,乔江涛、石晓燕译,北京:中信出版集团,2017 年。

一条永远趋向于零的延伸线。克里斯还将这一长尾模型应用到质量、内容、渠道等各个层面,以验证其广泛的适用性。

这一认识的两个重要意义在于:一是提出了互联网环境下基于空间的"无限货架"的存在,即同时存在无数个平行货架满足无数个不同需求,并能够同时生存;二是从一个特定生态位而言,其整个利润周期从传统的"被剪断的尾巴"转变为无限延伸的长尾,换言之,只要其一直存在于互联网中,其货架的获利机会是永远存在的,其长尾收益有可能匹敌其爆发期的头部收益,即确定了时间上的"无限货架"的存在。也就是说,一个产品不管它有多么小众,在互联网融媒体环境下,理论上都能够找到其生态位,并长期存活,不断创造效益。这正是互联技术和产业环境的变化给文化类谈话节目带来的革命性机会。

文化类谈话节目在整个视频媒介生态中无疑是小众的。之前在传统电视环境下,一切的播出是线性的、排他性的,频道资源和时段空间是稀缺的、一次性的、低拦截的。文化类谈话节目不得不与其他所有节目类型争抢空间和机会,而竞争的主要标尺又是这类节目最大的短板和弱势,即收视率。在这样的恶性竞争中,这类节目根本无法在有效播出时间露出,甚至连基本的连续播出都无法保证。在没有政策层面的保障条件下,这类节目几乎无法生存。

海量的互联网给了这类节目从未有过的空间。互联网是个无远弗届的并列货架,货品之间互相平行,在互联网上的内容,彼此之间没有横向排他性竞争或纵向唯一性竞争,所有内容都有被用户找到的可能。同时,用户的点击选择并没有排他性,即看完某个内容后,可以随时打开其竞品内容;上了线的节目,会一直在那里,等待你点开它。这使得文化类谈话节目不再需要去和《中国好声音》这样的综艺秀争抢市场,因为它们根本形不成竞争。同时,文化题材的深入性和滋养性,使这些栏目的反复观赏性在长尾效应上大大发挥,这类节目天然适合用较长的露出时间去积累后效,展现耐力,并赢得更长的利润积累时间。

法国电影导演吕克·贝松的科幻作品《千星之城》描绘了一个通过虚拟现实使不同人进入不同维度的外星集市,在同一个物理空间,不同星球等级的生物在各自的维度眼镜下看到完全不同的世界。互联网之于视频文化类谈话节目，就好比一副维度眼镜，让这类节目在新媒介的集市中拥有自己的独有性和持久性。

我们看到，《一千零一夜》《角度》《局部》等在传统电视条件下"沉闷""枯燥""小众"的节目，在新媒体端异彩纷呈，并一度在豆瓣、微博、微信公众号、爱奇艺泡泡圈等圈层环境下形成自己数量可观的忠实"粉丝群"，提供了支撑其基本生存和长远发展的条件。

"无尽货架"的决定作用更直接地展现在知识付费产品及其市场的蓬勃中。《罗辑思维》《樊登读书会》等突出个案，都是在文化类谈话节目的基础之上，充分利用新媒介的"渠道长尾"，在时空无限的货架上摆出自己的内容，积累"用户"土壤，转变为以知识和解读为服务的产品，直至形成目前已达数百亿规模的新兴产业。有趣的是，文化类谈话节目不仅是这些业态的前身，更往往是这些业态运行中的实际内容样态。

在井喷状的需求爆发面前，较之传统体制媒介，新媒介往往与商业有着更为天然的血肉联系，对于市场变化也有着更为快速敏锐的反应能力，其商业模型和回报机制的设定更加丰富和科学。其基于数据管理的效果监测和相应回报的机制更加透明、明确、公平。多边市场、多种经营的活力，给每个内容，包括文化类谈话节目在内，在市场一搏的基本条件。

从媒介生态位视角观察，能够明显看到，互联网的无限时空延展性和无限货架的长尾效应，实际上大大增加了视频文化类谈话节目这一生态位满足需求的机会，打下了坚实的渠道资源基础，为其发展铺平了通路。

三、数据算法与需求预知

数据化是"融媒体"的本质基础。数据化将一切物理实在进行虚拟化和涵化，进而消弭媒介的物理边界和感念边界，在虚拟数据层面等质齐观，融为一体。基于大数据的云计算、人工智能等新的科技手段深度渗入媒介使用的方方面面，其突出途径是"算法推送"。算法推送从根本上改变了这类节目内容与其用户的对接方式和其生存状态。

"算法推送"的本质是数据技术支撑下的需求精确预知与供求精确对接。它主要解决了"预知"和"推荐"两个问题。"预知"是根据用户历史数据，推测其对某一内容的需求喜欢程度；"推荐"则是在"预知"基础上进一步向用户推送内容。从媒介信息生产的角度看,通过大数据算法将每个用户的浏览、评论、停留时间、分享点赞、屏蔽删除等每一个行为细节作为分析基础,利用数据驱动来满足用户的媒介需求,将信息内容精准地推送至特定用户的数据引擎,已成为媒介内容生产的重要驱动。这深刻地重塑了人类媒介的运行逻辑和生产方式。

最直观的,从内容的传播方式上,从过去的"人找信息"转变为"信息找人",从用户的内容需求倾向和个人偏好出发,让用户的个性化需求得到相对精准的匹配,让内容主动"找到"对它感兴趣的人,同时也为用户节省了"过滤信息的时间"[①],大大提高了信息满足需求的效率,用户在媒介所花费的时间也有了较大的增长可能。进而,媒介传播的逻辑变化,从"传播者为中心"转向"用户为中心",不再是"发生了什么我要告诉你",而是"你需要什么我来生产给你"。最终,媒介组织结构和生产体系发生根本变化,形成一种"生产内容—用户反馈—再生产—再反馈"的闭环,以用户需求和数据思维为轴心,内容生产者主导权减弱,媒介生态发生逆转。

这对于文化类谈话节目可谓机会与挑战并重。精确的需求预测和制导大大降低了文化类谈话节目的"获客成本",或者说从根本上让这类节目与用户重新建立精准的连接,在已有的互联网无限货架之上,进一步高效扩大需求;而内容需求的实时反馈让这类内容体的自我调整能够更加灵活及时,更快捷高效地促成了这类内容的深层次自我进化。笔者在"今日头条""西瓜视频"等以数据推送技术为核心的平台上看到类似网络文艺评论节目《四味毒叔》这样的内容,都是在"刷到""被推送"的邂逅性情境下完成的。而这样的"邂逅"背后,是数据智能技术对人们每一个行为细节的分析和制导。这从数量级上增加了文化类谈话节目的生存概率和生态位宽度。但同时,整个种群生态位的扩展,伴随着生态环境内个体数量的激增和竞争激烈程度的锐增。因此从微观层面来看,媒介种群生态下的发展个体,如某一个特定的文化类谈话节目,其面临的生态位争夺是空前激烈的。这也催生了种群系统内个体的变异、适应和淘汰,更加巩固了该生态位在"媒介内容"维度上的独特性和重叠竞争优势。

---

① 梅宁华、支庭荣编:《中国媒体融合发展报告 2019》,北京:社会科学文献出版社,2019 年。

综上,融媒体时代无远弗届的互联网连接和无限货架通道,使视频文化类谈话节目的需求侧发生根本性变化:①专属的货架和通路,无限的露出时间,前所未有的发展空间;②将涓涓细流般的需求聚合为奔腾的江河,"小众"聚合为"巨众","窄众需求"转变为"垂直市场";③其天然的商业属性使该类节目靠近市场利益,形成长远造血的良性商业模式;④数据与算法将这些货架与链路再次提速化和精准化,催生内容个体的自我进化和适变。

从生态位的角度看,融媒体时代的媒介环境从根本上打开了各个生态位的"需求"总量和资源总量,从技术上保证了充足的"满足机会",增加了用户的"使用时间支出"和"金钱支出",大大扩展了"广告投入"的空间,并强化了其"媒介内容"的竞争实力。视频文化类谈话节目的生态位宽度和发展空间出现巨大增量。

第二节　从宣传品到产品:供给侧适变

需求侧发生的骤变,外部生存环境和生态位资源的突变,给了中国视频文化类谈话节目前所未有的舞台。

认识进化的核心过程是两个概念:变异和选择性保留。简而言之,一个种群或行业内部的变异是进化的先决条件。如果有足够的变异出现,比如监管或者行业间竞争等环境条件发生变化,支持或者选择那些具备特定属性的组织,那么受到支持的组织会生存下去并日渐繁荣,而没有受到支持的组织可能通过适应新的环境得以存活,或者屈从环境选择的压力而被淘汰。换言之,社会文化进化就是提升种群内部的成员与环境之间契合程度的过程。[①]那么,文化类谈话节目在融媒体环境的进化过程中发生了哪些适应性变异?又对哪些特性进行了选择性保留?

这类节目在没有先例和参考的全新道路上各自进化,却指向一个共同的方向——产品性适变。

---

①　约翰·W.迪米克:《媒介竞争与共存——生态位理论》,王春枝译,北京:清华大学出版社,2013年。

一、性质变革:从宣传到服务

产品,从其语义上来说,是指作为商品面向市场提供的,引起注意、获取、使用或者消费、以满足欲望和需要的任何东西,包括有形的物品,无形的服务、组织、观念或它们的组合。产品的性质有三个核心信息:第一,产品的本质是"商品",是为了出售而生产的劳动产品,是为了社会他人的消费和生产资料的交换而生产的劳动产品,消费者既消费其使用价值,亦消费其附加价值,如品牌等;第二,其前提是面向市场;第三,其价值是在流通中满足他人特定的欲望和需要,因此它不必是面对所有公众和全品类需求的。这从出发点上与之前的宣传品性质有了颠覆性的不同。马克思认为,商品作为一个靠自己的属性来满足人的某种需要的物,其有用性使之成为使用价值,同时又是流通中的交换价值的物质承担者。① 因此,价值是产品的核心。

在融媒体互联网环境下脱颖而出的众多文化类谈话节目,无一例外地在实现其价值的路径中选择了拥抱市场,成为产品。

这意味着它们的第一性从"媒介性"偏向"产品性",有的甚至产品性超越媒介性成为其第一性。而产品性转变的最核心表征是,"服务性"超越"宣传性",直接给用户带来满足需求的价值优先于表达传递其自身主体性价值。

第一,从定位上,一系列文化类谈话节目采取了差异化精准化的产品策略,从媒介内容体的原有维度上破墙而出。

产品要在市场竞争中成立,意味着有清晰的产品定位。如《罗辑思维》,定位在"为有成长焦虑的青年人提供知识服务"之上,其对满足年轻人知识需求和对图书等文化产业导流的服务性超越其知识谈话节目的媒介性;《樊登读书会》在此基础上,以各地读书分会和与地产结合的"樊登书店"为组织基础,使其知识服务具有鲜明的社交产品定位;《十三邀》《一千零一夜》《局部》等定位为对思想深度或高雅品位的享受需求;《圆桌派》定位为给"20—35岁的年轻精英为主,且多为本科以上的高知人群"②的用户群体提供"精神饥渴"

① 卡尔·马克思:《资本论》,中共中央马克思恩格斯列宁斯大林著作编译局译,北京:人民出版社,2008年。
② 艾瑞咨询:《圆桌派2内容营销升级回归》,http://report.iresearch.cn/wx/news.aspx?id=268311。

的满足和社交谈资的储备，并试图打造一个"高言值"的"精英谈话派对"，将"派"的形式推广成为成熟的广告产品，相继推出"圆桌女生派"等为个性化广告客户需求专门打造的副产品；《奇葩说》等节目定位为网络综艺市场的头部内容产品，将价值观传播置于满足 90 后以下青年一代娱乐需求的背后，服务青年群体业余时间的精神释放需求，同时给广告投放和项目投资方带来好的回报。

上述例子的定位的本质是服务，精确定位的本质是针对精确需求的服务，服务精准意味着市场细分和针对性。对于文化内容产品而言，一个好的服务往往连接着用户需求和广告投资需求两个端点。这使得逆转大众传播属性的融媒体窄众传播和精准推送有了经济学的支撑。而在媒介进化视角下，市场精准定位的本质是主动调整主体生态位与其他生态位的重叠性，进行差异化变异，并调整其对资源的使用方式，争取更大的生态位置。因此，产品性定位集中体现了融媒体内容体从媒介性向产品性的进化和超越。

第二，从外观形态上看，许多文化类谈话节目发生变异，从单独的节目内容体裂变为产品结构。

作为先行者，首先突围、较为突出的是《罗辑思维》。《罗辑思维》作为首批上线的网络自制文化类谈话节目内容体，最初在优酷等纯网平台推出，同时也在华数 TV 等互联网智能电视终端播出。从 2012 年出发，到 2015 年三轮会员招募完毕，《罗辑思维》在视频节目阶段（相对之后的"得到"App 而言）的基本产品结构树日渐明朗。下表简单列出了《罗辑思维》在视频节目时期的核心产品群树（见表 5-1）。

表 5-1　视频节目《罗辑思维》基本的产品和服务

产品服务	内容	影响	平台
视频脱口秀	罗振宇个人脱口秀，每周更新一期，分享读书所得、知识话题，启发独立思考	从 2012 年开播至今，《罗辑思维》长视频脱口秀已累计播出了 200 余集，在优酷、喜马拉雅等平台播放超过 10 亿人次，在互联网经济、创业创新、社会历史等领域制造了大量现象级话题	优酷、华数 TV

续表

产品服务	内容	影响	平台
微信公众号	每天早上 6:00 准时推送 60 秒语音和精选文章,以及会员活动。会员专属板块为会员提供资料修改、互动、活动发布等	截至 2015 年节目的微信公众号拥有 380 万名用户。据 2017 年统计,月度总阅读量超 900 万次	腾讯微信
阅后即焚小报	每天五件新鲜事,要求文字有趣有料,图片吸引眼球。每月主编由会员中自荐的媒体大人经过微信商城投票选出	2015 年开创,只面对会员的社群小报,在"罗辑思维"会员群中点对点发送,每天少则 2 万人多则 6 万人第一时间可以读到	微信社群
图书	《罗辑思维 I》《成大事者不纠结》《迷茫时代的明白人》《中国为什么有前途》《我懂你的知识焦虑》等独版书	2015 年,图书销量破 2 亿,仅靠 60 本书,并且只开通"罗辑思维"公众号一个渠道	微信公众号、淘宝等综合平台
微商城	精神食粮(书)、逼格工厂(设计产品)、第六区(《读库》)、美得冒泡(香槟)、"匠人如神"频道(达人课程)		微信微商城
官方微博	内容发布,会员互动	是信息发布的主渠道,截至目前拥有粉丝 42 万	新浪微博
各地会员微信群	"死磕侠""引荐人"负责提供会员招募,引荐信息和渠道,每晚在群内及时分享会员阅后即焚小报	各地会员微信主群、不同主题的小微信群、豆瓣社区等构成线上连接的平台。"罗辑思维"社群在第一期会员招募后,很快自发地按地域形成了 10 个朋友圈;2014 年 12 月,第三期会员招募,全国各个省份甚至海外在微信平台建立主群,随着关注人数的增多,各个社交渠道形成不同主题的子社区,如交友群、旅游群、创业群、茶友群等	微信

能够看到,《罗辑思维》形成了以文化类谈话节目为龙头,以罗振宇个人为核心,以社群经济和电商为主要盈利来源的产品结构。

2016 年 5 月,罗振宇宣布旗下"得到"App 上线,进一步延伸知识服务的宗旨。2017 年 1 月,原《罗辑思维》视频节目制作最后一期《王阳明的心法》,宣布停更。

2017 年 3 月,罗振宇宣布《罗辑思维》全面改版,节目形态由原来的视频改为音频,由周播变成小日播节目(周一到周五连续播出),节目长度由原来的每期 50 分钟缩短至单集 8 分钟以内;播出平台将只限于罗辑思维旗下的"得到"App,其他所有音视频平台不再更新。

2017 年 3 月 8 日,知识类脱口秀《罗辑思维》最新一期节目在"得到"App 上线,2018 年"得到"App 就已有超过 700 万的注册用户,将《罗辑思维》出发时的"知识服务""用户的书童"定位,从一个视频类的文化类谈话节目逆转为一个集音频、电子书、电商、自媒体频道为综合服务的知识服务平台。

2018 年,《罗辑思维》视频节目与江苏卫视合作,在江苏卫视推出《知识就是力量》。

至此,《罗辑思维》走过一个从媒体节目到媒介产品的进化过程。可以看到,这中间总共走过三个关键点:一是从传统电视平台走向互联网;二是从传统视频节目走向产品、社群和服务;三是从以视频节目为龙头、以个人品牌为支撑的"网络红人"商业模式走向平台化的知识付费产业模式。

从根本上来讲,产品结构化是"生态位宽度"策略的反映,复合的产品结构与矩阵将产品的生态位宽度大大增加。换言之,以《罗辑思维》为代表的内容体,从一个视频文化类谈话节目进化为一个自主的系统性产品结构,本身就是一个自建的融媒体系统环境。而在其他文化类谈话节目的进化过程中,这两种趋势——产品性和融媒体性——都较为明显地表现出来。而这些趋势将推导出一系列根本性变化。

二、起点偏向:从作者到用户

2014 年 5 月中旬,根据相关报道记载,罗振宇和创始合作伙伴申音分家。而罗振宇与申音"分手"的核心是"产品化"思路,即将《罗辑思维》打造成商业产品还是保留其媒介属性。相信这一抉择也摆在每一个进入融媒体时代的传统媒介人的面前。

商业产品属性与传统媒介属性最显著的不同是出发点的偏移。传统媒介人"铁肩担道义、妙手著文章"的作者思维，在融媒体的环境变迁和产品化的生存逻辑下，往往经历了向"用户思维"的转变。换言之，一切的出发点不再完全是作者的构思和意图，而是社会的关注和用户的需要。这是以数据为轴心的融媒体本质所决定的。对用户思维转换的适应度很大程度上决定了媒介产品的生长状态和媒介人的发展前途。在众多突围而出的视频文化类谈话节目上，我们能够清晰地看到这种变化的发生。

从内容设计、话题选择上来看，这些颇具作者主体性色彩的工作环节出现了明显的用户向位移。以《奇葩说》为例，每次录制前，节目组通过新浪微博、微信公众号、知乎以及百度知道等数据后台，在社会热点话题如民生、工作、情感、学习、生活和创业等领域，选取网友们关注最多的问题，导演团队每季会收集大约两万个话题加以鉴别，并把辩题放到《奇葩说》官方微博、微信公众号"东七门"等新媒体平台上让网友投票，从而选取网友们最关注、最感兴趣、最有热点的辩题在《奇葩说》的舞台上辩论。拥有 140 万粉丝的官方微博"东七门"，会像媒体一样每周召开选题会。在播出 5 个月前，节目组将开始全范围内征集辩题，并联合赞助商进行赠送录制门票等宣传活动。也就是说，话题的选择权从作者手中部分移交给用户。

围绕用户的内容设计和强烈的服务互动意识是融媒体文化类谈话节目的另一个明显转变。以《罗辑思维》为例，罗振宇在其开播最初就表明自己"书童"的身份，即帮用户看书、消化书、解读书。最初 48 分钟左右的每期节目时长，事实上是刻意按照城市白领在健身房跑步锻炼的普遍时间而定，因为在锻炼时听知识内容被《罗辑思维》认定为用户使用其内容的典型场景。① 而节目最初基于微信公众号的会员招募体现出一个明显的观念变化过程。

从 2013 年 8 月到 2014 年底，《罗辑思维》进行了三批会员招募，开辟了互联网内容产品生存的新路径——付费用户，创下了自媒体变现的历史第一次。从首次招募的"不承诺服务，不承诺权益"的事件营销，到第二次、第三次招募的承诺服务，为会员开发专属福利，现场活动、出书、发放会员"罗利"和非会员"罗斯福"、社群相亲大会、霸王餐、卖月饼、C2B 定制图书等互联网实验，节目围绕用户的需求，逐步清晰产品发展思路以期提高用户黏性。

---

① 上述内容来自笔者对当事人罗振宇的直接采访。

从作者中心向用户中心的偏移，从"观众"到"用户"的概念变化，也正昭示了行业生态和思路起点的颠覆性不同。

三、盈利系统：从单一到复合

单向传播的传统媒介的主要盈利途径是二次售卖，是一条"广告商—内容—受众"的单向直线，广告收入是其最主要的盈利模式，即建立在免费收看的基础上的注意力价值转卖。从根本而言，这是匮乏时期的产物，其前提是渠道通路的匮乏和线性思维下的生态位匮乏。

而在融媒体背景下，互联网的时空无限货架和融媒体的全媒体系统化和万物媒介化，给了媒介生物复合养料的取得方式，使其存活发展的空间大大增加。

传统广告盈利模式在融媒体下得到继承和发展。"广告投入"是媒介生态位理论考量生态种群状况的重要指标。目前，在中国网络视频领域，广告分成机制已经建立成熟，视频贴片广告、品牌图形广告、富媒体广告、栏目赞助、弹窗广告、种子视频等丰富的广告回报方式业已成为常规。广告分发的新技术层出不穷，早在 2012 年，"视链技术"推出，用户在播放视频时，看到视频中出现的物品，就可以直接点击进入电子商城购买。虽然广告的分成方式还须进一步发展，广告市场的形势又有其未知性，但这已给谈话类节目以平等的竞争可能。不同类型的视频文化类谈话节目广告呈现出"乘势而上""深度植入""泛娱乐创新"的趋势。

以《奇葩说》为代表的综艺型文化类谈话节目将广告内容深度植入节目内容中，并开发出"花式广告"和"花式口播"等在网络综艺视频领域业已流行开来的表达范式，更将广告商直接请上节目（如雷军），使广告融为节目的有机部分甚至看点。在节目招商数据上，美特斯邦威出价 5000 万元冠名第一季《奇葩说》，随后从第一季的 5000 万元到第二季破 1 亿元、第三季破 3 亿元、第四季近 4 亿元，该系列的广告总营收远超 15 亿元，市场的回应与马东在传统电视平台制作《文化访谈录》等节目时的境况大相径庭。可以看到，《奇葩说》这样的产品营造出了广告收益与广告效果非常良性的循环互动。

另一些仍保持原有气质的文化类谈话节目，也纷纷在广告的开发和回报手段上下足功夫。如《圆桌派》，同样使用花式广告等流行方式来"接地气"，但从广告的外观到内涵的价值意义,都追求与节目的内容话题、内在价值气质的深度结合,形成文化品位上的共鸣和相惜,互为彼此的品位背书。这体现了融媒体时代下内容体产品性转变的一个明显趋势,不仅围绕用户设计产品,也紧密围绕广告主和投资方的诉求营造价值,在产品思路上不断成熟。

另外,进化蜕变得更加前沿的文化类谈话节目,伴随其产品性质的跃迁和产品结构的裂变,其盈利模式也发生了质的改变,从二次售卖的广告模式,跃升为自我造血的平台和入口模式。再以《罗辑思维》为例,其产品结构树决定了其维持生存的基本盈利结构,见图5-3。

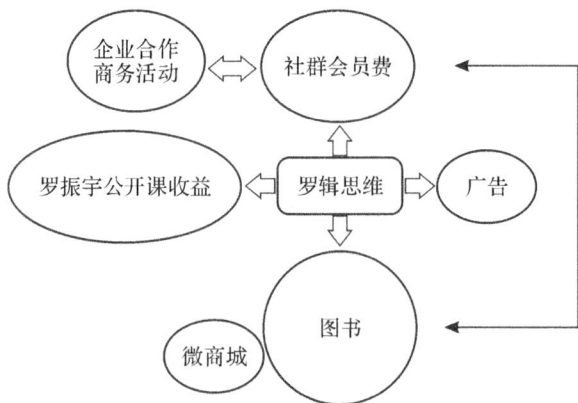

图 5-3 《罗辑思维》营业收入基本框架①

(一)会员费

从 2013 年 8 月至 2014 年 12 月,《罗辑思维》总共招募三期会员,分别售卖铁杆会员资格每人 1200 元和亲情会员每人 200 元。根据不完全统计,第一期会员 6600 人,六小时收入 160 万元;第二期会员 2 万人,24 小时收入 800 万元;第三期会员从开放绿色通道到直接招募,两天时间内就招募到 6 万名会员,会员费 4000 万元左右。该节目成为中国新媒介历史上第一个成功收取会员费且该费用成为其一大收入来源的自媒体。

(二)广告收入

《罗辑思维》最初具有明显的传统媒体属性继承的特点,播发广告成为其中重要行为。其获得广告收益的方式有两种,一是企业直接赞助,如有道云

---

① 笔者根据研究结果绘制。

笔记；二是罗振宇率领会员"团要"，向商家直接要求赠送物品或免费机会等所谓"福利"，如著名的霸王餐活动。而对商家来说，他们希望在《罗辑思维》这个受众拥有量巨大的自有平台上进行宣传，更希望搭上《罗辑思维》这个"互联网先驱"的品牌附加价值，塑造自身的互联网品牌影响力。而"团要"的收获直接送到会员手里，减少了《罗辑思维》单独为会员准备福利的成本，可谓一举多得。

（三）以图书为龙头的微商城销售利润

"罗辑思维"微信公众号的微商城在其发展初期很快成长为微信平台较大的商城之一。微商城上销售《罗辑思维》定制版本的书籍，为其他企业提供销售平台和渠道、拍卖场所等的收益，都构成了《罗辑思维》的第一大利润来源。

（四）与其他品牌联名活动获得收益

《罗辑思维》的盈利模式与社群这一结构性存在息息相关。与传统企业靠销售产品获得收益的方式不同，节目更多的利润源于对社群内社会资本的利用。《罗辑思维》与《读库》杂志合作开发内容板块"第六区"（现已停播）、与联想集团柳传志合作开发水果"柳桃"、与出版商合作推荐其定制图书等联名行动，也给《罗辑思维》最初发展带来不少收益，成为其最初营业收益的重要来源之一。与此同时，《罗辑思维》的官方微博也在帮各个领域的小伙伴们打广告，包括杂粮、羊汤、茶礼、音响等，将资源展现的平台作用发挥得淋漓尽致。

（五）全国公开课收益

2013年第一期会员招募后，罗振宇组织线下巡讲；2014年罗振宇、李天田、吴声发起面向全国九大城市为期60天的全国公开课，会员或非会员都可以报名参加，不菲的票价为《罗辑思维》带来收益。这一类的公开课、讲座等，对于《罗辑思维》来说，既可扩大影响力，也是获得收益的一个方式。2015年起，《罗辑思维》一年一度的跨年演讲"时间的朋友"，每年最后一天在水立方上演，为其公司带来千万级的流水。

从《罗辑思维》的盈利结构可以看到，其真正的支柱来自"图书销售"和"会员费用"，由于会员费用的一次性交付规则，这部分收入在用户会员规模饱和稳定之后则不会大幅变化，因此其最主要的盈利增量来源为图书销售。

其视频节目、个人形象、社群的缔结,实现在商业语境下的落地,便是"图书电商"。

《罗辑思维》实现商业利益的核心杠杆是其手握的受众和社群。《罗辑思维》一方面以受众为最直接的销售渠道和传播通路,实现其货品的流通;另一方面以受众凝结成"势力"和"筹码",进行商业资源的整合和商业机会的吸引。2015 年 8 月 18 日,《罗辑思维》发布活动:买书箱,送广告。凡购买书箱达到 1000 套以上的客户,《罗辑思维》免费为其做广告。此外,与知识相拥最深的(其实就是买得最多的)50 个企业代表,"罗胖"请他们吃饭。活动过去 20 天,《罗辑思维》即"傲娇"表示,众多企业前来订购,包括优酷土豆、携程、奇瑞汽车、华为、佳能等,书箱的价格在 288 元~498 元。

有相关报道显示,罗振宇对其商业模式的理解是:关于互联网上的商业模式,除了天猫、京东那种大卖场模式,可能还有农贸市场模式。一大堆卖鱼卖肉卖葱卖蒜的,每个人都有自己的客户,但谁也不是流量的中心。他们在一起,不仅能互相为品牌背书,还能互带流量,渐渐发展成一个兴旺的农贸市场。①

这样一种模式,就是其用户资源与商业资源打通,用户既获得实际货品和服务,也获得实惠;商业获得成本较低的高效宣传和更精准的客户到达;而《罗辑思维》则获得了造血机能和发展更好的可能。而其更为重要的盈利战略则是"资本增值",靠企业估值溢价和最终社会化上市赚取未来高额资本市场利润。

因此,《罗辑思维》这类产品,从商业根本上早已脱离文化类谈话节目这一媒介第一性,其视频节目成为其电商的入口和门面,形成一套复合型的盈利系统。正如罗振宇在一次商业论坛上公开所说:"从此节操是路人,我们不是什么媒体,我就是一个买卖人。"罗振宇也曾对笔者直言不讳:"我在做的根本不是媒体,我在做的是一盘生意。"

从上面的分析可以看到,文化类谈话节目在融媒体和互联网产品化思维下,已经进化为一个系统性的文化服务产品平台,它以视频文化类谈话节目和核心人物个人品牌为轴心,以微信公众号等社群内容服务为入口,以电商

---

① 江芬芬:《如此"罗辑思维","罗胖"卖书捞金 2 亿》,《金陵晚报》,2015 年 9 月 28 日。

为出口,针对当今社会和网民的需求,提供知识传递服务和售卖书籍、演讲等实体性服务。

这样全新的发展空间和路径,是新媒介时代环境给这类节目带来性质改变的实例。性质改变的方式可能还有很多。但共同的是,媒介和社会的演进化作通路的变化、逻辑的颠覆,充分发挥新媒介的整合和包容特性,正在促使新物种的诞生。

四、生产主体:从专业到多元

"逆袭"一词来自日语,从网络亚文化中传播开,成了今天年轻人的一个口语词,大意为"逆境中的成功反击",被网络引申为"弱者变成强者""咸鱼翻身"。用"逆袭"来形容融媒体环境下的文化类谈话节目的命运非常恰当。

在单向传播时代,媒介领域的专业壁垒是森严的,电视、纸媒、声媒各自为战。而文化类谈话节目这种样本,在电视媒介下,更是因其宣传导向性和发展边缘性而成为一个极其"专业"的工作领域,是传统电视领域的一批"专门人"为之,其从业团队和个人甚至会因此被打上"娱乐性不强""专业性过高"等标签而被限制了发展空间。

而融媒体的本质是消弭一切边界和壁垒,从观念到生产融合全媒于一体。互联网的去中心化本质和其天然的商业属性使互联网环境天然成为一个开放自由的市场。这意味着任何生产主体在符合社会规范和市场规律的前提下可以生产、提供任何产品和服务。来自各个媒介形态的生产者开始多样起来,也进一步推动了融媒体的发展。

其一,跨媒介生产者出现。在融媒体背景下,视频作为融合性媒介,成为各种媒介可以共同进入的赛道。对于视频文化类谈话节目领域而言,出版集团"理想国"是个鲜明的例子。这个传统出版媒介在行业困境下主动出击,以其丰厚的作者文化界资源,与优酷、腾讯等视频平台深度合作,推出了文化实验性影像平台《看理想》,先后推出了窦文涛的《圆桌派》、梁文道的《一千零一夜》、马世芳的《听说》等节目,又推出了文化直播平台《理想国 LIVE》,这些节目多数以文化人的谈话为核心,以优良的视频品质、饱满的文化品位和先锋的节目样态赢得了较高的美誉。一个书面媒介"逆袭"成为一个视频媒介,而书面和视频又都成为新媒介的内容。

其二，非媒介生产者出现。融媒体建立在数字技术和互联网传输技术的基础上。随着人类终端设备数字处理能力的不断提高和5G等通路技术的不断扩展，媒介的专业性面临根本性的"逆袭"挑战，传者和受者的边界消弭。越来越多的"素人"出现，他们虽"不专业"，但制作的内容在"网感"和真实个性上，甚至可以超越"专业"选手，在融媒体时代中占据独特的生态位，在文化类谈话节目领域也不例外。这里有两个典型例子。

（一）《四味毒叔》

《四味毒叔》是由策划人谭飞，影评人李星文，影视编剧汪海林、宋方金、史航发起的互联网影视脱口秀平台，在今日头条、西瓜视频、爱奇艺等平台投放内容。2017年4月首期节目《这场批斗会是为人民的名义开的，我忍他们很久了》亮相，话题围绕《人民的名义》报道当中的一系列怪现象展开，广受热议，当期播放量超过2万。凭借语言的尖锐和观点的犀利吸引用户，并在节目中明显突出"编剧行业工会"的某种发声姿态，形成了其独特的评论语境和专业形象。同时，诙谐大胆的评论调性也让不少用户紧紧追随。

辛辣的文艺评论和显著的个性化表述是《四味毒叔》特色之一，虽然"真相没那么好看，真话也没那么好听"，但《四味毒叔》要做的正是以"嬉笑怒骂"之态"正本清源"。除了点评影视圈脱口秀，节目也与时俱进，开创不同板块：2018年3月《四味毒叔》访谈，2018年6月《毒叔会客厅》《毒叔明星资讯站》，不定期请导演、编剧、演员、制片人和专业影评人一起"剖心曲、揭内情"。几位文娱业内人士扛起"文艺批评"的大旗，是十分值得思考和观察的。

（二）《kuaizero老高与小沫》

这是由旅日华人老高和其妻子小沫及宠物狗力气共同出镜的一档自媒体亚文化类谈话节目，以历史、考古、神秘现象等"亚文化"内容为核心领域，在国外视频网站上线，从2019年初开始，短短半年内用户突破百万，一年内突破300万，进而影响到国内网络，获得大量关注。主讲人老高是完完全全的素人，在日本从事金融IT工作，把自己对神秘现象和人类文化的爱好做成内容，其中不乏经不起科学推敲的内容，但节目天然的内容猎奇性和放松幽默的整体氛围，深深吸引了大量年轻用户，甚至像萧敬腾等大众媒介所生产的明星都是他的忠实用户，并"激动万分""毛遂自荐"来上他的节目。这是一个活生生的"破次元壁"和"逆袭"的例子，这样的例子在单向传播时代是无法想象的,而在融媒体时代,这样的故事还会不断出现。

生产主体的变化意味着一个更加自由多元的市场环境的形成,也预示着视频节目内容产品化的总体趋向。"逆袭"的基本含义是命运的逆转。融媒体互联网再一次将"电视"去中心化,视频节目不再只是专业团队的阵地,各个媒介都可以与视频结合,以较低的成本、较灵活的方式产出文化类谈话节目。媒介之间的融合又互相改变着彼此的命运。这给诸如文化类谈话节目这样的内容生命体带来了制作方的多样和内容来源的多元,为其发展增添了宝贵的可能性。

本章小结　突破性质的"次元墙"

在互联网时空无限的货架上,在融媒体数据和推送的融合下,视频内容生产物从"宣传品""传播品"变为"产品"和"服务"。这是人类媒介进化和社会组织方式进化的某种必然结果。

它是视频节目内容工具化的一种体现,它既成为延伸和满足用户需求的工具,也成为完成其产品体系某部分功能的工具,是媒介延伸性的一种体现。

从文化类访谈节目在新媒介环境下的产品化历程来看,产品化中会出现以下共性趋向。

第一,内容退化为产品分支。内容不再是媒介的首要和全部,而是作为整个产品机体的一个有机部分。节目的媒体性将退化为第二性,产品要素性提升为第一性。内容成为产品冰山露出水面的那七分之一,为水下七分之六的产品商业系统服务,成为品牌的外观或扩声器。也可以说,从前媒介时代(电视时代)继承而来的文化类谈话节目成为新媒介(带有复合性的新媒介产品)的内容。这也暗合了媒介发展的一般规律。

第二,产品成为服务。产品化不是盲目的商业化和资本化。产品化意味着内容更加贴近市场需求和时代需求,在时代发展的大趋势中找到与自身特点的结合点。内容商增加了服务商的特点,提供服务成为其社会价值的来源。用户的变化、社群的缔结、市场的导向,给文化类谈话节目带来的是存在前提的逆转。承担社会导向作用的宣传功能不再是其第一性,而提供有价值的服务成了首要的生存条件和存在理由。内容成为产品,节目成为产品服务,人物成为品牌。原本站在机构立场上宣讲的这类节目,突然俯下腰身开始真正为社会中一部分人的知识文化需求打起工来。节目传播媒介性质让位于产品服务性质。这个变化是根本性的。

第三,产品盈利多元化。产品化的内容结合互联网的技术逻辑,迎来多途径盈利的"多边市场",而摒弃单纯依靠以广告售卖的"二次购买"的策略,迎来"内容付费"的巨大市场可能。

综上,"产品化"这一性质进化,对于视频内容体来讲就好像一堵决定生存命运的墙,是否能够适应这些变异的环境和观念,越过"生存墙",决定了一个媒介内容体和内容创造者在融媒体条件下是否具有生存位。

第六章

融媒体下的传受适变：
突破"传播墙"

　　"传播"是所有媒介存在的基因本能和根本意义。从媒介生态位的角度看，"传播"的模式、架构和观念对于媒介和媒介内容体的生态位至关重要。"传播"意味着连接，连接生态存活必需的资源和用户，更连接着融媒体传播的整体性系统运动。

　　对于传统单向媒介时代的文化类谈话节目而言，"传播难"是其发展的一大瓶颈和问题。融媒体时代的到来，首先宣告的是对既有传播环境的变异和对原有传播观念的颠覆。全新的传播环境和理念，较前传播时代而言恰恰更加适合这类节目的生存和发展。这类节目以内容产品的外观为表层，以产品传播逻辑和生存思路的逆转为内核，在传播上不断进化，突破前时代的传播障碍，整体性地为这个时代的传播变革写下了宝贵的例证和注脚。之所以在标题中用"传受"一词，突出"受"这一偏向，是因为在笔者看来，融媒体环境下"传"与"受"这组二象性的结构关系出现显著的边界消弭和过程融合，是融媒时代最深远和突出的特征。

第一节　在涡流中抛撒：传播模式适变

　　传播模式变革是媒介进化对于人类媒介和社会生活改变的最直接体现。传播模式反映的是传播运动的形态和方式，是一个时代传播技术和观念的缩影。从媒介生态位角度看，其根本是媒介生态资源的连接方式发生运动和进化的客观反映。

　　传播学对于传播模式的研究由来已久，各种理论不断涌现。丹尼斯·麦奎尔等曾经整理分析了66种主要的传播模式。[①] 学界普遍将传播模式归纳为三个主要类型流变:"直线"模式("线性"模式)、"控制论"模式(互动—循环模式)和"社会系统"模式。人类传播模式研究的递接过程,呈现出以下特点和趋势。

(1)对传播过程的理解越来越趋向于整体性和系统性,社会和心理等复杂因素越来越深入地介入传播影响的研究中。

(2)不管理论的复杂程度如何,这些理论没有改变"传播者"和"受传者"双方身份的割裂,他们代表两个阵营,在传播过程中具有不平等的地位和权力。

(3)无论信息的流向如何循环,这些理论没有改变传播过程的单向性,从本质来讲,都是线性的单向传播,如同一盘盘刻着时代烙印的"录音带",播放时只向一个方向流动。

(4)研究语境的重点和关注点集中落在大众传播之上。

(5)传播模式的构建越来越趋向于复杂、含混和难以掌控,似乎在暗示着人类面对大众媒介感到的"失控"与"不适"。

随着融媒体趋势进程的不断推进,传统单向传播媒介的原理模型在宏观上出现不适用和过时,但在微观上出现明显的延续。新的媒介机理在高速进展的媒介发展进行时中正在不断被感知、总结和再颠覆。

一、抛体与涡流:融媒体传播模式概览

传统单向度的传播模式内在的逻辑矛盾,到了融媒体时代,则直接表现为与传播现实的不匹配。其集中矛盾于两点:一是单向传播模式无法描述融媒体时代媒介边界消弭之后的相互运动,尤其是传统媒介与新媒介的互动,无法描述"无处不在""无时不在""无所不能"的泛在网络和万物皆媒环境中传播的运行过程和媒介关系;二是它们也无法描述在传者与受者这对二象性关系的边界消弭和对立的消解下的传播生态。

融媒体传播模式的探究是从对互联网传播的认识开始的。在互联网诞生之前,麦克卢汉等已预言了作为人类中枢神经活动延伸的新兴电力媒介的

---

① 丹尼斯·麦奎尔、斯文·温德尔:《大众传播模式论》,祝建华译,上海:上海译文出版社,1987年。

出现,并对届时的社会生活、传播形态进行了推理性的描述,其重要的概念是
"内爆"和"卷入":信息传播的速度和交互呈几何倍数爆炸,使人们不禁深深
"卷入"进行时的世界,更深深卷入彼此的生活,世界真正进入"去中心化"的
时代,媒介使用者既是消费者又是生产者,"守门人"生锈,逆转为"婚介人"。[①]

　　随着互联网和融媒体的高速发展,传播模式研究的新成果迭出,尤其是
近几年我国学界在中国互联网领先实践的氛围下成果颇丰。如,彭兰从网络
的技术平台、传播媒介、经营平台、社会形态等层面界定网络传播的属性,提
出了网络传播的"复合性""连通性""开放性""多级性"共在的"网状节点模
式"[②],将交错性和传受融合的网络传播实际清晰地展现出来,节点彼此平行,
无限无序相关(见图 6-1)。

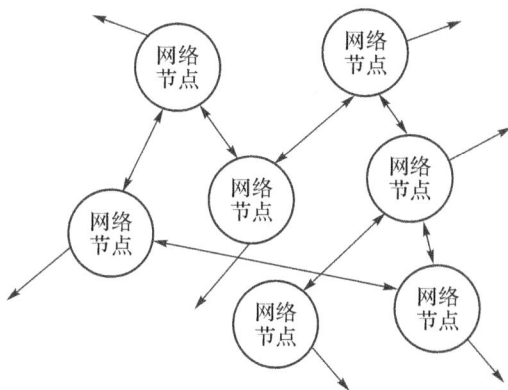

图 6-1　网络传播的网状节点模式[③]

　　匡文波从新媒体的不同质地和传播特性入手,从新媒体舆情和谣言的生
成消亡模式角度,做了大量研究,其网络传播下的"议题出现、议题存活、舆论
整合和舆论消散模型",从一个侧面描述了互联网传播的模式样态(见图6-2)。
在这套模型中,作为传统媒介受众群体的网民(博客博主、论坛发起人、发帖
人、意见领袖)与传统媒体同时起跑,在议题和舆情的行程过程中一直相互作
用,呈螺旋式演进。

———————————

①　保罗·莱文森:《数字麦克卢汉》,何道宽译,北京:北京师范大学出版社,2014 年。
②　彭兰:《网络传播概论》,北京:中国人民大学出版社,2019 年。
③　彭兰:《网络传播概论》,北京:中国人民大学出版社,2019 年。

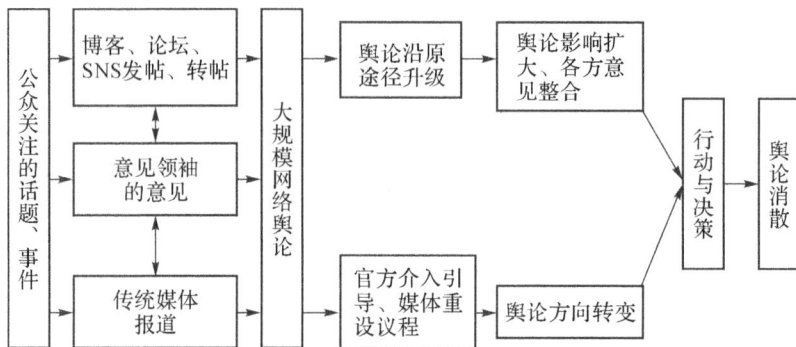

图 6-2　议题出现、议题存活、舆论整合和舆论消散模型①

这些研究从不同层面体现了互联网的去中心化和强互联互动性,并且都对互联网环境对人的卷入和媒介权力的弥漫扩散有各自的认知,但对于不同媒介之间的交互和融合,并不能清晰界定。

李沁于 2013 年提出"沉浸传播"概念,真正将观察视点从互联网泛在的传播特性跃迁到融媒体环境的传播思考。她提出,"沉浸传播"(immersive communication)是一种全新的信息传播方式,它是以人为中心、以连接了所有媒介形态的人类大环境为媒介而实现的无时不在、无处不在、无所不能的传播。它是使一个人完全专注的、也完全专注于个人的动态定制的传播过程。它所实现的理想传播效果是让人看不到、摸不到、觉不到的超越时空的泛在体验。② 李沁将融合媒介理解为能够融所有媒介形态为一体的"人类大环境",这与本书的理念相似。这一认识将媒介的边界和传受两端的隔墙打破,着重描述了融媒体下传播的泛在弥漫和人类使用媒介时的行为特征和突出感受——沉浸,应和了媒介环境学派所提到的电子媒介的"卷入性"。

张成良则借鉴了螺旋形传播模式、系统性传播模式和物理学运动模型,提出了"抛体—涡轮传播模式"(见图 6-3)。这个模式将融媒体传播分为"抛体传播"和"涡轮传播"两个模式部分,并将媒介融合的演化过程理解为这两种模式的一体化过程。"抛体"模式借用物理学抛物运动,隐喻了传播组织在融媒体环境中的信息和议题的输出模式及其效果。信息及其裹挟的议题框架如"物体"般被抛出,在空中短暂停留后,未被关注的信息物落回"地面",

---

① 匡文波:《新媒体概论》,北京:中国人民大学出版社,2019 年。
② 李沁:《沉浸传播》,北京:清华大学出版社,2013 年。

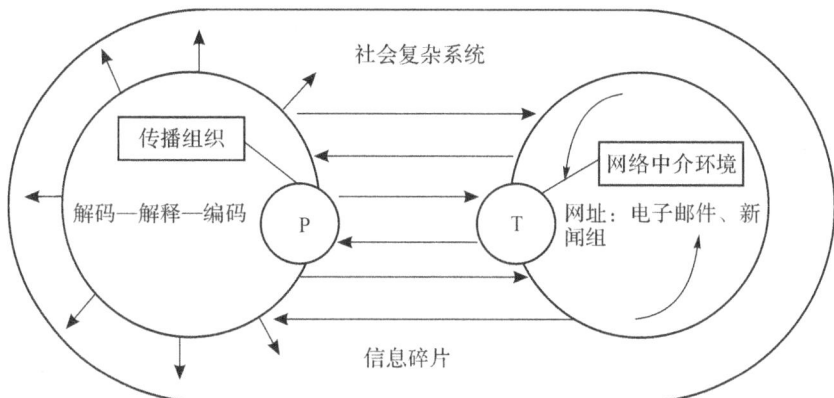

图 6-3　抛体—涡轮传播模式①

完成传播；被关注的信息物依据"惯性"继续次级上抛与散落；被外部力量（机器、算法、社会选择）赋能的信息物在抛落过程中经过"多次元"的抛撒，其高度和溅落面积决定了其影响力和后续反馈。"抛体"模式强调外抛，重视信息的覆盖，典型行为模式是大量相同相关信息的多次元复制与抛撒。"涡轮"模式借用物理运动中的漩涡意象，它将信息在传播环境中的运动比喻为涡轮旋转制造涡流的物理模型，将系统外接网络、信息库、社会服务、传播者和受传者等子系统引申为"涡轮"的"叶片"，将内容和议题引申为"漩涡"中的"流体"，在信息交换设备提供的技术动力下，"涡轮"运转，将抛落的信息和社会注意力卷入，形成信息漩涡系统，时刻开放，保持强大吸附力，不存在组织者和把关人，所有信息可以及时存储和提取，涡流中的信息变化形成复杂反馈回授于各级传播者，引起下一级传播决策和传播行为的发生（见图 6-4）。"涡流"强调互动与反馈，其典型行为模式是对人和信息的卷入与赋能。两相结合，形成不断循环的舆论信息和意义的漩涡体系，传者与受者身份高度统一，结成互动关系体。这一模式提法较为直观和全面地描述了融媒体环境下的信息运动，在该模式的解释性、构造性、简化性等功能上较以往模式有了较大发展，因此该模式将作为讨论和预示工具被本书更多地采用。

　　纵观各种传播模式，融媒体传播展现出如下共性：第一，消融性与无限性。媒介环境边界消融，传受双方身份主体性消融，传播过程阶段消融，传播的再生产再传播成为常态。第二，卷入性与无边性。信息和传播活动在无数

① 张成良：《融媒体传播论》，北京：科学出版社，2019 年。

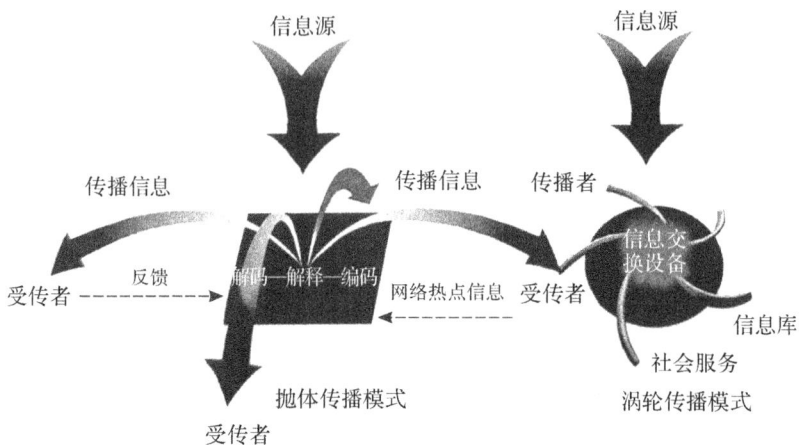

图 6-4　抛体—涡流传播模式效果①

个螺旋状的媒介运动中高速滚动,深度搅拌,高频多维互动,人类感官和注意力深度陷入媒介和信息洪流中。第三,随机性与复杂性。信息变化和传播过程的多变性和不可控性大大增加,对传播行为主体的能力和观念提出全新的考验。

二、诱发与参与:文化类谈话节目的议程设置适变

融媒体传播模式的变革决定了媒介运行的变化,深度影响着媒介内容生态的演进方向。它对于视频文化类谈话节目这样的内容体的进化方向的影响是极其深刻和全方位的。议程设置的变化是这些深度影响的集中反映。

议程设置的本质是媒介影响舆论。节目内容的生产和宣传组织是议程设置的主体。在传统单向媒介时代下,其主体性强势而鲜明,往往手握议题设置的发令枪和指挥棒,形成"议程设置者→媒介→受众"的单线程运动。而在以互联网为基础的融媒体下,这一过程则演变为"用户↔融媒介↔议程设置者↔融媒介↔用户"的环形立体流动。这反映了融媒体螺旋卷入的传播形态。传播者不再手握传播和命题的专权,而与更广阔的融媒体使用者共同卷入无边和无限的传播循环中。

简而言之,议程设置的主体无限增多,议程设置的频次无限升高,议程发酵的复杂性无限膨胀。这三点使得议程设置成为融媒体传播的主要动作和

---

① 张成良:《融媒体传播论》,北京:科学出版社,2019 年。

常态行为，融媒体传播环境天然需要和适合议题的抛撒和议程的涡流发酵。

文化类谈话节目的天然功能和本能责任是向社会输出文化观和价值观，影响文化舆论。因此，议题生产、议程设置应是文化类谈话节目的根本课题和应有强项。而在单向传播时代下，这恰恰是这类节目的一大难题，前面章节有过详述。在融媒体环境下，出于生存和发展的需要，更出于其表达观点传递价值的内在基因，文化类谈话节目的议程设置正在经历一系列进化性的适应变化。

（一）议程设置的过程策略适变

首先，脱颖而出的文化类谈话节目，其议题设置过程展现出鲜明的全程性和阶段计划性。议程设置不再是"一劳永逸"的单次行动，而是贯穿传播全程的分阶段分步骤严密实施的计划行为，即在融媒体传播的"抛体"传播层面不断抛出物料和信息，加速传播流体速度，增大抛体的溅落范围和影响程度。其计划实施的依据体现出明显的时间轴心，即根据传播进程的不同时间点，安排不同的传播物和传播方式。

以《奇葩说》为例，其传播时间轴经历了"前期话题预热—播出前集中造势—播出中同步宣推—播后发酵—社会主流反馈"的历程（见表 6-1）。

表 6-1　《奇葩说》传播计划时间轴①

时间轴	物料
预热期 （播出前 6 个月）	话题征集、选手海选 话题讨论 （微博、知乎、豆瓣、爱奇艺）
播前造势 （播出前 1 个月）	消息 短视频 话题讨论 （全网、全媒）
播中宣推 （播出当天）	现场话题事实投票 节目进程互动 （全网、全媒）

---

① 由笔者根据实地采访调查与资料汇总相结合而得出。

续表

时间轴	物料
播后发酵 (播后 1~2 周 随传播反馈和播出进程不断调整)	评论 短视频 宣传文章 (全网、全媒)
主流反馈 (全季播后一周)	评论员文章 (传统主流媒体、主流新媒体)

　　更重要的是,在融媒体环境下,节目的传播显示出"再定位—再传播"特征,即在整个传播时间轴过程中,根据实时的传播反馈,不断调整新的议题抛撒和传播策略,形成一个"定位—传播—反馈—再定位—再传播—再反馈"的动态螺旋循环上升过程(见图 6-5)。再以《奇葩说》为例,其播出七季节目以来,有很多被观众津津乐道的热点,比如,马东"割眼袋"事件、"MM 马"、"矮大紧"等节目"梗",都是在节目进程中由网友的互动反馈而成为新的传播起点,继续发酵成为热点和记忆点。这集中反映了两个要点:第一,涡流状的融媒体传播运动中,信息的变化和反馈的到达都是即时性的,需要传播者进化出随机应变的快速反应能力;第二,所谓传者和受者在边界消弭的融媒体传播中具有相同的传播权力,传播机构既进行议题设置,也往往被环境中的议题所推动,而后"被设置"。

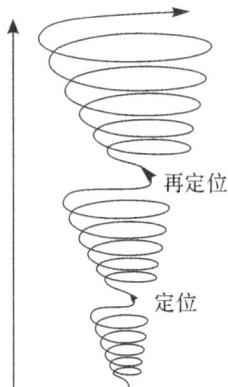

图 6-5　"再定位—再传播"的上升螺旋模式①

---

① 李沁:《沉浸传播》,北京:清华大学出版社,2013 年。

（二）议程设置的设题技巧适变

在单向传播媒介时代,文化类谈话节目议程设置的议题往往具有笼罩性,如"中国文化的新时代发展究竟路在何方?"等,着重于对其文化的整体命题、观点和意义进行"推"式的传播。这种"推",其根本原因在于匮乏,平台和通路的匮乏使其传播和发声的机会有限,无法做到连续的、动态的传播分布;同时,这种匮乏也使得已经获得传播生态位的媒介内容有了独占的播出位置,反馈并不能对其生存状态有更多改变的作用。

而在融媒体时代,议题从大的母体分解为明显的"点"状。"爆点""热点""热搜事件"等名词都是对"点"状的表达。"点"状的议题意味着:一是易于"诱发","点"更轻巧、更便携,易于在信息"抛体—涡轮"中被随时抛起卷入,被随时遇到的受传者带走发酵;二是易于修改,"点"并不必须全面准确,它不必持久正确,它必经"再定位—再传播"效应的后续改变调整,在传播流转中被改变修正和去除的成本低;三是易于使用,"点"必须足够鲜明,必须易于识别和判断,易于各种传播参与者的再加工和再使用。可以说,媒介议题的"点"状适变,正是融媒体传播特征的必然产物。其核心传播动作是"吸",吸引、吸纳、吸入。

这种"点"状密集的议题爆发,恰恰天然适合文化类谈话节目这类内容体。在传播途径和传播方式完全打开的情况下,这类节目舒展开话题策划和快速反应的素养,在极快的适应调整中投入融媒体传播。同时,文化类议题与大众的关注点(明星、文娱、作品)和感受点(工作、生活、情感)易于对接,是分散在融媒介各处的无数"部落"中较为容易进入和人数较多的那个;文化类谈话节目的主要材质——观点和表达,体量小巧灵活,适合"抛体—涡轮"传播运动的携带和涡卷。这些都给这类议题的传播创造了先天优势。

以《奇葩说》被市场证明了的热门辩题和热搜点为例:这是不是一个看脸的社会?举报作弊我错了吗?份子钱该不该被消灭?和老板打电动放水吗?没钱要不要生孩子?这些议题切口小,甚至小到一个具体场景(如和老板打电动),并且是其目标用户90后生活中熟悉的场景,在信息的正反意见两端都有充足的话语空间可以展开讨论和碰撞。

以《晓说》《罗辑思维》等节目的话题为例,融媒体文化类谈话节目的议题也常常以"反常识"和"反传统"来做出某种易于识别的"颠覆"姿态。如,《晓说》——"张学良的不忠不孝不义"、《罗辑思维》——"不敢犯错的 loser,嘉庆",前者以"还原历史真相"的姿态对人们熟知的形象进行 180 度颠覆,后者将历史帝王拉到"屌丝"语境中,两者都形成某种"反差"带来的猛烈效果,吸引注意力迅速汇聚,尤其是年轻人的目光和流量。更有甚者,为了博取眼球,甚至不乏扭曲真实历史,输出不正确的价值导向。《晓说》等节目之后被集体下架,就是这种"唯流量"取向的必然结果。

"金句"现象是这种"点"状的议题设置特点在"抛体—涡流"融媒体运动中的集中体现。所谓"金句",顾名思义是"含金量"很高的句子,很有价值的句子,很值得记录、思考和传播的语句,也就是节目内容中间出现的精彩对话,往往语句结构对仗,或用词文法华丽别致,或观点强劲犀利,或态度鲜明有力。"细品"这些句子,其中不乏充满哲理意味的语句,也有大量经不起推敲的逻辑,但其共同点是"好用",朗朗上口,清晰鲜明,易于再传播、再加工和反复使用。例如,《奇葩说》播出六季以来,栏目总结了 38 条金句,如"没有逻辑的正能量就是负能量(马薇薇)""没有伤悲,就不会有慈悲(詹青云)"。

在现实空间中,文化类访谈节目对"营销事件"的策划和实施,也是议题"点"状爆发的一种实践。《罗辑思维》的"霸王餐""卖月饼"等活动,《十三邀》的"不卖快餐"活动,《奇葩说》的"小米搞事情"活动,《朗读者》的"朗读亭"活动,不胜枚举。这些点状爆发的营销事件,将节目的理念渗透延伸到实体世界,将节目的影响广为抛撒到融媒体信息涡轮中。

"点"状爆发的议题,集中说明了在融媒体传播环境下,传播主体的传播理念和行为逻辑,趋向于以"散点化"和"碎片化"的动态分布,在不断调整和运动中完成整体传播。

(三)议程设置的角色定位适变

议程设置适变的根本,是传播组织和内容生产者在议程设置中的角色地位发生改变:从"设置者"变为"设置者之一",从设置的"发令者"转变为议程流动的陪伴者和参与者。它实质上仍然希望控制议程和舆论的走向,但似乎其目的发生了微妙的偏移,传播观点和价值似乎不是第一性的,引起信息运动和加大流量似乎是其更为重要的传播目的:只要不违背社会法律和道德底线,转发了什么并不重要,转发了多少次才重要;传播哪个观点并不重要,传播一直在发生才重要。这种目标的位移既反映了文化类谈话节目在融媒体环境下正在发生的性质变化，同时也反映了互联网经济归根结底争夺的是"注意力"，总量有限的"流量"代表了注意力的去向，尽可能多地吸纳注意力，有较活跃的数据流量，意味着在融媒体生态中占据更广阔的生态位资源，拥有更雄厚的资源，也就有了愈加宽阔的生态位置。

（四）议程设置适变的代价

文化类谈话节目天然的文化品位和文化价值影响作用使这类节目天然地具有教化功能和影响职能，其传播的观点、价值和对社会文化心理走向的导向就比其他节目种群更具社会示范性和影响性。

在涡流中抛撒，在流量中冲刷。在享受信息技术和传播革命给人们生活带来的信息便利和参与权利的同时，议题设置的复杂性和难度事实上大大增加，文化内容产品的社会导向性和对青少年的文化影响如何积极正向，不被错综复杂的社会利益裹挟，是值得深思的。文化观点和精神上的严肃性，是这类节目议题设置不能丢失的重要底线。《十三邀》《圆桌派》《一千零一夜》等具有较高文化品位的节目是这样，像《奇葩说》这样以"娱乐"为主要气质的文化类谈话节目，其公共导向性亦是其生命线和高压线，《奇葩说》若干期涉"禁忌话题"的节目被下架即典型的例子。

更重要的是，数字时代是一个舆论更加分散的时代。① 议程设置者的身份定位变化使媒体成为社会舆论的平等参与者，意味着这些节目与普罗大众一样，在巨大的信息浪潮中平等地面对抛撒和涡流运动，面对这之中一切的不可控和不可知。作为专业传播组织的节目制作者和传播者，在拥有强势平台资源和流量知名度带来的公共话语权的同时，在其必定进行着的专业议程设置和传播控制——俗称的"带节奏"——的同时，也不得不面临"被带节奏"和"被设置"的平等地位。

"水可载舟，亦可覆舟。"这再一次深刻地提醒所有融媒体环境中的传播者和议题设置者，融媒体传播环境的"湍流"，其复杂性和多变性是单向媒介时代不可想象的，传播者对传播本身要有敬畏之心，更要有科学的理解和端正的态度，因为在融媒体传播的抛撒和涡流中，每个人的位置是平等的。

---

① 匡文波：《新媒体概论》，北京：中国人民大学出版社，2019 年。

第二节　在融合中分身:传播结构适变

如果说,传播模式的适变意味着媒介生态位资源链接方式的变革,那么融媒体下媒介传播结构的巨变则意味着媒介生态位宽度的改变。融媒体下的媒介越来越呈现出元媒介的特征,即在计算机、互联网和数字技术的驱动下,不同媒介之间的鸿沟逐渐消弭,媒介形态和内容生产有了更多的跨界、互动和融汇。[①]

在融媒体整体下进行不同媒介的整合传播,是这个时代的传播主题。融媒体作为融合一切媒介形态的生态性系统环境,其消融系统内不同媒介边界、形成有机整体的特性,是其最直观的外在形态特征。融媒体将视频、音频、文字等所有前时代媒介都消化为其系统中的有机部分,已经成为当下媒介传播结构的现实。一个系统或一个内容体如何统一不同媒介,成为摆在媒介运行者和内容生产者面前的共同课题。在融媒体时代,如果不具备融媒体传播的跨媒介整合能力,不掌握复合媒介性质的融媒体渠道,意味着媒介机体结构的残缺和资源链接的断绝,这对一个媒介或媒介内容物的发展来说是致命的。

一、生态矩阵、深度融合:文化类谈话节目的融媒体整合传播形态

值得一提的是,融媒体传播结构变革最早最显著的案例之一,恰恰发生在文化类谈话节目这个之前并不被重视的媒介内容种群之中。2012 年,被称为"互联网传播实验"的《罗辑思维》开通了微信当时的全新功能——微信公众号,并开创了每天"60 秒语音＋文章"的微信玩法范式,将媒介整合落实到实践层面。在这之后,视频文化类谈话节目为代表的媒介内容产品跨媒介融合传播蓬勃发展,体现出明显的结构性变化。融媒体下的跨媒介深度融合,已经成为行业"标配"。

视频文化类谈话节目的融媒体传播结构,呈现出两条不同层面的路径。

---

① 荀凯东:《"两微一端":技术、机制和创新扩散》,《电视研究》2017 年第 4 期。

（一）作为播出产品的文化类谈话节目

在各级播出平台作为节目体播出的文化类谈话节目,普遍建立起自己的微博、微信、抖音、纸媒等以不同介质的媒介账号组成的传播阵列,推进自身传播宣传的融媒体化。

如腾讯新闻出品的《十三邀》,建立了一套以微博、微信为主阵地,同时联手知乎及其大数据平台为深度合作方的传播阵列,使其观点和价值分身成为不同媒介的声量。在《十三邀》播出传播期间,微博、微信指数显示的总声量达到3630万以上,将近7.2万人的互动讨论。其中,微信阅读量220万人次、互动量2万人次,微博话题总浏览量将近2600万人次,讨论量4.8万人次,"自来水"粉丝总和超过800万人,知乎总体讨论量超过4000人次,热度甚至超过同时期的《中国有嘻哈》《奇葩说》等互联网综艺大流量节目。[①]

而更加拥抱综艺娱乐市场的《奇葩说》,同样建立了节目官方微博、公司账号"东七门"、各选手抖音号等一系列融媒体账号,并在节目播出以后,创建一系列公众互动平台,如,奇葩说吧、奇葩说专区、奇葩说电台等,发起全网话题讨论。更重要的是,《奇葩说》以其主力辩手阵容,推出音频节目产品《好好说话》和同步图书《好好说话》,获得巨大的社会宣传效果和直接经济效益,从产品层面进行了融媒体跨媒介的实践。

这类文化类谈话节目,其属性仍更多是在播出平台上供用户收看的节目体,其主要消费方式和传播渠道是观看节目,这很大程度上保留了前媒介形态(电视媒介)的诸多传播特点,比如观看的那一瞬间传受关系的既定。如果说这类节目是主体内核,那么融媒体阵列则如起飞的翅膀,在整个传播环境和传播周期内,不断创造议题的再生产和讨论的再扩大,并担负为节目主体进行内容补充的任务,使一个更全面的内容信息如起飞般在融媒体传播涡流中不断升高、扩展和抛撒。可以说,一个节目成功的基础是好的内容,但决定内容是否能真正"起飞"的是其融媒体多翼齐飞的整合能力。

（二）作为平台产品的文化类谈话节目

如前文所述,视频文化类谈话节目在融媒体环境下趋向于成为特定属性

---

① 数据来自 IAI 传鉴:《腾讯新闻〈十三邀〉内容营销(用户口碑)》,https://www.iaiad.com/en/case_en/18th—iai—award/18th—gold/1289.html。

的产品。而变异成为平台型产品是其中一个重要的方向,如《罗辑思维》变异成为"得到"App,《樊登读书会》变异成为"樊登读书"App。笔者认为,这种变化更值得关注,其变异更彻底,其生存姿态从黏合在整个融媒体传播环境中逆转为自建完全自主的完整融媒体环境。其融媒体聚合不仅仅停留在矩阵式的协同,而是真正构建了一个在同一环境下多种群落共生的生态圈。

以《樊登读书会》和"樊登读书"App为例,从其内容链接下载后,"樊登读书"App展开了一个巨大的全媒体版图。除"我的"栏目作为账户维护功能外,"樊登读书"App版图分为"读书"和"发现"两大部分,每一项功能背后都是一个不同介质的媒介,每一个不同介质又连接着一个不同的需求和服务。实际上,其内容详情页面,就是一个融媒体矩阵:《樊登读书》的视频节目被放置在最核心位置,同时顶部书签可以切换至该节目的同步音频,看视频听音频的同时,"实体书""思维导图""彩蛋""测一测""对话实录"等一众按钮服务可供选择,可以随时点开"思维导图"按钮查看该期节目的逻辑树,也可点开"实体书"购买纸质书。上拉详情页,还有这期节目和当期推荐书目的详细文字介绍和互动问题。

可以看到,樊登的视频讲书谈话节目是其融媒体矩阵的核心,占据生态的中心地位,亦是所有按钮和功能的轴心。文化类谈话节目这一既有的媒介逆转成为融媒体新媒介的内容和艺术。同时,以文化类谈话节目为内容龙头的融媒体内容矩阵(视频、音频、图文、电子互动)形成生态的真正动力,是其背后不同场景下不同的用户需要。从其融媒体功能分布揣测,其针对的用户典型使用习惯和场景,与另一个有很大相似性却其实有巨大差异的平台类产品"得到"App比较,似乎显得更为认真和专注,好像坐在书桌前认真听讲的状态,因此这个App的服务设置相较更为聚焦和全面。而"得到"App就显得更贴近人们碎片化的生活和碎片化嘈杂的传受场景,更轻简,更注重连接,但两者都努力在营造自己独立的融媒体生态环境。这一变革是革命性的。

二、一体多面、一脑分身:融媒体跨媒介传播的基本原则

如上文所述,文化类谈话节目在融媒体跨媒介传播方面具有革命性的突破和前沿性的经验。从这个种群的适变实际,我们也许可以窥探到跨媒介传播在融媒体下的一些基本规律。换言之,为什么是在文化类谈话节目这个内

容种群上率先发生了融媒体跨媒介传播的成果和突破?

(一)各尽其才、各显其能:融媒体不同媒介的协同关系

融媒体融合不同介质的媒介于一体,根本目的是形成合力,拓宽其媒介生态位的宽度,拥有一切传播途径和通路,提高传播效率和扩大抛体涡轮传播的影响范围。但在"合"的大目标下,首先得能够"分"。

"分"是指在融合传播中尊重每种媒介分别具有的本质特点和传播逻辑,分清每种媒介背后独特的使用场景和用户需求。使其按照自有的逻辑发挥其应有的长处。从媒介生态位角度看,一个成功的生态环境恰恰是环境内的每一个种群都能以其特有的生存方式生存,生存的生态位重叠尽可能减小,或者在重叠的生态位上改变生存时间等条件,错开重叠发生的机会,最终形成"生态位互补"[①]。互联网在 Web 1.0 时代,其内容网络化的基本方式是将传统媒介的信息直接搬到网络上,传统媒介和互联网媒介内容高度同质,事实证明其效果并不理想。进入 Web 2.0 时代之后,基于互联网传播交互特性的纯网生内容迅速取代了先前的媒介间同质化内容。这说明,在融媒介下的跨媒介传播,必须首先尊重和接纳"差异",并发挥差异形成互补。

融媒体的实际操作方式也证明了这一点。目前,内容矩阵的通常做法是"各尽其才""各显其能",不同媒介介质必须使用契合该媒介的不同内容,针对媒介专门生产,分派不同的传播制作力量加以专项操作和控制。即便是拥有所谓"中央厨房"的媒体,也越来越注意同一信息在不同媒介的不同分发。

文化类谈话节目因其跨媒介的高宽容度和媒介信息转换的低成本率而对融媒体下的各媒介具有较高适应性,因此在"分"上有着先天基因优势和后天操作便利性的优势。以央视文化谈话类创新项目《综艺头条》为例,在其创意过程中,将建立媒介矩阵的重点放在建立不同工作组分别专门面对不同媒介的组织建设上。

这种"合而先分"从根本上反映了互联网融媒体传播的"分众性""窄播化""垂直态"特点。

(二)一体多面、一脑分身:在一体统领下各司其职

"分"是手段,而"合"是目的。融媒体系统必须有统一领导,一个统一的

---

① 约翰·W.迪米克:《媒介竞争与共存——生态位理论》,王春枝译,北京:清华大学出版社,2013 年。

大脑。这个大脑是融媒体机体的魂魄和核心,它会表达为多个层面的形态化表征,它会是管理体制中的机构组成和决策机制,会是信息流动机制中的"中央厨房",会是传播要素里的一个内容核心人物和其性格、理念及决策,甚至会是技术结构中的一台处理器或一朵大数据云,但究其根本是两层要素:一是组织传播理念和价值;二是组织传播所满足的核心"需求"。

融媒体传播的一切都是其传播目的和传播理念价值的反映,而这些理念价值则来自对明确的社会演进和社会需求的认知。不管融媒体传播模式的复杂性和不可控性有多大,这种发自融媒体内部的必然心声是必须建立和坚持的。因此,融媒体跨媒介架构内的不同媒介部件,都是社会需求这一灵魂在媒介价值理念管道的内化下针对不同传播场景变出的分身。

综上,我们看到,融媒体跨媒介传播环境与视频文化类谈话节目的自身特点有高度的契合,加上这类节目在具体操作方式的进化和观念上的革新,让这类节目在融媒体跨媒介传播环境下获得较高的生存空间和生长机会。

第三节　在颠覆中重构:传播时空适变

如前文所述,融媒体传播的现实对单向传播的时空观念进行了超越和颠覆。"在场性"是一个重要而复杂的哲学命题。而在媒介研究领域,"在场"观念是媒介在变迁中不断寻求超越和重现的对象。无处不在、无时不在、无所不能的"泛在"网络对媒介时空环境的无限延展和对传播时空观念的颠覆重构让人们对融媒体时代的"在场"有了新的感知。这些都是视频文化类谈话节目必须面对和试图适应的现实传播环境,深刻影响了这个节目种群的宏观观念和微观操作。在这些变化中,文化类谈话节目从表现形态到平台选择发生了深刻的进化。我们试从三个细节角度一窥究竟。

一、弹幕与遥在:超越时空的虚拟谈话场

基于数字技术和网络传输技术的融媒体传播,首先打破的是物理时空对人类连接的阻碍。虽然在电视时代和广播时代,媒介也给人带来了一定的"在场感",但归根结底,单向传播媒介在互动技术上无法突破时代局限,使得

受众互动和反馈永远是"滞后"的,终究只能提供"在场的模拟"。而在融媒体时代,人们真正在移动互联的环境下,在全媒介共融的生态下,沉浸在信息和传播当中,真正能够"遥指一挥间、天涯在眼前"。更重要的是,融媒体打破了媒介时空的基本线性关系,不在同一时空,却能"隔空喊话""穿越交谈",在媒介内容平台上将不同时间和空间的个体汇聚一堂。现实社会中,个体只能进行一个时空中的"在场"交流,而在网络社会中,个体可以同时与多个对象进行"在场"交流,虽然这种"在场"经过了网络这一中介,但是,交流确实是实在的。[①] 这便是一种真实的"遥在"。有一个例子集中体现了这一点——"弹幕"。

"弹幕",是一种视频网站提供的即时评论功能,在视频播放时用户可以即时发表评论互动,其评论以文字框的样态横向飘过或悬停在画面之上。弹幕原本是军事术语,指火炮密集射击时炮弹像是在天空中张开一张幕布的景象,后因日本动画导演富野由悠季的《机动战士高达 Z》等系列动画作品中反复出现一句台词"左舷弹幕太薄了",而成为动漫文化人群中的一个亚文化典故。[②] 在 B 站等国内亚文化网站的率先使用推广后,现已蔓延到几乎全部长短视频平台,成为一种通常的网络文化形态。"弹幕"是网络评论的一种方式,其随播出屏的传播方式注定了它在评论性之上的鲜明社交属性。弹幕不仅使共同看片的用户能够跨越山海同时交流,更可让每一个人的评论被所有人看到,并且是使用"刷屏"这种直观的方式,使得屏幕中评论的热烈程度、观点的交锋状态和支持的多寡变化一目了然。更重要的是,弹幕真正让人"隔空对话",是隔着"时空",因为悬停或流动在视频内容层之上的网友评论不仅仅是实时的,而是一直累积的,也就是说,你所评论对话的人恰恰和你不在一条时间线上,但你们却可以产生互动联系,并呈现在一块屏幕一个时空中。经常可以看到弹幕的用词呈现出明显的"位置"概念,而非时间概念,比如,"前面的朋友等等我""飘过的那位说××的别走"等等,但发表这些弹幕的人与"前面的朋友"和"飘过的那位"很可能在真实时空中完全没有交集,这同早期网络论坛的"爬楼"有些类似,不同的是,它用一块屏幕将时与空的边界皆

---

① 彭兰:《网络传播概论》,北京:中国人民大学出版社,2019 年。
② 邵燕君主编:《破壁书——网络文化关键词》,北京:生活·读书·新知三联书店,2018 年。

打破。这使压在屏幕上的弹幕层形成了一个消解了时空的独立谈话场和讨论场。这是融媒体消弭时空边界的典型例证。弹幕的活跃程度往往超出想象,常常出现弹幕完全压过内容层,使得看片等于看字幕。但由于弹幕业已成为一种独立的文化载体,并且活跃度相当高,使得很多用户有"二刷"(即看两遍)甚至"多刷"的习惯;第一遍看正片,消费内容;然后打开弹幕再看一遍,消费社交和互动。可以说,"弹幕"这种形式让融媒介的"遥在"效应完全进入了新的观念范畴。

这样一种全新传播样态的出现,给予了文化类谈话节目一块新的施展空间。文化类谈话节目本身就充满了可讨论的话题,文化类话题横跨文化、文艺、社会文化心态和文化生活的方方面面,易引发人们的讨论。可以看到,诸多融媒体文化类谈话节目都抓住这一充满融媒体色彩的阵地,着力打造除节目空间、社交平台之外的全新谈话场。弹幕平台不用二次开发,与已有流体内容相伴相生,效率和性价比极高。关键是能够在弹幕中发言的用户往往是网络深度用户或所谓"真爱粉",对议题设置和"造势"往往会产生很大的价值。

弹幕互动方式的特点有以下三种:

第一,用户与用户自发形成"隔空对话"。即用户在弹幕层形成独立的谈话空间。内容多为对正在播出的内容层进行点评,并就点评延展话题,与节目内容讨论同步进行弹幕讨论。弹幕与弹幕之间,在画面上可能只隔一行,事实上弹幕的发布者或发布时间可能隔了十万八千里或者相差若干天。用户彼此之间享受着一种虚拟的"遥在感"和"陪伴感"。

第二,内容与用户刻意形成"隔屏对话"。在目前的文化类谈话节目中,尤其在一些具有自媒体属性色彩的这类节目中,主持人、嘉宾、"UP 主"(对账号主理人的网称)会时常对屏幕外的观看者喊话,掀起互动。比如"把你的意见打在公屏上,扣 1 代表是,扣 2 代表不是,弹幕走一波"之类的语言。又如主讲人希望知道观看节目的朋友是什么学校毕业的,结果屏幕上"飘"来了无数个大学的名字。这种跨越维度的互动非常值得玩味,它实质上是一种对"直播"的模拟,用户享受与主播互动的乐趣,更享受与隐身在无数块屏幕后面的同好者的互动感和认同感。

第三,节目内人物"现身"弹幕的"破墙对话"。即内容层内主要人物作为观看者之一登录弹幕,实名出现,就正在播出的视频流与观看者互动。这是一种更为新颖的互动和营销方式，常见于资源优势明显的头部综艺节目中。这实际上在"隔空对话"和"隔屏对话"之间架设了一条管道，让弹幕互动者与节目内容产生同在感，与所谓"偶像明星"有了更强的并肩感，如同明星来到身边。这对用户的使用黏性和节目人物的"亲民"塑造都大有助益。在一些头部文化类谈话节目中，这种方式也时常被使用。

弹幕是融媒体传播对时空超越性的一个注脚，其核心是融媒体将"遥在感"推向新的维度。可以看到，文化类谈话节目在这样的传播环境中是有很大的空间，前提是传播的时空线性观念必须被打破，以一个超越时空的环境视角为考虑基础。

二、场景与同在：成为主场的个人微空间

在融媒体时代移动互联条件下，媒介与媒介内容所连接的空间是一个个割裂开的私人微空间，面对一个个具体而微的特定个体。与广播时代不同，个人微空间成为融媒体传播的"主场"。

移动互联时代，打破了信息和渠道的匮乏，带来的是媒介的极大丰富和信息的超量过载。"碎片化"随之而来。

首先，个人时间的碎片化。一个人的整体时间被打碎为无数个碎片时间，人们在媒介中的使用耐心和持久深度不断递减，内容越来越短，节奏越来越快，内容的消费量和淘汰率越来越高。进而，线性的人类整体时间碎裂为无数个可以互相交叠的时间维度，又使内容有了无限的货架，对内容的需求不断递增。这对辩证统一的矛盾催生了传播观念的巨变。单向传播时代的所谓"黄金时段"被消解，逆转成为目前视频网站上的首页"黄金推荐位"，从时间概念逆转为位置概念。

其次，个人空间的碎片化。曼纽尔·卡斯特在《网络社会的崛起》中提出"流动空间"概念，认为空间的流动是网络社会的主要特征。[①] 手机和移动互联的便携性和遍在性给人们生活带来的巨变之一，便是随时随地自我沉浸于眼前的一方屏幕，在现实空间里享受虚拟空间的一切，人们使用媒介的方式越来越流动化和私密化。这使得融媒体内的传播越来越趋向一种"窄众传

---

①　曼纽尔·卡斯特：《网络社会的崛起》，夏铸九等译，北京：社会文献出版社，2006年。

播"，传播语境往往介于"大众广播"与"人际交流"之间。

最后，时间和空间的碎裂造就了一个新的变量指标——场景。罗伯特·斯考伯和谢尔·伊斯雷尔在《即将到来的场景时代》中将大数据、移动设备、社交媒体、传感器、定位系统称为"场景五原力"。[①] 彭兰认为，场景主要指基于特定时间、空间和行为及心理的环境氛围，可分为共性化的场景和个性化的场景两个方向。[②] 简而言之，场景即用户使用媒介时的具体情境，包括其所在的地理位置、所处的环境氛围、所持的媒介介质和所怀的心理需求。

文化类谈话节目开始面对特定的场景和需求，调整其传播策略和外形外观。

《一千零一夜》是一档深夜走在街头的读书节目，由梁文道主持，2015 年开始在网络播出。这档节目"只在街头，只在晚上，只读经典"，个性相当鲜明，以一个长镜头记录整个讲述过程，全片只有一个特写景别。笔者认为，这是"看理想"系列视频产品中，定位最为鲜明，针对场景设计最为成功的一个。深夜、街头和小景别，构成了一个"注视"的私人交流视域，梁文道好像在和每一个屏幕外的观看者一对一地讲述，其针对的主要使用场景似乎是这样一个画面：一位阅读爱好者，在深夜的被窝或台灯边，有睡前阅读的习惯，这段时空是独属于他而不能被其他人或信息干扰的"私享时分"。这样的节目画面和节目节奏在传统电视环境下的客厅文化里，是行不通的。但在融媒体移动互联环境下，却是主流的和必需的。

同是知识服务产品，由《罗辑思维》逆转进化而来的"得到"App 与《樊登读书会》进化而成的"樊登读书"App 就有着不同的针对场景。"得到"App 着重于压榨和开发用户的碎片化时间，如吃饭、健身、赶路等场景，因此注重其内容和服务的便携性和随动性，以音频播放为主要服务方式；"樊登读书"App 在利用用户的移动和碎片化时间的同时，似乎更推崇一种碎片化时代的书桌专注，比如其一期节目的内容时长往往四五十分钟，并不短平快，其详情页的功能，是需要静心才能充分使用，如思维导图功能。两种不同的场景选择意味着两类不同人群，两种不同的行为习惯。

---

① 罗伯特·斯考伯、谢尔·伊斯雷尔：《即将到来的场景时代》，赵乾坤等译，北京：北京联合出版公司，2014 年。

② 彭兰：《网络传播概论》，北京：中国人民大学出版社，2019 年。

这些针对场景的感知和适变,让产品服务与用户的典型习惯和需求精准地连接在一起,让用户感到产品和服务与自己是"同频""同类""同在"的。而文化类谈话节目产品也在从"大空间"向"微空间"的偏移当中,完成了其产品性的服务转身和表达语态的转变,从而适应整个传受环境的变革。

三、直播与共在:成为常态的全景式同步

基于移动互联网络和数字传输技术的不断拓宽,网络直播发展迅速。直播这种传播形态的日益发展是可想而知的,因为直播真正发挥了融媒体环境实时同步、零延迟互动、完全超越时空的"共在"效应。相较于其他传播形态,直播的优势和特点主要有三点。

第一,真实时,真互动。不管是短视频还是长视频,弹幕还是评论,都是对"在场"的一种模拟或者延伸,而直播真正定义了这个传播时代"不在现场,却共在现场"的在场含义。参与直播互动的万千用户,不仅身在异地共同见证现场,而且因为其参与而直接影响、改变和构造了现场的真实,这是对"在场"概念的一次突破,是所有用户和直播流一起造就的"在场",是一种"共在"的狂欢。

第二,鲜明的社交性。直播的传播环境决定了它的语态的复合性。它既有对全体在线用户的广播性质,又有极大的一对一或一对多实时人际传播性质,甚至人际传播性质往往大于广播性质。因此,我们在看直播时经常可以发现主播的语流是被不断打断的,在讲述一条信息流的过程中,主播时常与进入直播间的用户互动,回答随时出现在字幕里的问题,回应网友的互动和打赏。技术的暂时缺陷让用户在现有的直播条件下只能使用文字和电子互动手段(小礼物、打赏、点赞)等方式参与进程,但这不妨碍实时互动交流的真实感、流畅性和平等性。

第三,不可预知性和真实性。由于是真实的直播,并且实时传输,所有人共同见证现场,因此其不可预知的悬念和不加修饰的真实极大地还原了真实生活,使媒介的拟真性最大限度地发挥。

文化类谈话节目也充分利用直播技术,在"共在"的氛围中突显自己的存在和价值。这个种群在直播传播中的运用主要有三个方向。

第一,作为宣推的直播。即利用直播平台,与用户和拥趸进行互动,补充

其品牌和产品宣推。比如,马东曾带领全体艺人"污力天团"入驻映客并进行综艺直播:马东在映客总部直播一个半小时,过程中发布三次信息给场外的三组艺人,艺人需要和粉丝进行互动,完成线上线下挑战获得信息,最终找出马东的位置。根据米未公司官方提供的数据,"污力天团"在直播活动中一共使用四个直播房间,总观看人数661万,其中马东房间的观看总人数达240多万。实际上,即便没有内容和脚本上的设定,光靠马东一个人和粉丝聊天,也能收到不少跑车、游艇等虚拟奖品。从品牌宣传作用上,这样的直播类似特别行动或"粉丝福利",是主节目产品和品牌在融媒体传播中的补充性露出,补充的是在现实接触和共在互动这条时间轴上的品牌表现,增进的是与用户和"粉丝"的社交感情,完善的是主要人物真实可感的全面形象,宣推效果明显。

第二,作为产品线之一的直播。将直播作为其品牌下产品线的常态部分,以直播的实时性和互动感去补充录播点播视频流的互动缺失,进一步对用户个性化需求做实时的反馈和"惠利",是很多自媒体账号在使用的方式。自媒体出身的罗振宇是直播的活跃试水者。他于2016年开设直播,直播《罗辑思维》的录制现场,让网友见证他"死磕"的真实过程;他在"得到"App固定直播《晚八点例会》,将公司例会搬上直播,分享"得到"App企业和产品背后的思路与每天的所思所感;在2020年新冠疫情期间,针对在家隔离的广大受众,罗振宇又试图抓住需求,开设直播课堂产品《十日谈》。可以说,直播成为《罗辑思维》和"得到"App这样的产品品牌重要的副线产品,其产品的规划和实施是完整的。

第三,作为主产品的直播。即以直播为主要产品样态,专注于视频领域的内容产品。这种类型在直播购物平台(淘宝直播等)和直播打赏型平台(抖音直播、YY直播、映客直播等)较为多见。在文化类谈话节目这个领域尚不多见。不过在直播间讨论文化话题、做文化型题材的直播号也屡见不鲜,呈增多趋势。究其原因,还是文化类内容与生活和用户距离近,文化话题的辐射面广。如良品铺子的直播是笔者偶然打开的:淘宝直播中一位主播双机位直播介绍名胜古迹的文化历史,其专业度和前沿性并不逊色于专业电视台。相信,以直播为常态的文化类谈话节目必定会出现,这符合文化类谈话节目模拟和逼近真实的社会文化展示场和议场的发展规律。

总之,不管是"遥在""共在"还是"同在",本质上都是对旧有时空观念的打碎和重构,即大众传播的"撕裂时空"正趋向于一体化的"融合时空",信息传播倾向于时空一体化表述,媒介传播体验近乎完美。[①] 基于移动互联网和数字技术的直播形态,彻底冲破了时空的阻碍和限制,逼近人类真实交流,重构在场,也重构了人们对于媒介的使用观念、使用心态和使用预期,重构了人们注意力的梳理方式和组织方式,集中反映了融媒体时代的技术趋势和传播特点。

视频文化类谈话节目从自身的内容优势出发,努力开拓尝试,在直播盛行的时代没有落伍,反而占据了一席之地。这样的创新心态和执行能力保证了这个种群在整个融媒体生态圈中脱颖而出,形成独特的传播空间和价值回归体系。

第四节　在交往中求生:传播关系适变

在融媒体环境下,传播模式的变革、传播架构的巨变、传播观念的重构贯穿了一个本质问题,即媒介与人的关系。美国学者 J. 巴隆(J. Barron)于1967 年首次提出了媒介的"接近权"(right of access)概念,指大众即社会的每一个成员皆应有接近、利用媒介发表意见的自由,并认为"为确保大众的言论自由,必须由宪法确认大众接近媒介的自由"。[②] 这个从单向传播时代的匮乏和垄断里走来的概念,正在被融媒体时代的技术突破不断确认。传统媒介传播的传受关系,已被无限的"媒介接近"彻底打破。

所有的内容体和内容的传播者都要面对传受关系的重构,适应传播地位的变化和生存策略的调整。文化类谈话节目也不例外,而且走得很早很远。这可能源自其在单向传播时代与受众资源的极度失联,也可能源自这类节目对于互联网融媒体传播环境的天然适生,更因为这个种群的操作者的变革魄力和求生努力。正如麦克卢汉所说:"现代社会的未来及精神生活是否安定,

---

① 张成良:《融媒体传播论》,北京:科学出版社,2019 年。
② 张国良:《传播学原理》,上海:复旦大学出版社,1995 年。

在很大程度上取决于在传播技术和个人的回应能力之间是否能维持平衡。"①

一、融媒体传播的偏向:关系

如前文所述,哈罗德·伊尼斯提出媒介传播的偏向问题,认为媒介的进化总是在对于时空的偏向和超越之间摇摆运动,或倚重时间,或倚重空间。他强调偏向的重要性在于媒介的时空偏向将影响媒介所在时代的文化特征:一种新媒体的长处,将导致一种新文明的产生。

在融媒体传播环境下,时间与空间趋向于融合和达到某种动态的平衡,伊尼斯所谓的时间或空间的偏倚不再适用。那么这个时代的媒介是否还有某种倚重的偏向? 有学者提出,融媒体泛在传播时代的媒介偏向是"人",认为"人"既是信息的接受者,也是媒介本身,因此传播不仅以"人"为中心,也以"人"作为融媒体传播得以实现的原因。但也有学者表达不同观点,认为虽然融媒体新媒介有明显的"人性化"趋向,但"人"一直都是传播的核心,是所有传播活动的起点和归因,因此考量融媒体媒介偏向的因素,应把"人"作为传播的核心元素,来观察其他各个元素与"人"的互动关系,这里包括媒介之间的关系、人与媒介的关系和人与人的关系。而更多研究提出,融媒体的偏向就是"关系"。

从融媒体的传播特性角度,融媒体传播实质上是关系传播。王怡红认为,关系传播是以建立人际关系为基础的交往模式或理论环境。② 融媒体关系传播体现在人与人的交互作用关系上,即新型媒介发挥着"关系居间者"的作用,借由新兴媒介,人与人的关系得以重构,不同的人通过网络建构起新型的人际关系。③

从传播主体的主体间性角度,主体间性强调主体交往的重要性,主张建立在平等、和谐、民主基础上理解、沟通的主体间关系。④ 融媒体数字媒介一改单向传播的大众媒介时代的传受对立与主客体分离的状态,数字传播主体间更加平等、独立,传播过程从单纯的信息流动走向多元交互与信息流动并

---

① 马歇尔·麦克卢汉:《理解媒介——论人的延伸》,何道宽译,南京:译林出版社,2011年。
② 王怡红:《关系传播的逻辑解释》,《新闻与传播研究》2006年第2期。
③ 张成良:《融媒体传播论》,北京:科学出版社,2019年。
④ 葛自发:《流众传播——数字传播主体的崛起、困境与前景》,北京:中国国际广播出版社,2019年。

举,前时代的被动接受者转变为主动参与者,从信息传递者转变为多元交往者,从现实交往者变为虚拟交往者,由信息消费者走向信息生产者。因此,融媒体新媒介的意义更着重于对社会关系和传播关系的重组,关系是其传播的本质属性。

从融媒体的技术基础——互联网的发展本质而言,与摩尔定律相提并论的著名定律"梅特卡夫定律"(Metcalf's Law)提出,网络的价值等于网络节点数的平方,换句话说,网络价值不在于技术价值,而在于节点与节点之间的关系价值,网络具有极强的外部性和正反馈性,联网的用户越多,网络的价值越大,联网的需求也就越大,每一个新上网用户都因为别人的联网而获得了更多的信息交流机会,由此看出,新媒介的传播效果,不是来自信息,也不是来自技术,而是来自携带者信息、知识、技术的关系网络。[1] 因此,互联网的本质是联系,其本能是连接形成关系。在其之上建立起来的融媒体,是互联网关系本质的外在表现和媒介组织方式。

因此,融媒体传播的偏向是关系。融媒体是所有人对所有人的传播,其中蕴含的复杂的人际关系与社交行为是其媒介所塑造的时代特性。

二、融媒体传播的主体:用户

融媒体传播打破了传受对立的区隔,推动了传受行为的融合。因此,不能再用传播者和受传者的二分概念来概括融媒体里的使用者。近年来,对此的定义层出不穷,从最早的"网民"和"网众",到"电子媒介人",再到基于沉浸传播和泛在传播的"沉浸人"与"泛众"。本书认为,基于商用概念而延伸至传播领域的"用户"概念是更为全面客观的。从法律定义上,根据《中华人民共和国计算机信息网络国际联网管理暂行规定》,"用户"是指通过接入网络进行国际联网的个人、法人和其他组织;传播意义上的"用户"指当今社会中那些积极的媒介使用者,他们以跨越各种媒介形态的信息传播技术为中介,与其他媒介使用者相互连接、构成融合信息网络与社会网络的新型网络。[2] 本书之所以采用"用户"这个概念,是因为其客观地描述了融媒体传播环境下的

---

① 陈先红:《论新媒介即关系》,《现代传播》2006 年第 3 期。
② 葛自发:《流众传播——数字传播主体的崛起、困境与前景》,北京:中国国际广播出版社,2019 年。

个人最基本和共同的行为：使用媒介，并以此普遍一致的基本行为强调了所有个体在融媒体环境下的平等性和交互性，而且指出了内容创作者在这一关系结构中的存在价值和使命——提供可使用的服务。

从"受众"到"用户"，直接体现了融媒体时代传播理念的根本变化。这些变化，不只发生在理论层面，更切实地发生在现实社会生活中，极为具体地发生在其人群组成和行为模式的方方面面。而这些就是包括文化类谈话节目在内的所有媒介内容物正在面对的具体生存环境和传播对象。对象发生了质的改变，这里包括受众分布的改变、行为的改变和性质的改变，则媒介和其产物也将随之发生适变。

（一）用户分布的改变

我国互联网的用户是融媒体传播用户的基池。根据中国互联网络信息中心（CNNIC）发布的第 44 次《中国互联网络发展状况统计报告》统计，截至2019 年 6 月，我国网民规模达 8.54 亿，较 2018 年底增长 2598 万，互联网普及率达 61.2%，较 2018 年底提升 1.6 个百分点；我国手机网民规模达 8.47亿，较 2018 年底增长 2984 万，网民中使用手机上网的比例由 2018 年底的98.6%提升至 99.1%。截至 2019 年 6 月，10～39 岁网民群体占网民整体的65.1%，其中 20～29 岁网民群体占比最高，达 24.6%，40～49 岁网民群体占比由 2018 年底的 15.6%提升至 17.3%，50 岁及以上网民群体占比由 2018年底的 12.5%提升至 13.6%，互联网持续向中高龄人群渗透；初中、高中和中专、技校学历的网民群体占比分别为 38.1%、23.8%，受过大学专科、大学本科及以上教育的网民群体占比分别为 10.5%、9.7%；无收入及月收入在 500元以下的网民群体占比为 19.9%，月收入在 2001 元～5000 元的网民群体合计占比为 33.4%，月收入在 5000 元以上的网民群体占比为 27.2%。[①]

可以看到，文化类谈话节目的服务对象，从传统电视环境下以较低学历、较高年龄为主体的受众结构向更低年龄、更高学历、更高经济支配度的人群迁移。受众的不同，带来的是其需求的直接变化。这带给这类节目在内容创作和产品设计上较之传统电视时期完全不同的前提和环境。如何贴近这些

[①] 中国互联网信息中心（CNNIC）：《第 44 次中国互联网络发展状况统计报告》，2019 年 8 月，http://www.cnnic.net.cn/hlwfzyj/hlwxzbg/hlwtjbg/201908/P020190830356787490958.pdf。

需求,成为这类节目(尤其是身处互联网新媒介环境下的这类节目)的一种本能。

(二)用户行为的特点

更加深刻的变化是内容面对的人群行为习惯的变化。人类制造媒介,媒介反过来塑造人类。在互联网和数字新媒介环境下的使用者,也就是当今文化类谈话节目所面对的用户,体现出鲜明的互联网时代特性,影响着节目和产品的存在方式。本书将集中分析"搜索""展示与被展示""在场感"等行为变化对视频文化类谈话节目的影响。

1.搜索

互联网的本质是一个无限量的数据库,其基础行为是搜索,这造就了所有的搜索习惯和能力。在传统电视媒介时代,受众的基础行为是"等待":等待需要的内容出现。电视时代也有"搜索",比如搜索电视预告,或手拿遥控器不断换台"搜索"想看的内容,其观看行为归根结底是被动的,是等待偶遇的,被动接受的,时间和机遇是被控制的。但互联网造就了主动出击搜索自己的兴趣和答案的生活方式,而淘汰了倚靠在沙发里被投射的麻木状态。我们从上网的第一天开始,从输入第一个网址进入网页开始,"搜索"这一动作就开始颠覆生活。人们想要看的、希望了解的,不再是等来的,而是"自己发现"的。

此外,人也是被搜索的。互联网永久的和无远弗届的时空延伸水平,使每一个人的几乎一切信息在网上留下永久的痕迹。人被其他的人搜索,人也被技术搜索——基于大数据分析的推送技术,能够越来越准确地让信息找到可能需要它的人。每个人都暴露在网络搜索的行为中。用户也习惯了(或是乐在其中)一种来自被搜索带来的便利,当然也承受了其代价——全景式地被监控和"信息茧房"效应。因此,这个时代的人从被动走到了主动。视频文化类谈话节目在"搜索"时代,它的方方面面都被改变着。

第一,基于搜索的主动用户,使得这类节目不管是被主动搜到还是被自动推送,都大大增加了节目遇到其目标受众的概率。因为用户来自主动搜索,搜到内容的用户即该内容的兴趣者,或者说就是该内容的目标用户。这对文化类谈话节目这类在传统电视媒介很难找到受众群的内容至关重要。

第二,主动的搜索者,使这类节目从传统电视的卖方市场进入互联网的

"买方市场"。"如何被搜到"成了内容要解决的核心问题之一。内容普遍选择与计算机技术手段结合得更紧密,同时在标题策划、内容选择、话题设置等诸多内容层面努力靠近网络受众的兴趣,争抢网络世界最稀缺的资源——"注意力"。一个普遍的例子是,原来以书卷气和涵养为普遍气质的文化类谈话节目,在登上互联网后普遍涉"性":《圆桌派》里的荤笑话,《火星情报局》《奇葩说》里的"老司机开车",《晓说》里的同性恋话题,《夜夜谈》里直接讨论的日本性文化等,似乎谈论在传统电视媒介不能展开的禁忌话题就是新媒介的标志,一时间让"尺度"的大小似乎成为区分新旧媒介的外在标准。这个现象暗含复杂的信息,既有新媒介对旧媒介相对"刻板""说教"的权威形象的挑战,亦有人们对于旧媒介缺失人际交流的"机构立场"的反叛,更体现着买方市场竞争的激烈和残酷。

第三,主动的搜索,让这个时代的人更倾向于行动和主动,更倾向于相信自我的直觉,伸张个体的权利和感受,对于外界信息倾向于不信任和阴谋论,对权威倾向于藐视。漫天揭露明星"真面目"的狗仔新闻在网上汹涌而来,即这些典型时代人格的集中爆发和体现。这决定了这个时代的受众在海量信息面前更容易倾向"迷茫"。这就给了以《罗辑思维》为代表的文化类谈话节目一个巨大的潜在市场:传播知识,解决焦虑。这使这类节目与网络综艺节目等同样具有强烈媒介时代感的内容体有了明显的气质和目标的不同。从《罗辑思维》推出的三本图书的名字就可以看到这样的端倪:《我懂你的知识焦虑》《迷茫时代的明白人》《成大事者不纠结》。

第四,搜索的无所不包和无远弗届,让"真实"成为传播的基本要求,因为"不真实"终究会在网络的搜索下"见光死"。对真实的极致追求既导致了当代人如上文所说的"怀疑一切"的倾向,也凝聚成前文提到用户在内容气质方面对"真"的普遍追求。这也体现了互联网技术推动媒介向着更加还原真实世界的方向进化的普遍规律。

2."展示与被展示"及"在场感"

如果说电视时代的"卡拉OK"改变了一代人的社交生活和展示能力,那么微博、微信等社交媒介则改变了人们的自我认知和深度习惯。分享是人的天性,而社交媒介让分享自己的分分秒秒成为典型性的生活方式。人们将自己的信息流汇入公共领域,并渗透进其他人的生活,于是"私密"成为公共消费品的范围从"社会名人"放大到每一个人。"社会空间和公共空间正在经由媒介辅助的做法而重新调整。人的行为空间可以被广泛利用了。"①人们开始悉心管理自己在社会空间中的形象和关系,"人设"一词成为社会热词。普通人也有机会成为展示和被展示的中心,取得了与传统明星制造业同等的机会。于是,所谓"意见领袖"(KOL)、"网络红人"相继出现。"流量"这样一个技术词史无前例地成为这个时代的权力标志。人们在展示的训练下,向着两个方向发展:越来越彰显自我独立"个性"(往往是与市场主流观念背道而驰的)和越来越屈从于市场需要(如偶像团体的成员会根据市场需求"打造"个性,而非其真实的个性),但只要是以展示与被展示为目标,这两个方向就将交汇在同一个结果上:人和个性不可逆转地被商品化。

展示与被展示,基于互联网无壁垒接入节点的天性,是网络对电视等传统大众媒介信息和权威集中化的颠覆。展示与被展示的习惯,实际上反映出互联网和数字新媒介从根本上改变了受众的性质:受众不再是内容的被动接受者,同时也随时成为内容的发布者和传播者,在双向传输中与媒介保持着紧密的互动。

于是,受众的"在场感"凸显出来。受众的"在场感"是互联网时空同步和对现实高还原度的深度体现。互联网和社交媒介的发达,让人们远隔千山却能时刻彼此陪伴在一起。人的"在场错觉"大大增强,受众已不再满足于仅仅观看。受众不仅要随时表达自己的声音,让自己的意见"在场"(如弹幕的流行、评论跟帖的盛行),更可以利用双向传输的新媒介特性,直接参与到事件中,甚至推动事件的发展,成为事件发展的一部分。

对视频文化类谈话节目而言,这让更多在传统电视上很难得到机会的人物成为节目的核心,人们可以接受"非专业主持人"成为新屏幕的"霸主";同时,文化类谈话节目在内容和玩法设计上需要考虑受众的展示需求和"在场"需要。《罗辑思维》很早就在节目和其图文推送中,举办相亲大会等活动,让用户在节目内容中直接"露脸"。《罗辑思维》利用互联网技术手段,鼓励会员及粉丝投稿,并承诺会将用户的好文章通过微信平台推送,与其他用户同步

---

① 尼克·库尔德利:《媒介、社会与世界:社会理论与数字媒介实践》,何道宽译,上海:复旦大学出版社,2015 年。

分享。那么,通过投稿并在微信公众号得以传播文章的《罗辑思维》用户,事实上已经越界为内容生产者与传播者,而不只是被动接收的"受众"。

总之,用户的分布变化和行为变化的背后,是其性质的完全变化。这给文化类谈话节目带来新的机遇、基因与挑战。而所有的用户变化指向一个重要的需求——社交。

三、文化类谈话节目的融媒体新阵地:社群

拥有日益强大的主动能力和展示需求的融媒体用户,展现出旺盛的社交需求。以关系为媒介偏向的融媒体传播环境又鼓励社交的发生和关系的连接。以社交为主要行为和目的的"社群",成为所有内容产品必须重视和培育的重要阵地。

"社群"脱胎于英文单词community,有社区、群落、共同体等含义。其在汉语中的词义一目了然,"社会群体"[①]。两相叠加,融媒体下的"社群"即在融媒体环境下,基于共同爱好、需求和价值的用户共同体。具有很高的自发性、自主性和自我认同性,亦是人们在互联网基础上自主搜寻和展示需求的组织化展现,代表了社会巨大的社交欲望和潜能。基于社群的互动已成为融媒体和移动互联网上常见的一种传播现象。

社群的缔结和认同的机制是个较大的话题,非本章节的主题。本书更关注网络社群成为社会不可忽视的传播组织的当下,文化类谈话节目有哪些主体性的行动和变化,以顺势而上,适变而生,是否能够占领这块电视时代很难获得的新阵地。

目前的融媒体社群,根据其缔结的方式基本分为两种。一种是用户自发缔结的,比如百度贴吧、论坛、粉丝后援会、QQ群等,这类社群由用户自发生成,自我管理,有很强的独立性和自主性,节目方的影响和参与较少,主体性较弱。另一种则是节目方主动构建的、不断招揽的、作为其产品框架重要拼图甚至是主要经济来源的经营性社群,这类社群带着强烈的生产者主体性诉求,有强烈的适变色彩,因而是本书观察的主要对象。在这种社群的运营当

---

① 中国社会科学院语言研究所词典编辑室编:《现代汉语词典》,第7版,北京:商务印书馆,2017年。

中,我们可以看到文化类谈话节目从定位到性质,从手段到目标,都在随着环境的变化而调整变异。总的来讲,有四点鲜明的色彩。

(一)收费:以热爱为名义,以服务为承诺,以缴费为门槛

会员费是这些经营性社群沉淀用户的主要方式。以《罗辑思维》为先河,"混沌大学""樊登读书""得到""吴晓波频道"这些脱胎于文化类谈话节目的知识产品无一例外地走上知识付费道路。以收费为门槛,不仅给这些产品带来丰厚利润,更有效地沉淀了忠实用户和其相关数据。

(二)定位:衷心的服务者,保姆式的全程陪伴者,绝不是领导者

在这些收费社群中,整个社群氛围普遍是一切围绕用户的需求而服务。产品方极尽服务之能事,以用户为中心,从他们对自己工作人员的定位和称呼就可见一斑。比如,罗振宇从最初就把自己定位为所有人的"书童","樊登读书"针对每一个用户的专门客服一律叫作"书童"。"书童"的服务对象自然是"老爷",在互联网时代恰恰是用户的尊称——看官老爷。可见这些产品对于自己服务者的定位明确。

同时,这些产品对社群的服务规范相当严谨和产品化。"樊登读书会"的服务人员"书童"的工作职责是开展全员服务,其工作内容包括解答会员疑问,在会员群发布线上或线下的活动通知,甚至"活跃气氛"与"保持黏性和亲密度"也是"书童"每天例行的工作。

笔者作为一名普通的新用户,专门体验了"樊登读书"App 的入会服务流程——"注册—分配专属书童—添加微信——一对一联系—缴费—拉入读书群"等。让人印象深刻的是,客服人员是通过个人微信与笔者一对一联络,细致充分地发挥人际传播的特性,有问必答,给客户营造一个独属的被照顾的体验。但是,这类经营性社群中的工作人员,绝对不会以该社群的"领导者"自居,往往会以服务者的身份,以稍低于客户的姿态存在。这和传统电视时代的文化类谈话节目的身段和姿态截然不同。

(三)激励:以"游戏打怪"方式增加社群成员黏性

这些产品还引入电子游戏式的激励机制,努力增加用户在产品上的使用时间。以"樊登读书"为例,该产品开发了两套对于社群成员的激励办法。

1.积分体系

它是用户激励体系的重要一环,通过设置一些奖励规则,引导用户完成

一些行为动作,固化用户的使用习惯。积分体系的入口通常设置为新手任务和日常任务或者进阶任务,积分出口对应的是商城兑换和游戏消耗。然而,并不是所有类型的产品都适合做积分体系,高频、低强度的场景更适合做积分体系,具体如下。

樊登的积分入口:每日签到(奖励2~5分)、邀请好友入会(奖励600分)、通过好友邀请入会(奖励60分)。

樊登的积分出口:兑换会员时间、兑换电商抵用卡、参与福利抽奖游戏、特色商品(书籍、茶杯、笔筒、文化衫、收音机)。

2.成就体系

产品里设置成就体系不仅是为了满足用户的荣誉感,平台更希望用户将自己获得的勋章(如连续健身达人勋章、记账达人勋章等)分享给朋友,从而为产品带来曝光和流量。

(四)活动:虚拟世界走进现实

以现实的惠利活动为虚拟的社群引流和巩固关注,是这类产品社群构建中重要的一种手段。在文化类谈话节目这个种群里,曾经先后出现过两顿著名的"饭"。一顿是作为此类营销事件活动之先河的罗振宇"霸王餐"事件,《罗辑思维》的用户在指定时间去指定餐馆,以"罗胖"的名义,即可有免单的机会。而另一顿"饭"则更有文化意味。《十三邀》的主人公许知远在北京三里屯卖起了"盒饭",但盒饭里不是吃食,而是一本书,网称"《十三邀》不卖盒饭"事件。同样是饭,罗振宇的"霸王餐"吹响了自媒体社会影响力的号角,许知远的"假盒饭"却吃出了一个"冷僻的知识分子节目"的真性格。不同的盒饭,一样的出发点,即用品牌性活动攫取社会注意力,增强社群凝聚力,进行跨越现实和虚拟的品牌构建。

综上,在以"关系"为偏向的融媒体传播环境下,文化类谈话节目和其延伸产品适时而为,在社群构建和传播中有明显的适应性主动行为和机体变异,应该说较为成功地在这个社交时代存活下来,发展起来。目前的文化类谈话节目社群建设从总体上来看,还存在较为明显的个体差异和不平衡发展,但其总体的种群态势朝着进化和向好方向积极前进。

本章小结 在传播的湍流中重建连接

融媒体的传播模式经历了"抛体—涡轮"的变革。这大大改变了视频文化类谈话节目的逻辑和外观。这个种群充分发挥其信息类型、信息载体等元素的优势,改变其在传播中的定位,将自身进化成为复合的传播体,具备多维度的复合传播能力,包含了三个维度的传播力,共同描述了这类节目在融媒体传播环境中的"传播维"进化。

第一维是技术维,这一种群充分发挥其信息宽容度高、灵活性大的优势,建立起跨媒介的融媒体矩阵,创建自有融媒体平台,掌握了生存资源的渠道连接;第二维是观念维,这一种群突破线性的时空观念,针对"融合时空"进行观念重组和传播重构,占领最新平台,完成了观念升级的理念连接;第三维是关系维,这一种群在融媒体传播关系的生长中,抓住社群这一新的传播环境,与用户重新建立起从电视时代就错失的宝贵连接。

因而,从传播角度,文化类谈话节目大大增加了其生态位的资源整合能力,更大大拓宽了其资源的连接能力。它的进化是融媒体传播环境进化的缩影,也是其他一切媒介内容体进化的典型案例。

/ 第七章 /

融媒体下的创作适变：
突破"审美墙"

本章节将讨论视频文化类谈话节目的创作在融媒体环境下与单向传播媒介时代相较而言的某些鲜明变化,来探看这背后折射的社会现实和文化变化。

一方面,如果说生存环境与产品逻辑、传播模式与观念方式等方面的变革效果更偏重于外部环境引发个体和群体内部适应性变化的话,那么创作方式、思路、风格、手法等的适变,对于视频文化类谈话节目这类内容生命体群落而言,则更倾向于体现个体和群落在环境变动下的拉马克主义式的自我主动性选择与变革。从媒介生态位视角看,创作的变化直接决定了媒介内容的外观、形态、语言和影像组织方式,决定了媒介内容的独特性和其生态位重叠度,进而决定其生态宽度和生存竞争力。因此,创作的适变性是考量这样一个媒介种群进化度的重要角度。

另一方面,这种选择和变革依旧与其环境条件息息相关,不是孤立的存在。作为融媒体时代综合艺术的视频节目,其综合的艺术特征和"审美性"极具时代性。众所周知,艺术是艺术家和欣赏者共同创造的结果,融媒体视频节目这种综合艺术的审美效果和艺术高度是创作者的创作活动和视频用户的审美活动共同造就的。而这种创作取向的适变和其所投射的包括"审美"在内的人类社会文化变迁,是本书重要的话题去向和关注落点。在"创作者"与"欣赏者"这对二元关系中,本书侧重于观察创作者的主动适应性变化,因为创作的变化是一切变化因素的由内而外的最终表达。而在融媒体综合艺术的生产过程中,其创作主体的观念、手段等各方面变化,决定了最终艺术呈现的变化,是一个重要的思考和观察向度。

第一节 多元与极致:创作风格适变

融媒体环境下的视频节目是新的传播时代条件下的综合艺术。它继承了电影、电视等先驱和前时代的视频艺术之成果,继承了这些艺术形式的大部分艺术语言、观看方式和审美价值,成为"视频"这一媒介形态之中最为新鲜的实践成果。因此,它有着天然的"审美性"。

"审美性"是艺术最为重要的基本特征之一。满足人类的审美需要是艺术生产的目的。作为人类精神文化的一种特殊形态,艺术本身就是审美意识物质形态化了的集中体现,是人类真善美的结晶,是内容美和形式美的统一。从艺术欣赏的主体性来说,艺术鉴赏的本质就是一种审美的再创造。[①] 任何艺术的创作与欣赏之间都存在着相互依存、相互制约、相互促进的关系。没有创作者就没有作品,而没有艺术欣赏,艺术作品的价值也就无从体现。20世纪60年代以来,理论界渐渐将研究的重心转移到艺术欣赏者这一偏向上,以强调审美活动对作品价值的最终判断和决定的作用。因此,理论和业界出现了提高艺术审美者地位的倾向。一方面这是研究的进步,认识被深化了;另一方面,也带来了一定的负面效应,即一味地迎合欣赏者,一味地降低创作主体对艺术的理解,对于艺术创作的实践和发展带来一定程度的伤害。

"艺术风格"通常指"艺术家的创作在总体上表现出来的独特的创作个性与鲜明的艺术特色",它既表现为艺术创作者个人的总体鲜明特色,也表现为特定类别或种群的艺术创造物的整体特征倾向。它既与艺术家主观方面的特点有关,也与题材的客观方面的特点分不开,涉及艺术作品内容与形式的各个层面,从艺术作品的整体上复杂地呈现出来。在艺术家个人的风格中,不可避免地会嵌入民族、时代、地域、群体的深层影响。[②] 正如安德烈·巴赞在描述20世纪30年代电影语言的演进因素时,他排除了技术的决定性,而旨归于创作主体在艺术风格上的能动性选择:"(电影语言演进的标志和原则)

---

① 彭吉象:《艺术学概论》,北京:北京大学出版社,2007年。
② 彭吉象:《艺术学概论》,北京:北京大学出版社,2007年。

必须在主题的改变和因此引起的表现主题的风格中去寻找。"①这一论断包含两条重要信息：一来，"风格"是一个时代艺术审美倾向的集中体现，是艺术创作者主动选择的结果，是窥探一种艺术语言演进变化的钥匙；二来，"风格"蕴藏着一个时代的主题，为主题的表现服务，具有极强的时代性烙印。

作为穿越媒介时代的视频内容体样本群落，文化类谈话节目的风格变化带着极强的时代更迭色彩。

如前所述，视频文化类谈话节目，从大众传播单向传输的电视时代走来，跌宕起伏中，与大众收看的"审美隔阂"一直是其解决不了的难题。"不好看""不爱看""单调""呆板"等常见的社会评价词似乎是其发展中翻越不了的阻壁。人们似乎很难改变对于文化类谈话节目"老气横秋""正襟危坐""单调呆板""理性说教"的一贯认知，甚至内化成为创作者和审美欣赏者之间的一种"主动默契"。似乎，"不好看""不容易看"成为这类节目的一贯风格印象和题中应有之意般的"宿命"。

融媒体时代的到来，给了这类节目从未有过的创作空间和条件改变。文化类访谈节目顺势而上，拥抱变化，在艺术生产和创作观念上进行了大胆的改革和尝试。这些变革首先鲜明地反映在这类节目的风格选择和变化之上。

一、多元与分化

与单向传播时代不同，文化类谈话节目在融媒体下呈现出风格上的极大丰富，一改既有的呆板单一的面貌。这类节目不仅"好看"了，甚至还在一定意义上"引领"了融媒体视频行业的创作方向和审美标准。不同风格的文化类谈话节目在多元的风格选择中，实质上分化成为完全不同的产品性质和发展道路。

"泛娱乐化"风格是其中最鲜明的风格变向。这一倾向之所以鲜明，不仅因为这类风格占据视频市场的头部位置，具有更高的关注度和醒目度，更是因为这一倾向与这个种群的前时代状态有着逆向性的不同。可以看到，以《奇葩说》为代表的一批节目充分吸收网络综艺的制作方法和风格样态，从嘉宾到内容、从语言到语法、从置景到灯光、从字幕到音效，从整体设计到每个

---

① 安德烈·巴赞：《电影是什么》，崔君衍译，北京：商务印书馆，2017年。

细节,无不投射出电视时代同类节目所没有的综艺感和狂欢性,随即成为网络综艺引领性的头部内容;也可以看到,像《四味毒叔》这类传统文艺评论色彩十分强烈的自媒体文化谈话节目,在其秉承针砭影视行业时弊的一贯宗旨的同时,也加入了诸如"戴着拳套评论"的综艺化手段,凸显其节目调性和对可看性的追求。单从这些规模或大或小的节目不约而同的综艺化演播环境设置,就能直观感觉到这类节目在基本风格调性上与前时代的巨大不同。

"泛娱乐化"的风格在近些年受到的社会抨击较大。"娱乐化"本身没有错。它反映了文化类谈话节目对于艺术创作和节目生产本质规律的回归。审美娱乐作用本就是艺术的基本作用。正如亚里士多德所认为,人的本质、情感和欲望有得到正当满足的权利,艺术应当使人得到快感:"精神方面的享受是大家公认不仅含有美的因素,而且含有愉快的因素,幸福正在于这两个因素的结合,人们都承认音乐是一种最愉快的东西。"[1]对于文化类谈话节目而言,恰恰是在此之前的时代特点和观念局限将一种"禁欲"般的去娱乐化加诸其发展之上,恰恰是违背艺术创作和节目生产的一般规律的。因此,娱乐性的风格偏向很大程度上是创作者内心艺术本能和审美需求的主动选择,也是拥抱市场决定作用的外化表现,是这一种群在新的媒介环境和生存逻辑下的求生欲表达,本身无可厚非。但过的的泛娱乐化倾向,让思辨和表达沦为"令人眼花缭乱的杂耍",思想沦为肤浅的炫技和商品的包装,让形式大过内容,手段超越目的,这背离了这类节目作为人类文化思想和交流的延伸的本质属性和存在意义,其本体被异化和消解。因此,过度的娱乐化对于这类节目的生存和整个社会文化风气的不良影响是巨大的,是必须重视的。

在"泛娱乐化"的同时,"糙快猛短"的风格在众多文化类谈话节目视频中大行其道。事实上,这类风格是"珠玉在前"的,因为它带着互联网内容初创时期的浓厚色彩和明显特性。

"糙快猛"是流行在 IT 行业中的一句"黑话俚语",指在网络迅猛和海量信息的环境下,产品不要纠结于其完成度的完美与否,而是要将仍然粗糙的产品快速投放,快速试错,在不断修改快速迭代中完善。这三个字形象地展现了网络速度和无限货架给这个行业带来的行为模式和底层焦虑,同时也折

---

① 彭吉象:《艺术学概论》,北京:北京大学出版社,2007 年。

射了新媒体特性给所有生态带来的共同习性。网络视频内容也体现出了"糙快猛"的网络特性,并且要加上一个"短"字,形成"糙快猛短"的风格。海量品质相对低下、内容雷同、求快求猛的粗糙短视频充斥网络,却似乎反而迎合和形成了某种网络审美的取向。"山寨"①"五毛特效"②"耸人听闻"反而成了网络视频的某种"风格",被年轻网友追捧。网络喜剧《万万没想到》的走红是典型的例子。这四个字落实到视频文化类谈话节目,具体表现为以下几点。

第一,"糙",一层含义指"粗糙",品质不高;也有一层含义指网络新生内容与传统媒介内容相比,不进行过多精雕细刻,相对粗糙。这既体现了网络视频起步期的有限制作能力,也体现了网络速度"快"带来的有限制作时间,而从另一个层面来说,这种"糙"又是以年轻群体为主的网民一次集体的自主选择,体现了年轻人对传统体制的某种叛逆和颠覆。

进入新媒体环境的文化类谈话节目,在最初也体现出"糙"的色彩。《晓说》从拍摄到剪辑,都在相对基础的水平上进行,时常出现明显后期修补重贴的配音和毛糙的剪辑点;《罗辑思维》最初的制作好似在一个咖啡厅,聒噪嘈杂。

这种"糙"随着网络视频的不断发展,已有很大改观,一些主打品质的差异化产品(如"一条""二更")也成为市场现象,但"糙"作为一种审美存在能够登堂入室地成为网络视频审美的某种主流而被接受,却是新的现象。这在传统电视环境下是不可能的。

"糙"给了文化谈话节目双重的机会。相对"不讲究"的制作审美,给这类节目带来了成本的控制和基调氛围的放松,让这些节目有了新的面貌和语态;同时,这类节目基因上的精致性是不容易放下的,使得它们在"以'糙'为美"的网络生态发展到瓶颈时,可以迅速转身制作高品质的视频节目,打差异化竞争。《罗辑思维》推出的"长谈"特别节目,以专业的国家电视机构团队和精良的制作水准登上深圳卫视这一传统媒介,就是很好的例子。

第二,"快",即制作速度快,推出时间快,话题反应快,这都是融媒体网络

---

① 网络用语,指相对低劣的仿造、借鉴和剽窃。
② 网络用语,"五毛"即就值五毛钱,作为定语,有低劣简陋、水平低下之意;故"五毛特效"即十分低劣的特效手段。"五毛特效"后来亦成为年轻用户群体中的一种流行文化元素,成为网络视频竞相使用的创作手段。

瞬息全球的速度和海量信息的反射。"快"也是"糙"的直接原因。在海量的信息里,在集体无意识下,"碎片化"成了大家公认的生活方式,甚至围绕"时间的碎片"发明了许多生活理念和全新产品,这在麦克卢汉的媒介预言里是典型的"信息过载"带来的焦虑——人反而被信息钳制。碎片化的时间焦虑下,人们需要对信息做"最快"的判断,接受还是放弃,因为接受一个不值得花费时间的信息,等于时间效率的双重损失——接受了一个错的,同时也意味着有限的时间碎片错过了一个对的。这也是很多人在海量的网络片源面前,把时间都耗费在决定看哪部上的原因。海量的信息和易得的通路,带来的直接焦虑便是时间的不够,人们常常没有时间关注品质和等待铺垫内容。所以,这之中许多的"糙",恰恰是要提炼出最重要的信息而不顾其他,是一种"提纯"。于是,冗长的、需要铺垫的内容,在很多场景下就成了效率不高的内容,浪费了用户的时间。因此,叶问的武学真谛成了今天的网络世界生存的基本法则,即"唯快不破"。

第三,"猛",指话题内容猛烈,第一时间吸引眼球,声势猛烈。这是"快"的必然结果和"糙"的实际效果。融媒体下的文化类谈话节目的"猛",常常体现在其标题上,常常以"反常识"和"反传统"做出某种"颠覆"的姿态。"猛烈"的标题反映了其主题选择的取向和价值观的立场,更反映着以网络用户为主要受众的新媒介,其主体市场的受众年龄分布是以年轻人为主。

第四,"短",亦是一个相对概念,它所相对的对象主要是指传统电视。短视频火热崛起的根源还是在网络的"快"和"多"。《搜神记》《夜夜谈》《老友记》等文化类谈话节目,时长都在二三十分钟,与传统电视节目相比短很多;由《锵锵三人行》演化而来的《圆桌派》,时长在 50 分钟左右,在网络视频中属于时长不短的内容,但如果与其在凤凰卫视播出的前身相比,就短很多。短,带来了灵活,带来了话题节奏的可控和注意力的集中,有话则长,无话则短。

"糙快猛短"的风格,集中体现了融媒体时代碎片化的时间节奏下人们注意力选择成本的昂贵和随即而来的"效率为先":在海量的选择面前,人们的耐心和专注度大打折扣。这与文化类谈话节目需要铺垫和展开的内容特性产生天然的矛盾。不同的节目采取了不同的对策。《罗辑思维》采取不同产品线的方法,在日常节目"糙快猛"的同时,制作《长谈》《001 号发布会》等精品节目,投放传统电视等平台,开启不同的使用场景;《十三邀》《搜神记》等注重短视频病毒传播，将节目分割投放，占据碎片化时间的使用场景；《圆桌派》更是在投放短视频的同时，坚守高品质节目的定位，以话题和讨论的精彩性为根本，以"言值就是生产力"为口号，吸引能够拿出整段时间沉浸于节目的用户，选择相信互联网用户的多样性，其观看场景更靠近传统电视；《晓说》则体现出音频大于视频的产品定位，不考究视觉画面的质量，而集中注意力在听觉内容上，成为人们日常生活的"伴声伴影"。融媒体的移动性使产品化的视频文化类谈话节目更多从用户的应用场景考虑，获得多样性的发展可能。这些举措又进一步丰富了文化类谈话节目的风格。

一方面，在"泛娱乐化"和"糙快猛短"的猛烈席卷的同时，一批有强烈知识分子审美情趣的节目也在融媒体环境下立足。这类节目在整体风格特征上偏重于沉静甚至沉郁，注重个人视角的表达和传递，坚守知识分子的文化品位和文化立场，带有鲜明的文化价值观批判与引领，其风格显示出鲜明的"阳春白雪"色彩。《圆桌派》《一千零一夜》《晓说》《局部》等，都是这一类风格的代表。

另一方面，主流媒体和相关制作机构推出了《朗读者》《见字如面》等产品，以文化谈话为核心，着力于雄浑恢宏与细腻感人兼备的艺术风格，将家国情怀、伦理真情等主流文化主题，用殿堂级的演出阵容和制作水准，辅以朗诵、话剧等高雅舞台艺术为手段，创造出一种高雅、深厚、细腻、绵长的审美意蕴，提供了一种融个人情感于整体民族家国情感的艺术高峰体验，形成意识形态上的"头部内容"。

这两种风格分支，是对文化类谈话节目既有风格和本质价值的坚守性延续和极致性彰显，是对市场取向的"泛娱乐"风格和技术取向的"短平快"风格的差异化突破。它们反映出融媒体环境下创作主体和创作立足点的多元与复杂，也能反映出社会精神文化需求的多元、多变与丰富。可以看到，互联网和融媒体环境最初发展的阶段，泛娱乐的氛围和短平快的节奏满足了社会对于新型内容的海量需求，打开了业界和用户对于文化类谈话节目可能性的想象空间，开拓出创作领域宝贵的新思路和新语汇；而随着融媒体发展的不断深入和内容供给的极大丰富，尤其在新冠病毒感染等不可抗力给社会生活带来更多不确定性的情况下，人们不再满足于表层的娱乐，而越来越逆反于狂轰滥炸的信息过载，反而需要沉静深厚的内容，给内心滋养和调适。

可见，在融媒体环境下，文化类谈话节目呈现出风格上的极大丰富。同时，从节目的模式上，不断吸收多种节目的形态结构方式，将游戏竞技、舞台表演等常见的节目手法和典型形态融入文化谈话中，甚至将文化谈话这一主要形态特征反过来融合消解在纪录片、综艺等形态中，使得这些形态原初的鲜明风格也融合和杂糅到文化类谈话内容的基因里，变化出更加丰富的艺术风格。

二、聚焦与极致

如前文所述，电视时代由于其大众传播的属性，常常以一种相对模糊而泛化的标准和思路去影响艺术创作与生产。比如，要求每一类节目都尽可能地满足每个受众人群的广泛欣赏口味，尽可能吸收所有元素。春晚就是这种电视时代模糊标准下的典型产物。

文化类谈话节目在融媒体下的风格虽然趋向于多元化，但每一个脱颖而出的单独风格的节目明显趋向于极致化的发展方向，呈现出一种垂直化的风格聚焦，凸显其可识别度和个性色彩。这种聚焦和极致体现在三个方面。

第一，极致化放大节目核心风格。即抓住节目风格的核心特征和竞争力，向极致化的方向打造。以《局部》这个节目为例，它跟随画家的眼睛，洞见幽微辽阔的万华世界，欣赏名画精彩细节，高雅审美是它的主题，人类艺术精神的高远和艺术情感的荡涤是它的话题，一个画家外表和语言的冷峻平静与内心和灵魂的波澜壮阔之对比是它的气质风格，从局部出发见微知著是它的角度风格，美是其贯穿内外始终的追求。因此，全片在画家的画室或世界著名美术馆等地拍摄，后期辅以大量的动画效果，将名作的局部以二维效果的三维动画形式重新呈现，通过故事和主题激发年轻人兴趣，从局部角度重新梳理与审视各时期艺术创作及艺术家。可以说，这个节目在努力让每一个元素为放大其核心风格而服务。

第二，聚焦化提纯节目核心风格，敢于对风格外元素说不。与单向传播时代明显不同的是，融媒体下的文化类谈话节目在风格营造上不再被"单调"所困扰，反而将"单纯"视为其风格的根本。追求沉静和高雅品位的节目，就将冷与静进行到底，而不会苛求节目的通俗性；追求家国大义和民族情怀的节目，不会强求节目的幽默或娱乐；追求综艺感的节目，也不会刻意地去追求主流价值的回响。因为这些都不是它们的核心风格，含混的添加只会对核心风格造成污染。这是非常鲜明的时代变化。

第三，往往将节目风格极致地聚焦为核心人物的风格与性格，让核心人物作为独一无二的个体，去代表节目无法被替代的风格唯一性。这样的例子不胜枚举。如《朗读者》，将节目的气质与风格落实为董卿个人对文学的酷爱和对人性的观察与歌颂；如《四味毒叔》将节目针砭时弊的风格分解为四位毒舌叔叔不同的性格和侧重，不同"毒叔"的出现意味着不同调性的话题，合起来就是整个文艺评论的版图。

将这样三个层面的风格聚焦与极致化体现得淋漓尽致的，是《十三邀》。这个节目不仅以核心人物许知远的视角为出发点，以他的访问和内心自述为主体内容，还将这种个人化的视角放大为其节目的宗旨和风格，即"带着偏见看世界"。当然，许知远和《十三邀》所谓的"偏见"并不是通常意义的偏听偏信和以偏概全，而是个人自己的想法与观点。节目试图让用户在《十三邀》的访问和人物的投影中看到自己和自己所处的时代位置。这样一种许知远个人对于社会问题的切片式思考，作为节目灵魂，也作为话题营销的落点，让这档节目想要表达的思想性和新锐度风格无比突出，同时也传达了一个鲜明的意象：在风格和诉求取舍上，这档节目也将不遗余力，坚持"偏狭"，不盲目，不逐流。

三、多元与极致的本质：窄众传播，分众服务，主动选择

视频文化类谈话节目的创作风格适变集中反映了融媒体时代的传播方式变化和生存逻辑变化。风格的多元是大众传播向窄众传播转变的外化，是差异化需求并行生存和社会供求极大丰富的体现，而风格的分化、聚焦和极致，体现了文化产品鲜明的服务性和服务的精准针对性。

但回到创作本身，任何一个单一节目的风格设定和选择必定饱含创作集体的主体性选择。即便是在经济基础和技术形态的双重决定下，创作依然有它的自主空间和选择机会。事实上，针对文化类谈话节目这一特定类型而言，技术、传播和互联网市场所带来的是较之以往极为宽阔的生态位机会，是对不同个性风格的极大包容和需求，从创作机会而言堪比从"0"到"1"。融媒体对于这类节目，相信也对于很多其他类型的节目体而言，都是创作的巨大

"风口"。在极大丰富的社会需求面前,在特定具体的需求对口之下,选择什么样的风格,采取什么样的手段,达到怎样的审美效果,与创作主体的艺术追求、艺术感觉、思想情感、创作性格和艺术积淀息息相关,因人而异,而且在无限货架的长尾效应下,这种创作生态的差异往往不具有排他性的竞争排斥,在融媒体巨大的融力之下,都有被包容和生长的空间和机会。因此,风格的变化是创作的主体性适应与变化,是伸张自我生命和争取生态生存的主动应变。在如此有利的生态机会面前,如果不主动抓住创作的决定权,任由市场和经济摆布,这就不仅仅是创作者的无能和软弱,更是一种逐利的沉沦。

第二节　继承与突破:创作语言适变

创作风格的变化表达着社会客观世界和创作者主观世界的变化与互动,而创作的语言、手法与观念的变化则承托着创作风格的发展。作为视频艺术的最新创作和实践成果,融媒体视频节目(尤其是在数字新媒介的视频节目)从创作语法到欣赏方式,很大程度上沿袭了其艺术前身——电影和电视的基本原理与审美体系。直到今天,"在屏幕前观看"依旧是视频内容观赏的主要方式。因此,探讨融媒体视频节目艺术手段和观念的变化,需要从影视艺术的美学主干上吸收重要养分。同时,新的媒介新的环境必然带来美学观念和艺术手法的更新和前进,影视艺术的系统和观念也值得被融媒体新环境所检验和应用。在融媒体下,经典影视美学理论不仅成为理论工具,也成为被发展和补充的对象。

"影像"是影视艺术根本区别于其他艺术形式的本质元素。以巴赞和爱森斯坦等大师为代表的经典电影理论为所有日后的视频艺术奠定了一般语法和规则。巴赞在《电影语言的演进》一文中将"影像"泛指为"被摄事物再现于银幕时一切新增添的东西",这种增添是复杂的,但基本上可以归纳为以下两类:影像的造型和蒙太奇。在他看来,影像的造型应当包括布景与化妆风格,在一定程度上也包括表演风格和照明及完成构图的取景。[①] 而蒙太奇则

[①]　安德烈·巴赞:《电影是什么》,崔君衍译,北京:商务印书馆,2017 年。

标志着电影艺术的诞生，也标志着视频艺术的开端。爱森斯坦等对蒙太奇理论、声画结构等进行开创性研究，并将蒙太奇上升到思维方式高度，与辩证思维联系在一起。而与"影像"或者承载"影像"的银幕（屏幕）息息相关的"镜像"概念，则将视频艺术的认识论带入现代电影理论时代。李道新认为，镜像探讨是影视艺术批评特有的属性，包括对影视画面、影视声音及影视叙事模式等进行文本意义上的探讨，从根本上而言，任何影视批评文本都必须建立在镜像探讨的基础之上，否则，影视批评就会被一般的主题阐释、文本分析和产业研究所替代，并失落其不可或缺的影视特性。[①] 作为电影本体论的奠基人，安德烈·巴赞对镜像探讨有着特殊的重视，在 1943 年《电影评论辩》一文中，巴赞对当时电影批评对于镜像讨论的普遍忽视进行反思，认为对于"构成电影物质元素本身的东西"的见解是电影批评的核心。而今天来探讨融媒体互联网环境下的视频艺术，对于其"影像"等特有艺术语言的探讨和透过播放影像的屏幕这面"镜子"所折射出的镜中人心和文化投影，亦是具有重要价值和理论韵味的。

　　对于文化类谈话节目等融媒体视频节目体而言，它在基本艺术语言上继承了蒙太奇、长镜头等经典电影理论所构筑的影像规则，又在语言功能形态上大大沿袭了电视的传达形态和表现形态，发挥着传播功能、纪实功能和表现功能。这类节目的"影像"，在从电视时代向融媒体时代转型的过程中，发生了显著变化，使它们既区别于其他性质的媒介艺术，亦与前时代视频艺术存在特点上的不同倾向，印刻着媒介组织方式和人类生存环境的变化。

一、"强剪辑"：共景监控下的蒙太奇及其削弱

　　"强剪辑"是时下流行在视频行业领域（尤其是综艺制作和互联网新媒体视频创作领域）的一个约定俗成的概念。它是指以高密度的剪辑手段，处理高强度的全素材，后期剪辑高强度再造节目内容的真实，对节目最终意义的生成进行强干预的后期制作方式。它强调高信息密度，大节奏强度，以字幕、音效等手段为辅助，高频次推动节目气氛，人为制造情节和情绪的波动。它源自真人秀、选秀等综艺节目类型在大资本支撑下的全素材工作方式，即前

---

① 李道新：《影视批评学》，北京：北京大学出版社，2002 年。

期拍摄以不停机的方式尽可能多地收录素材,演播室节目则以导播切换信号为内容基础,收录所有机位不停机录制的全部素材,在后期剪辑中面对海量素材进行现场重构,剪辑片比甚至达到100：1以上的程度。多种剪辑方式和特效字幕等附加手段的高密度使用,是其常见的特征。这种制作方式实际上颠覆了以往电视时代乃至电影时代的制作观念,它从一定意义上架空了前期的"编导演"准备,也大大增加了制作的难度和成本,以换取对最终节目呈现的"再造现实"的完全把握。这种方式从一些高投入高产出的所谓"头部节目"逐渐流出,形成目前业界通行和常见的一种操作范式。

文化类谈话节目在当前综艺娱乐氛围浓厚的业界环境中,也充分运用了这种流行的强剪辑方式。《奇葩说》等节目一改同类节目沉郁平缓的剪辑节奏,进行全综艺化的包装,运用几乎所有的蒙太奇手段,并对这些手段进行后现代风格鲜明的变形。比如,"平行蒙太奇"常被这类节目用在节目序幕,描述主要人物来到现场前的心态和目标,以铺设悬念;"加速蒙太奇"作为一种气氛手段,常常用于调侃嘉宾发言的冗长或无意义,而将嘉宾发言刻意加快,同时消音或变声,配以各种调侃字幕——这种素材在传统电视时代的文化类谈话节目中难逃被剪掉的命运,而在融媒体泛娱乐化的氛围中,"废料"也成为有效的节目内容;"杂耍蒙太奇"则变形成为节目线性流中突然出现或旁插的素材,成为所谓"网感"的标签,比如在嘉宾发表惊奇言论或让人无奈的话语时,突然旁插入一只在森林里吼叫的熊的镜头,或一闪而过其他影视剧的经典台词段落,以表达观看者的惊愕或无奈,而且这种情绪的表达者——剪辑师本身在这一刻的身份是复合的：既是制作者又是看客,后现代解构主义的色彩相当明显。这种因"敖萨德阶梯"等经典而镌刻于影史的电影语言手段在今天的融媒体时代被通俗化和解构化为"字面意义的杂耍",但其蒙太奇目的并没有背离爱森斯坦最初的理解,即"给予感受者一定的情绪上的震动为目的,反过来在其总体上又唯一决定着使观众接受演出的思想方面,即最终的意识形态的可能性"。①

而另一种新的全素材组合剪辑方式,最先被放大运用在《奇葩说》等综艺向文化类谈话节目中,随后被推广到整个综艺节目生产当中成为流行的语

---

① 谢尔盖·爱森斯坦:《蒙太奇论》,富澜译,北京:中国电影出版社,1999年。

汇。这种组合方式常出现在需要反映镜头或需要氛围应和的段落,即将所有角度和人物的瞬间反应同时并列放置在主剪辑流之上,形成一种"监控式"的画面布局。这使得观者在一个画面可看到多条信息流,一瞬间对现场氛围有全方位的掌握和接收,并在多重叠加下放大现场效果。这种方式在《奇葩说》这样的节目里已不是偶尔出现,而是占据其总镜头量四分之一以上的一种常用语汇,与其他蒙太奇方式并行,成为显著的特征。这种镜头的拼贴组合方式事实上代替了部分蒙太奇的地位和空间,将一种全方位的观感和未经加工的错觉交给观者。它像巴赞推崇的景深镜头的"二维塌缩"版,整个立体场景的全部信息平铺在一个平面空间内,营造了一种扁平化而直观沉浸于全场的错觉,犹如刘慈欣《三体》中描述的"降维打击"①。

经典蒙太奇理论在这些变化和尝试下被沿袭,也被变形。从文化类谈话节目的整体表现上看,传统蒙太奇手法和思维是被削弱的。虽然基本的影像语言和语法规则并没有什么颠覆,但蒙太奇最为核心的价值——镜头组合而形成新的意义,似乎在这个时代并没有得到太大的发展,只停留在基本叙事和气氛烘托层面。尤其是平铺式的信息流镜头,更取消了蒙太奇的部分意义,正如同巴赞所说:"若一个事件的主要内容要求两个或多个动作元素同时存在,蒙太奇应被禁用。"②

二、"零剪辑":万物皆媒下的长镜头回归

与"强剪辑"正好相反,文化类谈话节目中还出现了一股强烈的"摒弃剪辑"的创作倾向。

一方面,"零剪辑"成为一种现象。所谓"零剪辑",是相对于传统影视通常的蒙太奇运用而言,融媒体新媒介中的视频以最低程度的剪辑,甚至完全放弃剪辑,以尽可能展现事件过程的全貌和原貌。这种现象恰恰暴发自新媒介视频文化类谈话节目。比如《十三邀》,2016年开始由腾讯视频与单向街书店共同推出,许知远为主持人,以社会文化切片的角度邀请重量级嘉宾进行

---

① "降维打击"是科幻作家刘慈欣在其代表作《三体》中的一个想象,即高等文明打击宇宙低等文明的方式是将其三维世界"拍扁"成"二维",使其彻底消亡。该词随着《三体》的获奖和流行而成为社会流行语。

② 安德烈·巴赞:《电影是什么》,崔君衍译,北京:商务印书馆,2017年。

一对一访谈。该节目从最开始就有两个版本——常规剪辑的"精编版"和毫无剪辑的"无剪辑版"。在后一个版本里,观众可以看到录制前、录制中、结束后的全部过程,甚至录前准备的场景,这使得观众身临其境,如同与嘉宾在现场面对面一般。而这在传统电视的环境下是不可想象的。

如前文分析,文化类谈话节目是传统电视内容领域中一种典型的"重剪辑"的形态,不仅要剪辑掉无用的、有损节目质量的内容,更要通过剪辑重新整理话题,通过位移和拼剪"再造内容",使其成为一篇视频化的"优秀论文"。而到了互联网新媒介端,剪辑这一视频行业的通常技术却成了传播效果的阻碍。"零剪辑"进一步带来了整个内容的仿真感和趋近性,形成了零剪辑下特有的视听语言。以《十三邀》为例,其中期的节目将谈话地点从典型的专门采访空间改换到餐厅等生活场域,比如在饭桌上进行访谈,强化节目纪录片式的纪实感。与极度追求真实感的零剪辑相对应的是,不稳定的手持镜头模拟偷窥视角的拍摄方式,让观众犹如置身在那个嘈杂的生活环境中张望和竖耳倾听着这场谈话。如《十三邀》专访搜狗创始人王小川的节目《残存的精灵》,采访从许知远与王小川在一家普通餐厅吃晚饭开始,采访双方都极其放松,节目中甚至出现"给我再来一瓶啤酒"之类在传统电视节目中肯定会被删去的"无用言语"。而整场节目都是在不断摇移和变换景别的镜头语言下完成,模仿着邻座客人的主观视角,以"偷拍感"营造"偷窥感"。但这样的镜头语言又是以具有鲜明影像感和品质感的色彩和影调为基础,让人看到意识流和生活化的镜头下是充沛的艺术能力和明确的品质要求。无独有偶,《罗辑思维》从开播之初,也坚持几乎不剪辑。节目录制一共只有一个机位,没有可以贴补的第二个镜头,节目剪无可剪。罗振宇通常的录制状态是"不能出错",录制如同直播,一旦出错,即便是最后一句,也意味着需要重来。因此,节目的录像过程可以说是对罗振宇和团队的双重"折磨",一集40分钟的内容,往往要录制八个小时,甚至两天。这样"不合情理"的"简陋"制作,并不是成本有限所致。罗振宇解释,在他看来,《罗辑思维》的本质不是视频的"电视节目",而更趋近一个音频的"广播节目",听众的使用场景往往是伴随式的倾听,而手中干着其他事情,因此其语流不能有一丝被修剪和打断的迹象,因为那会在瞬间打断受众在谈话场的卷入,影响体验。

另一方面,纯粹的"长镜头"节目出现。如《一千零一夜》,坚持以一个正面跟随的中近景镜头为主轴，在夜幕降临的北京，嘈杂喧闹的人行路上，跟随主讲人梁文道边走边讲，专心讲书；在朴素的门面里，梁文道像一个家常大叔，跟店员随意攀谈；在文化气息浓厚的敦煌，他坐在椅子上，不经意间讲起自己几十年来与旅行和书的结缘，一切都被无差别和不加评判地记录，并在后期制作中以长镜头"一镜到底"的形式成片，没有频繁的过渡镜头打扰主轴的运动和流转。强烈的镜头浸入感，让坐在静室中的观者，有了一种身临其境的沉浸感和"心随镜动"的参与感、真实感。

可以说，这种"摒弃剪辑"的倾向是巴赞的"电影本体论"在融媒体时代的生发。巴赞强调电影的本性是复制和还原现实的真实性，因此其本体论就是一种影像的逼真性特征。巴赞特别强调拍摄者的主观干扰尽可能退出影像的生成，让影像的表意保持模糊的开放性，把判断和感受的权力留给观看者自己。巴赞赞叹初生的电影时说："……这真是破天荒的第一次。外部世界的影像第一次按照严格的决定论自动生成，无须人加以干预参与创造……一切艺术都以人的参与为基础，唯独在摄影中，我们享有不让人介入的特权。"[①]今天看来，这种尽可能地客观记录和最大限度的观者权力交还，正与融媒体时代的观念和实际不谋而合。

"零剪辑"是对"面对面谈话"的现实环境的极致模仿，展现了融媒体环境下万物皆在媒体的包围下，人们对"真"和"同步性"的习惯与追求，让观者时时刻刻有最真实的卷入感和同步感。剪辑的视频是"他视角"的，经过加工的，趋于虚假的"完美"，带着强烈的作者倾向。在互联网新媒介时代的人们，更倾向于完全真实而非完美，需要与事件同步。甚至人们在成为推动事件发展的力量之一时，他们需要以自己的判断观察世界，而不要反刍二手的信息，虽然被媒介和信息包围之下的他们几乎得不到一手信息。真实感和自我寻找答案的过程不需要外部介入的提示，是这个时代的艺术欣赏者自我意识觉醒的反映。因此，"零剪辑"趋向于"我视角"。"零剪辑"从表面上是所谓技能的"退化"，但实质上是新媒介环境带来的审美和诉求的深层次变化，实质上是媒介再现现实的趋向在融媒体内容上的表达。

---

① 安德烈·巴赞：《电影是什么》，崔君衍译，北京：商务印书馆，2017年。

三、"界面式画框":不断消融的"第四堵墙"

戏剧中"第四堵墙"的舞台观念由来已久,它的功能在于分割"模拟环境"与"现实环境",区隔"叙事时空"与"剧场时空",让虚拟的剧情空间环境能够自成一体不受打扰地尽可能造就假定性下的逼真幻觉。这堵墙随着人类媒介技术的演进而平移到了电影、电视,进而影响到今天融媒体视频媒介的每一块屏幕。在舞台上或银幕/屏幕中,一个常识性的认知和设定便是虚拟情境中的人物不能越过第四堵墙与观者发生交流,以保持假定性时空不被破坏,也就是舞台上的演员绝不看观众,或影视剧里的人物绝不看镜头。这造成了一个鲜明的观念——第四堵墙不能轻易被打破。

事实上,每个时代的创作者从未停止探索打破这堵墙、重修与观者关系的方式。布莱希特认为,观众不能陷入情感的催眠,而应在演出中保持清醒,便让演员直接对着观众说话,跳出所饰演的角色进行评论,他的间离效果已让演员和观众能够自由地进出"第四堵墙"。① 在东西方电影银幕上也不乏后现代主义色彩浓郁的影片,让剧中人跳脱出角色与观众交流,形成解构的反讽或喜剧的笑料。电视媒介的发展,让"一对一"人际交流的模拟在电视新闻、纪录片、真人秀等节目形态中大行其道,让第四堵墙的内外形成习惯性沟通交流——即便这种沟通交流建立在时空障碍和对话障碍的技术壁垒之下,成为一种模拟的破壁而出。而融媒体时代下,每一块屏幕都是一堵"四号墙",都是影响意义生成的介质,是观者观察镜中自我和他者眼中自我的那面镜子。

从文化类谈话节目中两个突出的影像变化可以看出,这面对融媒体环境下无数用户的"四号墙",在融媒体世界的技术和用户使用的方式以及随之而来的观念的变化下,越来越趋向于消融。虽然在现有技术条件下,这堵墙从物理角度而言短时间内无法消失,但从媒介运行的逻辑和艺术生产的观念上,这堵墙较之以往的时代更趋向于被穿透。

一方面,"看镜头"的语言表达方式是文化类谈话节目和其他海量融媒体视频内容在"微空间"私人对话式传播时的首选高效主流方式。随之产生的

---

① 马骏:《"看镜头"的实践流变与美学价值》,《现代传播》2014 年第 11 期。

自媒体"UP主"文化，使得一个人对着镜头说和一个人抱着手机看，形成了一对生动的对应关系。这使得《罗辑思维》《一千零一夜》等节目的画面呈现出一种单调而锐利的风格，也影响着这些节目在话题、语态、灯光布景、语义结构等方方面面的不同。在传统电视时代，文化类谈话节目往往是文化思想交流碰撞的表演和社会文化议场的模拟，其主体影像语态是不脱离镜框内谈话关系和时空，尽可能拉动观者进入谈话场，即便是《百家讲坛》这种单人讲话式节目，其主讲人的视线也是在看镜头的同时更多照顾镜框内讲坛下仅露出后脑勺的现场观众，因为它所针对的典型欣赏空间是客厅，屏幕前观者的客厅即其讲堂画框外的延伸。而融媒体下移动端为先的传播态势，让典型的视频欣赏环境转移到了狭小私密的个人环境，像极了爱迪生没有被历史采纳的最初电影收看方式的构想：给每个人发个小匣子，放在眼睛前单独观看。这时，观者和用户的私人微空间即成了这种隔屏相望的基本环境，这块屏在双方穿越时空的隔屏相望间，融化为视频通话时的界面，虽有区隔，却时空同在。

另一方面，如前所述，越来越多的节目将所有信息一并呈现在一个平面画框中。这里不仅有全场各个角度的监控，还有各种信息字幕的迭出，更有意味的是"编导演"往往从幕后跳脱出来，以字幕调侃的形式与观者在同一时空下观看节目，对节目中的调侃进行再调侃，对节目中的交流进行再交流。此时，他们的声音和位置是矛盾的，既代表制作者，更代表屏幕前的"吃瓜群众"，有一种"围观"中带头"起哄"的效果。而所有这些信息展现在观者面前，观者即被赋予了选择自己注意力和情感流向的权力。这块屏幕与其说是导演导控台的延伸，不如说是用户手机操作界面的模拟更为贴切。

综上，文化类谈话节目在融媒体时代下的创作语言较前时代发生了变化，主要体现在其"影像"的手法和观念上。上述三个角度虽然不在一个层面，却彼此相关，共同折射同一个时代根源：融媒体时代下，社会成为一套"全景监控"技术下的"共景监狱"。

所谓"全景监狱"概念首先来自杰里米·边沁设计的"全景敞视监狱"，而后福柯将其引用到社会观察中，比喻人类社会控制的典型方式。福柯发现，传统社会的社会治理者主要是通过信息不对称的方式来实现低成本、高效率的社会控制的。这种控制恰如边沁设计的环塔式监狱：犯人在不同的牢房中囚禁，狱卒则处于最高一层牢房顶端监视，管理者可以看到所有犯人，而犯人却看不到管理者,并且犯人彼此之间也不具备信息渠道和有效沟通,于是,无论管理者是否在场,犯人都假定他们的存在,因而不得不接受外在控制,同时也自觉地遵守监禁规则以囚禁自己。从这里,福柯提出,全景敞视系统是一种权力形态,它以规范为中心,从"惩罚"到"规训"形成了一套社会自动运行的权力系统和"标准化"规制。①

在融媒体互联网时代,人们参与信息的传播,每个人都可以成为信息的传播者与分享者,这就大大削弱了权力机构掌握信息传播优势的局面。一种与传统"全景监狱"理论相对的"共景监狱"理论应运而生。喻国明认为,"共景监狱"是一种围观结构,是众人对个体展开的凝视和控制,个体由之前的"被监视者"转变为"监视者",舆论监督的权利转变为公众所有。②"全景监狱"是塔状的,是一对多的俯视,而"共景监狱"更像是现代的体育场,是多对一的凝视与观看。福柯对目光有一个形象的比喻,即将其称为"权力的眼睛",认为观看是一种权力的实施,并且认为这样"一种虚构的关系自动地产生出一种真实的征服"。③ 在融媒体无处不在、无时不在的围观中,被称为"吃瓜群众"的广大用户通过"看"而获得了主体权力,被观者则物化为被看的对象。李晓蔚认为,当围观者认定被围观者无法对其行使看的权力时,被围观者作为观看主体的资格就被剥夺了,导致被围观者物化为纯粹景观,成为一种被展示、被"示众"的对象,成为"目光的猎物",最终在"权力的眼睛"下自动地将观看者的意志施加于自己身上。在被围观者个体的自我规训之外,根据库利的"镜中人"理论,在网络围观过程中,人们围观的目光有意无意间就构建了这样一种巨大的"社会之镜":无论是围观者或是被围观者,所有人都可以在这面"社会之镜"中照见自己;在"观照"别人的过程中,围观者自身的"异常行为"受到了警示,并通过确认他人的荒谬而预先"矫正"了自己,无形之中使得每一次重大的网络围观事件都成为一次"全民规训"的契机。④

艺术的手法和语言最终造就的是对现实生活的比喻和重现。视频艺术的创作变化反映了这样一种共景监狱型社会现实下的人的变化。"强剪辑"

① 约翰·斯道雷:《文化理论与大众文化导论》,常江译,北京:北京大学出版社,2010年。
② 喻国明:《媒体变革:从"全景监狱"到"共景监狱"》,《人民论坛》2009年第15期。
③ 李晓蔚:《"权力的眼睛":全景敞视主义视域下的网络围观》,《国际新闻界》2015年第9期。
④ 李晓蔚:《"权力的眼睛":全景敞视主义视域下的网络围观》,《国际新闻界》2015年第9期。

的核心目的是再造真实,让人沉浸,但与前时代不同的是,这种沉浸不仅仅是单方面的拉扯,更是给予观者全方位的上帝视角和尽可能多的选择,让其真实地参与其间;"零剪辑"和长镜头的核心目的是把尽可能客观的真实交给观者,也就是把判断真实的权力交到观者手中,这表面上是对"强剪辑"的叛逆和反对,但其根本是一致的,那就是给予观者尽可能大的自主权力;而"界面化"的屏幕,更是一种现实的缩影和反照,不仅让观者进入熟悉的监控场景,也让观者的选择权力有了凌驾于传者的错觉,使其进入认同的沉浸。

因此,从文化类谈话节目的融媒体审美创作适变当中,折射的是人们在融媒体社会之中的某种生存现实和精神存在状态。文化类谈话节目在这种观念和环境的变迁中,以其主动性的适应行为,改变自身的艺术创作方式,在顺应中进行创造性突破,孕育着某种新的时代艺术语言。

本章小结　融媒体视听艺术语言的萌芽

本章探讨了融媒体创作环境对视频文化类谈话节目的艺术创作风格、艺术语言和创作能力取向的影响,探看这类节目在"艺术维"方面的进化突破。

从文化类谈话节目的创作适变里可以看到,在融媒体极大的需求包容力下,视频节目内容创作抛弃了前时代的窠臼,体现出丰富多彩、生机勃勃的整体状态。各类节目在丰富的风格探索下实质上在发展路径和节目服务对象的根本方向上产生了分化。艺术创作的手法在继承中凸显突破,产生了新的视频艺术语言的萌芽。而确保这种艺术创新的是创作者主观的能力适应和创作选择。

可以看到,目前的融媒体视频艺术仍在最初的萌芽状态,新的语汇和风格还需要时间和作品的检验与打磨。但融媒体客观上对于艺术创作的促进和对创作者主体性的支持,是有利于新语汇的创作发展的。这些新语汇集中反映了融媒体时代人们在共景围观下的权力变化和存在调整,也隐喻了媒介化的生活下人们不可避免地"景观化"自我异化。

第八章

融媒体下的文化适变：
突破"认同墙"

从上一章起，本书实质上开始探讨融媒体环境下的节目内容体在"媒介内容"维度上为争取"媒介生态位"所做出的适变和其背后的驱动力。而作为直接的大众文化产品和直接产生文化讨论与文化观念的平台，节目内容体要获得生存发展空间的关键，是获得用户群体和社会观念的文化认同。

说到"认同"，从单向媒介时代转向融媒体时代的节目内容体，其所面对的受众结构、传受习惯、价值判断、社会文化形态及这一切最后表达为所谓的"市场"，都发生了巨大的转变。其认同结构，也势必发生明显的转向和适变。而文化类谈话节目最具对比研究价值的地方恰恰体现在这里。这类节目，伴随其根本性质、传播方式、艺术语言的适变性转向，其内在文化取向和价值认同发生了怎样的偏移？有没有某些悄无声息却平地惊雷般的根本转变？是否折射了节目内容体在融媒体时代下某些内在文化变迁的必然倾向？今天的我们又该如何看待这些倾向和其未来发展？我们将去向何方？我们该做些什么才不再迷惘？

本章从"认同"的机理和角度出发，研究文化类谈话节目从单向传播环境到融媒体传播环境，其内在发生的认同路径、文化策略的改变，更进一步从其文化权力结构入手，对这类节目在融媒体下的文化基因适变和其体现的融媒体社会文化权力的角力的总体状况进行分析，对这类节目所折射的融媒体节目内容体的文化基调与本质进行探讨，试图找寻揭开上面问题答案的某些线索。

第一节　社会认同与文化认同刍议

"认同"在汉语中被定义为"认为跟自己有共同之处而感到亲切；承认、认可"。^①而在英语中,"认同"(identity/identification)则与"身份确认""自我建立"等概念有着深远的联系。而在本书聚焦的媒介文化视域中,"认同"在更大层面上首先表现为社会层面的观念和文化认同。"社会认同"是社会心理学研究的重点之一,而文化认同也是文化研究中由来已久的课题,贯穿在不同层面的文化观察与探讨中。因此,要认识社会范畴的"认同",可以从多个角度进行归纳。

一、社会认同理论与"社会认同路径"

首先,从社会心理学角度来看,群体行为是社会心理学的一个重要课题,而社会认同理论已成为这一领域最有影响的理论之一。

社会认同被社会心理学范畴定义为:"个体知晓他/她归属于特定的社会群体,而且他/她所获得的群体资格会赋予其某种情感和价值意义。"^②根据泰弗尔、豪格等的总结,总体来讲,社会认同过程共分为三个步骤:社会分类、社会比较和积极区分原则。泰弗尔认为群体内成员倾向于通过群体间比较获取认同。社会区分完成后,群体进行社会比较以满足个体获得积极评价的自我需要。在进行群体间比较时,群体更倾向于在特定的向度上夸大群体间差异,并对群体内成员给予更为积极的评价,产生不对称的群体评价和行为。在此过程中,个体过分认为自己的群体比其他群体都好,并且从寻求积极的社会认同和自尊中体会群体间的差异,进而引起群体间偏见、冲突和敌意。而积极区分原则的积极结果是,当群体内成员认为内群体优于外群体时,群体成员的自尊心被提高,对内群体产生更多认同。^③

具体而言,在豪格等的分析下,这一"社会认同路径"包含以下要点。

(一)社会范畴化

社会认同路径建立在特定假设基础之上,这些假设涉及人类和社会的本质以及它们之间的关系。具体说来,社会认同路径主张,社会是由社会范畴

① 中国社会科学院语言研究所词典编辑室编:《现代汉语词典》,第七版,北京:商务印书馆,2017年。
② 迈克尔·A.豪格、多米尼克·阿布拉姆斯:《社会认同过程》,高明华译,北京:中国人民大学出版社,2011年。
③ 迈克尔·A.豪格、多米尼克·阿布拉姆斯:《社会认同过程》,高明华译,北京:中国人民大学出版社,2011年。

(social categories)组成的，这些范畴在权力和地位关系上彼此相关。① 所谓"社会范畴化"即社会区分，就是将不同层面的人和社会认识依据不同维度进行简单化的特征归类和划分，比如民族国家、种族血统、阶级阶层、性别、宗教等等。因此，社会是社会范畴的一个异质性集合。②

社会范畴作为依据与动力直接催生了"社会群体"或"人类群体"。社会群体承受着一定的驱动力和压力，它们使一个社会群体本能地先将自身与其他群体区分开来，而不是寻找彼此间的共同性。③ 乔治·赫伯特·米德（George Herbert Mead）等认为，社会对个体的影响受自我概念的调节，"自我"产生于生活中个体间的互动，并在互动中不断调整，而这种互动很大程度上是符号性的（symbolic），象征符号是在成员之间达成共识的或者是共享的，因而通过以和他人相同的方式将自身符号化，或者通过扮演他人的角色，我们将自身建构为社会之物（social objects）。④ 因此，对于某个群体的归属感是一种心理状态，这种状态与个人独自生存时的心理状态截然不同。

也就是说，归属于一个群体就会获得一种社会认同（social identity），或者说是一种共享的或集体的表征，它关乎"你是谁""你应该怎样行事才是恰当的"。与社会认同相关联的心理过程会生成明显的"群体"行为，例如，群体内部的团结，对群体规范的遵从，以及对外群的歧视。⑤ 因而自我范畴化同时完成了两个任务：一方面，使某人认为自己与该范畴的其他成员是"相似的"（identical），而且他们具有相同的社会认同，意即自我范畴化将某人自身放置在相关的社会范畴里，或将群体置入他或她的脑中；另一方面，自我范畴化让个体在某些维度上做出与范畴相符的行为，进一步强化划分范畴的刻板化维度。

（二）社会比较

社会比较是范畴化的必然同在过程。社会认同理论认为，所有的知识都

---

① 迈克尔·A.豪格、多米尼克·阿布拉姆斯：《社会认同过程》，高明华译，北京：中国人民大学出版社，2011年。

② 迈克尔·A. 豪格、多米尼克·阿布拉姆斯：《社会认同过程》，高明华译，北京：中国人民大学出版社，2011年。

③ 迈克尔·A.豪格、多米尼克·阿布拉姆斯：《社会认同过程》，高明华译，北京：中国人民大学出版社，2011年。

④ 乔治·赫伯特·米德：《心灵、自我与社会（英文版）》，赵月瑟译，北京：中国传媒大学出版社，2015年。

⑤ 迈克尔·A.豪格、多米尼克·阿布拉姆斯：《社会认同过程》，高明华译，北京：中国人民大学出版社，2011年。

是通过社会比较而社会性地获得的,其中包括客观世界的知识、共识(即人们达成的一致意见)的建立加强了某人对于其观点真实性的信心。通过社会比较,我们了解了自己,获得了关于信念真实性和有用性的信心,意即社会比较的动机是为了确认主体对于自身、他人和整个世界感知的正确性。事实上,人们通常倾向于积极评价内群的所有刻板化特质,这些特质将一个人所赞同的共识与其所反对的共识区别开来。[1]

当进行社会比较时,即在作为群内成员的自己与作为外群成员的他者之间进行比较的时候,人们有将群际特异性最大化的趋势。根据泰弗尔的增强原则,如果在连续分布的判断维度上,将一组系统的刺激分入两个范畴之内,则会导致范畴内部的相似性和范畴之间的差异性在感知上被增强。进而,对物理刺激会有增强效应,对社会刺激同样有效:人们在对核心维度做判断时都会参照相关的边缘维度。这往往体现为一种文化信念的刻板印象。文化信念是指相信某一具体特质(即核心维度)与一种社会范畴或类别(即相关的边缘维度、分类或范畴)的相关性比其与另一种社会范畴或类别的相关性更大。简言之,体现在文化信念和文化观念中的差异,有可能并不客观,在我们观念中的文化差异事实上并没有我们感知中的那么强烈,比如所谓"代沟""次元壁",而仅仅是"我群中心主义"的体现,是我们用来对群体进行范畴化巩固的手段:"文化信念在多大程度上接近事实,或者说文化信念是否具有真实性,对于我们的目的而言并不重要。"[2]

(三)群体行为与"我群中心主义"

根据上述理论,个人获得自尊的基本动机,是通过在群际背景下,在那些内群有积极表现的维度上,将内外群之间的差异最大化而实现的。

基于此,萨姆纳(Sumner)创造了"我群中心主义"(ethnocentrism)一词:"在我们、我群或内群与他们、他群或外群之间存在着分别。我群内部人之间的关系是和平、有序、规范、治理和互相帮助的。内群成员与所有外人或他群的关系是斗争或掠夺的,只有双方达成共识,状况才会发生改变。"[3]这应和了

---

① 迈克尔·A.豪格、多米尼克·阿布拉姆斯:《社会认同过程》,高明华译,北京:中国人民大学出版社,2011年。
② 迈克尔·A.豪格、多米尼克·阿布拉姆斯:《社会认同过程》,高明华译,北京:中国人民大学出版社,2011年。
③ Sumner W G. Folkways. Boston: Ginn, 1906.

泰弗尔对于连续分布的核心维度（如身高）和相关的二分式的边缘维度（如性别）的假设，即在不同的范畴之间，物理刺激的差异被增强；而在统一范畴内部，刺激的相似性被增强。简言之，在核心维度上，范畴之间的差异和范畴内部的相似性在感知上被增强。[①]

（四）刻板印象与意识形态

社会范畴和社会比较指向同一个必然结果，即"刻板化"和"刻板印象"。"我群中心主义"即"我群"与"他群"刻板印象的集合物与升华体。

李普曼是最早系统阐述"刻板印象"的学者之一。他将"刻板印象"表达为"成见"，即"公认的典型、流行的样板和标准的见解"。[②] 他认为，人们为了能够在极度复杂的社会环境中生存，必须在头脑中绘制出一个关于这个复杂环境的简明"图画"，这幅"图画"实际上介于人和环境之间，李普曼将其称为人们的"准环境"（quasi-environment），"准环境"的内容构成了"刻板印象"。泰弗尔则采众家之长，总结出关于刻板印象的五个"普遍性发现"：一是人们愿意用一些非常粗糙的普遍特质描绘大量的社会群体；二是刻板印象具有惰性，一旦形成不易改变，只有在社会、政治或经济发生变迁时，刻板印象才会发生些许变化；三是刻板印象通常是在幼年时期习得的，此时儿童对于刻板印象所指涉的群体并没有确切了解；四是当群体间的社会关系变得紧张时，刻板印象会变得更加显著，并且充满敌意；五是如果群体间不是敌对关系，刻板印象不会引发问题，但是，如果群际间处于紧张和冲突的社会氛围之中，刻板印象就是有害的，并且极难改变。

刻板印象常常表达为一系列"固化"的社会表征。社会表征是社会共享的认知构念（cognitive constructs），它们来源于日常的社会互动，正如莫斯科维奇所说，它们是"一系列源于日常生活中人际交流的概念、表述和解释，它们是传统社会中的神话传说和信仰系统在现代社会的对等物，它们甚至称为现代版的常识"。[③] 社会表征具有巨大的惰性，通常经历一个明显的社会过程，即对熟悉现象的不熟悉解释因为日常沟通而被同化（曲解或简化等），进

---

① 迈克尔·A. 豪格、多米尼克·阿布拉姆斯：《社会认同过程》，高明华译，北京：中国人民大学出版社，2011年。

② 沃尔特·李普曼：《公众舆论》，阎克文、江红译，上海：上海世纪出版集团，2013年。

③ Moscovici S. On social representation. In J. P. Forgas (ed.). Social Cognition: Perspectives on Everyday Understanding. London: Academic Press, 1981.

而变成熟悉的"常识"的一部分。如荣格所言:"当一种集体无意识的假设刚刚出现的时候,人们认为它们是陌生而奇怪的,但很快人们就会占有这种假设,并且把他们当作熟悉的概念来利用。"①

"意识形态"继而形成。意识形态是一系列系统关联的信念、看法和主张的集合,它的基本功能是解释,同时决定了事物是什么,或应该是什么,即设定了一个"问题域"。意识形态所提供的一套框架限定了人们的思维方式,以另一种不同方式"打破"这种框架来解释事物成为"不可能"或"不合法"。它事实上是一种"思想体系",具有正统共识的特征,同时,它设定了狭窄的解释框架,因而阻碍认知替代物存在的可能成为其本能。

(五)积极区分原则与社会认同模型

社会认同是自尊形成的重要源泉。对于获得积极自我评价的追求,是群体形成与群体行为特点的核心驱动力。因此,在群体被区分后,个体在自我激励的动机下,在群体的比较中表现得比其他群体更为出色,这就是积极区分原则。在自尊需求的驱动下,社会认同成为一个变动不居的场域。基于此,豪格在其《社会认同路径》一书中,对社会认同形成和流转的机制模式进行了归纳与揭示。

那些积极社会认同很少,或者只拥有一系列相对陈旧社会认同的个体,会在认同的维持上投入大量的精力。他们会珍视已有的社会认同,以权力捍卫它们相对完全的积极面向,构建显著的内外群体差异,这最终会导致"偏见"。而偏见是一种极端的、僵化的刻板化,它通常伴随着外显的行为歧视。②

附属群体资格(subordinate group membership)会赋予成员消极的社会认同,并进而导致较低的自尊。这种令人不满的状态激发个体采取行动改善之。而行动的具体策略选择取决于行动主体的"主观信念结构",即个体对社会本质和社会中群体关系的信念。而这种主观信念结构通常反映的是支配地位的意识形态,但是这种支配地位的意识形态不一定和社会的"真正"的本

---

① 迈克尔·A. 豪格、多米尼克·阿布拉姆斯:《社会认同过程》,高明华译,北京:中国人民大学出版社,2011年。

② 迈克尔·A. 豪格、多米尼克·阿布拉姆斯:《社会认同过程》,高明华译,北京:中国人民大学出版社,2011年。

质相一致。[①]

　　基于这两种主观心态，即出现两种广泛存在的主观信念结构类型：社会流动和社会变迁。"社会流动"（social mobility）是指相信群体之间的边界是可渗透的，个体很容易从一个群体穿越进入另一个群体，进而个体可以通过努力被重新定义为支配群体的成员。这一信念会促使附属群体成员采取个体性地位，转而偏好支配群体的社会认同与之相伴随的有力的物质地位和积极评价。显然，宣传社会流动的信念有利于支配群体巩固其自身利益，这也是当代西方国家宣传个体自由"神话"的原因，因为事实上个体流动是不容易实现的，被支配群体的个体穿越进入支配群体是极端困难的。[②]"社会变迁"（social change）则反之，它奉行这样一套观念：社会群体之间的界限是僵硬的、不可改变和难以渗透的、无法穿越的。被支配群体的成员无法通过改变社会群体追随来改变自身命运，于是选择提升自己所属群体社会地位的策略。社会变迁观念下的策略包括两种类型——社会创造和社会竞争。

　　社会创造策略意味着统治阶级创造一种无认知替代物的观点，使附属群体更易于在目前境况的维持下拥有更为积极的社会认同，或对传统的特质进行重新定义，抑或选择一个不同的比较群体。无论采取哪种策略，其根本目的都是通过塑造低地位群体成员的积极社会认同从而提升其自我认知和自我形象。但如果附属群体（受支配群体）选择重新定义比价比较维度的策略，则支配群体必定会确保这一过程不会走得太远而颠覆现有利益架构和自身支配地位，通常使用的方法是利用意识形态手段（如控制媒体、控制社会意识）将这一比较维度控制在可控范围并将其合法化。

　　社会竞争策略则发生在附属群体能够想象出认知替代物的时候，即支配群体的支配地位合法性受到质疑，不再被看作稳定和不可改变之时。这时，附属群体和支配群体的根本对立才会出现。代替现有意识形态的激进意识开始蓬勃发展，并鼓励附属群体展开与支配群体的直接竞争。

　　总之，社会流动与社会变迁及其相关的行动策略阐明了群际行为如何服

---

　　① 迈克尔·A. 豪格、多米尼克·阿布拉姆斯：《社会认同过程》，高明华译，北京：中国人民大学出版社，2011 年。

　　② 迈克尔·A. 豪格、多米尼克·阿布拉姆斯：《社会认同过程》，高明华译，北京：中国人民大学出版社，2011 年。

务于获得积极自我评价的心理动机,对个体或群体而言,这种动机往往比物质动机更重要。依照这一思路,豪格给出了大规模群际关系的社会认同模型,在"社会流动"和"社会变迁"两大策略运动过程中,描述了社会认同生成和流转的机制(见图 8-1)。

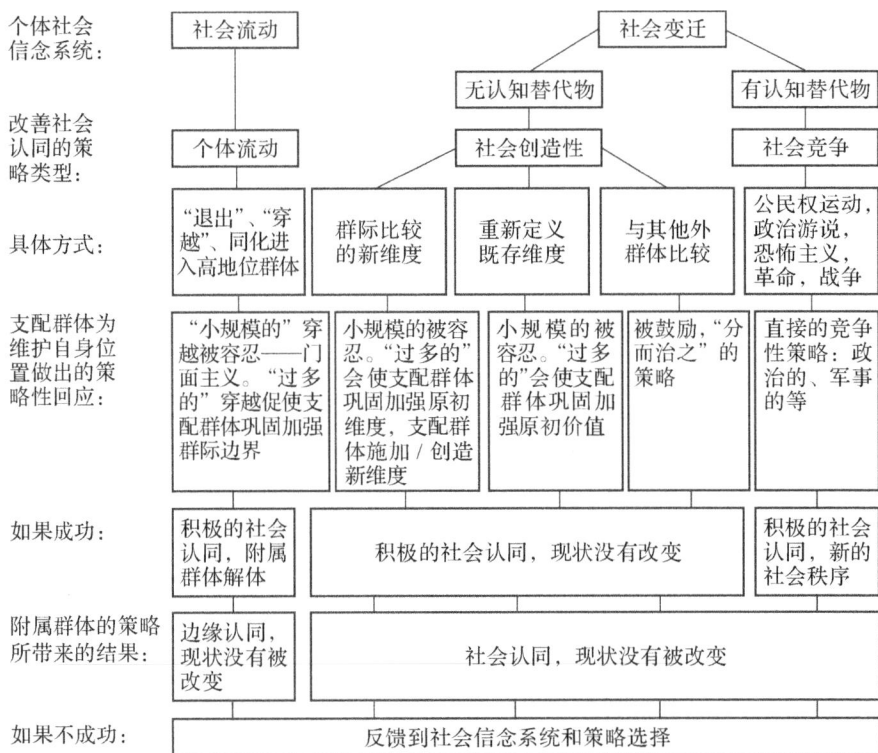

个体社会信念系统：	社会流动	社会变迁			
		无认知替代物		有认知替代物	
改善社会认同的策略类型：	个体流动	社会创造性			社会竞争
具体方式：	"退出"、"穿越"、同化进入高地位群体	群际比较的新维度	重新定义既存维度	与其他外群体比较	公民权运动,政治游说,恐怖主义,革命、战争
支配群体为维护自身位置做出的策略性回应：	"小规模的"穿越被容忍——门面主义。"过多的"穿越促使支配群体巩固加强群际边界	小规模的被容忍。"过多的"会使支配群体巩固加强原初维度,支配群体施加/创造新维度	小规模的被容忍。"过多的"会使支配群体巩固加强原初价值	被鼓励,"分而治之"的策略	直接的竞争性策略:政治的、军事的等
如果成功：	积极的社会认同,附属群体解体	积极的社会认同,现状没有改变			积极的社会认同,新的社会秩序
附属群体的策略所带来的结果：	边缘认同,现状没有被改变	社会认同,现状没有被改变			
如果不成功：	反馈到社会信念系统和策略选择				

图 8-1 大规模群际关系的社会认同模型①

　　在社会流动策略下,群内个体倾向于积极"退出"现有群体和洗脱群体特征,并努力以靠近和趋同于优势群体的行动来试图"穿越"进入高低位群体,而支配群体往往只允许"小规模"和"低程度"的社会流动发生,超过一定限度则会对社会流动实施打压和目标转移与合法化。

　　在社会变迁的思路下,在无认知替代物的条件下,群体倾向于在一个新维度下降自身与其他群体比较,前提是上层支配群体具有合法性;或重新定义不同特质的价值,如通过强调自身的语言来增强和提升群内社会认同;或

---

① 迈克尔·A. 豪格、多米尼克·阿布拉姆斯:《社会认同过程》,高明华译,北京:中国人民大学出版社,2011 年。

选择新的外群与内群进行比较，往往是向下比较或平行比较。这就非常有利于支配群体对附属群体进行"分而治之"；而在看到认知替代物的思路下，即附属群体与支配群体在双方都认为有价值的维度上进行直接竞争时，在主观上认为群体之间的比较不安全时，在地位层级的合法性和稳定性受到质疑时，内群会选择与高度不相似的群体进行比较，对能够提升自身认知的群内特性进行扩大化的差异性认知，即努力找出自身的"积极特异性"。①

（六）融媒体时代下的"社会认同路径"

社会认同路径理论较为清晰地将社会认同的基本原理揭示出来，并将其置于可应用的模型之中。在融媒体时代，社会认同的多元复合性和复杂多变性呈指数级爆发，但其基本原理仍然在社会认同路径的框架下。社会范畴化与社会比较表现为融媒体时代的"圈层""微信群""××星人"等群体类型，并且在身份虚拟与无限接入的融媒体环境下呈现出更为鲜明的"特异性混杂"和"身份多面性"，即一个人或一个群体可以同时拥有理论上无限多个社会范畴和身份，甚至包容彼此"矛盾"的范畴于一体。融媒体所促生的社会阶层流变和社会结构转型，让社会认同的刻板化"硬度"下降，社会观念流动增加，给社会认同的流变策略客观造就了更为广阔的运动空间和更为频繁的运动机会。这一策略路径在融媒体环境下不仅是适用的，并且被进一步放大。这一理论也将作为本章研究的工具之一，对文化类谈话节目的深层次认同适变进行分析。

二、"社会认同"的核心是"文化认同"

社会认同的核心是文化认同。文化认同决定了群体缔结认同的本质信念。尽管物质世界本质上乃是一种文化之外的、既有优点又有局限的物质存在，但只有在文化之中，世界才能被人类赋予意义。② 社会认同中的一系列核心概念，如"文化信念""价值观念""意识形态"等，与文化研究有着千丝万缕的联系。

社会认同的核心是建立起一套系统化的符号意义与对符号意义的意念

---

① 迈克尔·A. 豪格、多米尼克·阿布拉姆斯：《社会认同过程》，高明华译，北京：中国人民大学出版社，2011 年。

② 约翰·斯道雷：《文化理论与大众文化导论》，常江译，北京：北京大学出版社，2010 年。

追随和刻板坚守,换言之,认同所建立的是意义。卡斯特将"意义"定义为社会行动者为其行动的目的所做的象征的确认,他认为意义是环绕着一个跨越时间和空间并自我维系的原初认同(primary identity)而构建的;而关于认同,当它指涉的是社会行动者之时,它是在文化特质或相关的整套的文化特质的基础上建构意义的过程,而这些文化特质是在诸意义的来源中占据优先位置的。①

"文化认同"是人类对于文化的倾向性共识和认可。这种共识与认可是人类对自然认知的升华,并形成支配人类行为的思维准则与价值取向。文化认同也因此而表现为对文化的归属意识,同时也可能成为区分不同文化的边界,即在文化意义上的"我"和"他"的边界。② 作为国内研究文化认同的先行者,郑晓云指出,文化认同的功能有三个:第一,文化认同是文化群体中基本的价值取向,人们对一种文化一旦形成认同,那么必然在一定时期内这种认同会在人们的头脑中形成稳定势态,这种势态成为人们选择文化的依据;第二,文化认同是民族形成、存在与发展的凝聚力,换言之,文化认同出现问题将会导致一个族群的动荡和分裂;第三,文化认同是文化族群的黏合剂,它可以跨民族、跨地域、跨年龄地融合不同的族群,如不同肤色的人们对于宗教信仰、流行文化崇拜的共同认同。文化认同属于精神文化的范畴。精神文化是文化构成中的核心,而文化认同则是精神文化中的核心。在精神文化所包括的宗教、价值观、意识、文化心理、民族性情等要素中,其特性都是围绕认同展开的。③文化认同对于文化变迁有着较大的能动作用,对于文化变迁的速度、结局都能产生重要影响,甚至可以说,人们认同了什么,往往也就决定了文化变迁中文化以什么形式存在及其内容的存留与更新。④

因此,对社会认同的本质分析必然需要将落脚点从社会心理层面转向文化研究视角。正如霍尔所言,意义(也就是文化)控制和组织着我们的行为和实践,设定了规则、标准和惯例,而社会生活也因意义的存在而井井有条。于是,意义就成为那些想要操纵他人行为和思想的人竭尽全力抢占的"必争

---

① 曼纽尔·卡斯特:《认同的力量》,夏铸九、黄丽玲等译,北京:社会科学文献出版社,2003年。
② 郑晓云:《文化认同论》,北京:中国社会科学出版社,2018年。
③ 郑晓云:《文化认同论》,北京:中国社会科学出版社,2018年。
④ 郑晓云:《文化认同论》,北京:中国社会科学出版社,2018年。

之地"。①

三、"文化认同"的本质是"文化权力"的博弈

不管是社会流动策略还是社会变迁策略，社会认同的流转始终围绕着同一个轴心，即"支配群体"与"附属群体"的相对关系。社会是大规模社会范畴所组成的。这些范畴在权力、地位、声望方面彼此相关。某个（或多个）支配群体有实际的权力去宣扬它对于社会、社会中的群体以及它们之间关系的阐释，强加一种主导的价值系统和意识形态。他们审慎地建构起这套意识形态，目的是有利于支配群体自身的利益，同时将现状合法化，并使其连续存在。② 泰弗尔与其合作者发明了经典的"最简群体范式"实验思路，即群体之间没有利益冲突或预先存在的敌意，在被试之间亦无社会互动发生，在个人竞技利益与内群偏好策略之间也没有任何关联，则这些群体被认为是认知上的群体，因此是"最简的"。③ 在对这样的最简群体进行大量研究后，社会心理学界发现，社会范畴化足以导致群际竞争。而所谓的社会范畴化，可以最简为仅仅是实验研究人员人为赋予的，而无任何实际社会意义。

在一个分层的社会中，支配群体为了巩固自身地位而总是试图将它自身的意识形态施加于其他群体。某些问题可以让附属群体敏锐地觉察到他们受压迫的境况，进而为改变社会而奋起抗争，为了维护现状，主导意识形态会竭力掩饰这类问题。当刻板印象与明显的权力分化结合在一起的时候，它会发挥巨大的威力。

大众文化是"创造总体性的社会观念"的场所，是"指意的政治"彼此争夺、诱使人们按照某些特定的方式观察世界的竞技场。④ 罗兰·巴尔特指出，作为意识形态的"神话"主要在内涵层面上发生作用，是文本或时间所承载或可能承载的、简洁的、常常是无意识的含义。阿尔都塞提出，意识形态并不是简单的观念集合，而是一种物质实践，这意味着意识形态存在于日常生活的

---

① Hall S. Doing Cultural Studies. London: SAGE Publications Ltd. , 1997.

② 迈克尔·A. 豪格、多米尼克·阿布拉姆斯：《社会认同过程》，高明华译，北京：中国人民大学出版社，2011 年。

③ 迈克尔·A. 豪格、多米尼克·阿布拉姆斯：《社会认同过程》，高明华译，北京：中国人民大学出版社，2011 年。

④ 约翰·斯道雷：《文化理论与大众文化导论》，常江译，北京：北京大学出版社，2010 年。

实践之中,而不仅仅存在于关于日常生活的观念之中。早在电视广播出现的年代,媒体文化就已经成为大众文化中的主导文化:它代替了精英文化的诸种形式而成为文化关注的中心,它以图像和名流代替了家庭、学校和教堂作为趣味、价值和思维的仲裁者的地位,制造新的认同榜样以及引人共鸣的风格、时尚和行为的形象等。[①] 正如凯尔纳所言,媒体文化的产物并非天真无邪的娱乐,而是与政治修辞、斗争、议事日程以及政策等联系在一起的彻头彻尾的意识形态产物。[②]

那么,融媒体环境下产生的超越了媒介边界和时空边界的媒介文化,依靠完全将主体沉浸于其中的弥散方式进行文化影响和观念输导,无疑是融媒体时代社会文化的重要组成部分,直至成为这个时代"大众文化"的主导力量。这个时代的文化认同运动背后,将更为复杂和生动地反映不同文化权力和经济政治利益在等量齐观的融媒体媒介生态环境中不断角力博弈、争取更大适生空间的运动本质。因此,对社会文化认同选择的本质是文化权力角逐的结果。我们对社会文化认同的认识,本质上是对社会文化权力的博弈的揭示。

第二节　在"存异"中"求同":
融媒体文化类谈话节目的认同策略适变

从社会认同路径角度,回到本书的样本——文化类谈话节目,在它的融媒体认同策略表现之上,我们可以看到其主动适变性是相当明显的。事实上,前文所提到的,不管是产品化的性质适变,还是融媒体的传受适变,都可以看到这类节目寻求适应变化、赢得"认同"突破的核心方向,更大程度上是在突破原有限制走入媒介市场,融入大众文化。这类节目在进入融媒体环境后,迅速放弃了在电视时代某些造成"认同短缺"的观念与意识,以一种明显的"主动拥抱"心态,转变调整自己的内在观念与外在"身段",以期向互联网

---

① 道格拉斯·凯尔纳:《媒体文化》,丁宁译,北京:商务印书馆,2004 年。
② 道格拉斯·凯尔纳:《媒体文化》,丁宁译,北京:商务印书馆,2004 年。

和整体商业环境展开拥抱。从社会认同路径策略的视角,我们试从文化类谈话节目的自我定位、核心人物打造、整体路径选择等方面展现出来的特点,探看其认同适变的实质目的和客观效果。

一、存异:群体定位的范畴化打造

如前文所述,认同构建的核心过程之一是社会范畴化。其结果是形成使自身群体区别于其他群体的稳定特征、认知体系与价值结构,形成自我刻板化,为群体的自我认同和"我群中心主义"提供形成依据与塑成空间,为其所代表群体的积极自我认知提供心理基础。因此,这首先是一个求"异"的过程,以贯穿全程的"社会比较"为前提。

在进入融媒体环境后,文化类谈话节目对于其所代表群体的定位打造是极其鲜明与积极的。这类节目迅速锁定自我范畴化的边界,确定明确的节目定位,尤其更加鲜明地聚焦其所"服务"和代表的群体。而与单向传播时代有明显不同的是,这类节目的范畴化打造对于范畴外(即外群)的更广阔"大众"的关照是相对较弱的。正如阿尔都塞对于意识形态的理解,文本是由被呈现出来的(表达出来的)东西和缺席的(未表达出来的)东西共同构成的。因此,对文本意义的充分解读,意味着不只是分析文本中有些什么,还需弄清文本背后潜藏着的种种假设,即"问题域"之中的种种意义。也就是说,"多种意义构成了文本,尽管文本对其内容的特定缺席并未言说,却将这种冲突呈现在读者(观者)面前"。[①] 这类节目范畴化的过程必定意味着其问题域的反方向的意义同时被确定。并且这类节目在实际操作中,除了建立"属于自己"(利己)的正向范畴化刻板印象,还往往依靠主动强化"不是自己"(异己)的范畴外反向刻板印象为手段,在"求异"中确立自己。

"青年",是这类节目不约而同打造的重点范畴方向。《罗辑思维》以"为'焦虑'的年轻人输送知识和成长感"[②]为业务;《奇葩说》以表达年轻人世界观和协调年轻人价值观为特征;《十三邀》的"不卖快餐"线下活动选在年轻群体的"消费胜地"——北京三里屯,面向年轻人进行营销。"为年轻人服务"成为

---

① 约翰·斯道雷:《文化理论与大众文化导论》,常江译,北京:北京大学出版社,2010 年。
② 罗振宇等:《我懂你的知识焦虑》,北京:中国友谊出版公司,2017 年。

其统一的色调。活跃、新鲜、不羁、反叛等等鲜明的青年人特质成为这些节目刻意传达的形象气质。而确立"青年"范畴的反面,似乎是对所有"年长群体"的"叛逆"的确立。比如,《奇葩说》以"40 岁以上的观众请在 90 后陪同下观看"为第一季"开幕词"而鲜明地打出"年龄范畴牌",作为营销手段,将年长群体与青年群体在语言、观念等方面的差异放大为难以逾越的鸿沟,并强化一种年轻人不可能被年长者理解的成长焦虑,通过将年长者放在"不理解者"的地位上来潜在地给年长者冠以"不新潮""不先进""被淘汰"的隐含性质,同时也以口号式的呼喊,宣告了青年群体(80 后、90 后、00 后)在这个节目场域中的某种话语权力。这应和、放大和内化了目前社会中一种有趣的"年龄焦虑":不知从何时起,问女性年龄成为"常识性"的不礼貌,近几年,问男性年龄也成了"失礼"的事情,甚至出现"鄙视链"这样的说法——90 后鄙视 80 后,00 后鄙视 90 后。这从一个角度直接地反映了互联网融媒体环境主要用户群体的年龄偏向,同时从本质上反映了技术进步对于原有社会组织方式与社会秩序的割裂与改变。

"互联网先行者",是与"青年"范畴直接相关的另一个范畴。这类节目中的许多个案都以互联网为突出概念,即便是《朗读者》等体制内传统电视节目也将"台网融合"作为重中之重来打造,希望增加自身与互联网的连接。这个范畴超越客观"年龄"的边界,而更突显为一种面对新技术、新观念、新知识时的全面拥抱姿态和天然拥有姿态,并将技术层面和观念层面的"传统"社会作为反立与挑战的对象。以《罗辑思维》这一自媒体爆发的历史性现象产品为例,其从最初一直延续的口号"有种、有趣、有料"之中,"有种"是最有意味的。它的"有种"意味着问题域隐含的另一面是"没种"的,是缺乏勇气的,是没有能力和胆量说出自己所相信的话或"真理"的。不难看出,其"有种"对面的"没种",直接指向的是罗振宇所来自的传统媒体,进而推广至"非互联网"的传统社会的一切。

罗振宇来自传统电视媒介,他从《罗辑思维》的第一步,就开始强化自己"先行者"的形象。第一,他是最早从传统媒介转身进入互联网进行自我革命的先行者。其产品的核心理念从一开始就尝试传统电视媒介难以做到的汇聚和商业颠覆,节目火热之后,罗振宇甚至刻意拒绝传统媒介的邀约,以表明自己属于新媒介和互联网界的明确身份。第二,他是代表互联网时代的先行者。他与互联网最新动向和信息总是有着积极的联系，例如，他的节目的诞生与微信公众平台的发布紧密相连，他发展会员与微信支付的推出紧密相关，他的"霸王餐""柳桃""罗斯福"等商业营销行为被冠以"社会实验"的名义，参加者都成为体验互联网时代商业逻辑和生活方式的先行者，而罗振宇则是开一代风气之先的带头人。第三，他是走向未来的先行者。《时间的朋友》跨年演讲每年一期，不仅是盘点年度互联网和社会文化经济的各种重大变化，更要对未来的发展趋势进行预测并发布。罗振宇成为带领观众触摸未来的"先行者"，而且这种"先行者聚会"计划举办 20 年，而 20 年后的票，也已经被罗振宇这个"先行者"卖了出去。

这种倾向不仅体现在罗振宇身上，也表现在马东、樊登等文化类谈话节目的核心谈话者的表达和意念里。利用互联网技术突破和社会转型的契机，"做互联网时代之前（传统社会之下）做不了的事情"成为"先行者"们共同的"口吻"。更进一步，"是否互联网化"一时也成为社会区分的鲜明标准，评判人们的生活前途与人生希望。"网生内容""纯网综艺""新媒介""融媒体"等沾"网"的词汇不仅成为时尚的代名词，更有一种浓烈的颠覆传统秩序的先锋意味；"网感"，成为一个说不清道不明却悬在当今内容生产者头顶的"硬性"指标和"必备素质"。所谓"网感"，即具有所谓"互联网感觉"，符合互联网融媒体传播的节奏与调性，是兼具"年轻化""碎片化""解构化"的一种相当具有后现代色彩的创作方式。《罗辑思维》第一本纸质书的书签颇有意味，它被设计成一张通往"互联网时代"的"头等舱"船票，这个借鉴美国好莱坞描写世界末日的电影大片《2012》①"末日船票"概念的设计，再配以《罗辑思维》开播第一期关于"末日心态""向死而生"话题的讨论，俨然勾勒出了这样一个鲜明的意念：不搭上互联网的大船，就等于末日到来；而《罗辑思维》则是救你"上岸"的"诺亚方舟"。至此，"互联网"范畴在意念上对于传统社会的反立与颠覆极其鲜明而主动地表现出来。前文所述的"年龄鄙视"的本质不在于客观生理年龄差异，而在于不同代际的人与互联网技术社会的结合程度之差异。

"精英"或"成功者"，则是这类节目既公开明示又竭力隐藏消解的一个范

---

① 《2012》，美国影片，讲述玛雅神话预言的世界末日来临的故事，于 2009 年上映，导演是罗兰·艾默里奇。《罗辑思维》以影片中描述的 2012 年 12 月 21 日这一"世界末日"为其第一期上线播出的时间，开始了节目发展的历程。

畴。一方面，以《罗辑思维》《樊登读书》等为代表的知识类讲话节目将主要人物塑造为其群体的核心和领导，成为创业群体、读书群体等社会人群中的杰出代表和实际成功受益人；《十三邀》《圆桌派》等节目则突出核心表达者的独立思维、独到见解、独特目光，将其塑造为"一个时代的财富"，在思想独特性上彰显其精英地位；《朗读者》《见字如面》等节目更是将表达者的社会精英化作节目的立身之本；《奇葩说》等综艺娱乐性的文化类谈话节目，虽然以综艺效果为外表，但其表达者的塑造完全按照"时代精英"的趋向进行，并努力给这个时代的"时代精英"赋予某种新的色彩和含义。另一方面，《奇葩说》《圆桌派》等节目又以明显的趣味性外衣和自嘲调性，竭力地将知识分子或社会精英的身段放低，以"有趣的人"或某种"民间性"为先决范畴标签，拉近与用户群体的距离。这一范畴的对面，即代表体制与组织的"非民间"媒介力量。这里的潜台词是，虽然我们是"精英"，但我们和你们一样是"一介草民"，说自己的话，用"有趣"的方式说话，不代表"官方"立场，在这个范畴中，我们是趋同的。但不论怎么消解，这类融媒体时代的"媒介精英"在这个时代环境下的如鱼得水的既得利益者的实际身份和其内里的"精英"意识是无法真正消弭的。如《奇葩说》的灵魂人物马东，一个虽已年过五旬却喊出"40岁以上者请在90后陪同下观看"节目的人，可以看出他希望建立独立思想感的与众不同之需求，也为其内心的精英感和成功感写上了生动的注脚。"精英"和"成功者"的范畴定位，恰恰符合"我群中心主义"的认同规律，即符合社会群体对积极自我定位的基本需求。同时，这种犹抱琵琶半遮面的明示与消解的"矛盾"，事实上展现了更为复杂的社会文化利益与权力角力，我们在后文会详述。

综上所述，在融媒体时代，较之单向传播时代，文化类谈话节目在认同构建过程中的定位范畴化空间似乎更大更鲜明，更明确的群际定位范畴"求异"策略，使社会群体具备了生长凝结的基础依据和成长空间，也让其自身发展的战略目标更加明晰。单向传播时代那种森严僵硬或模糊难寻的认同范畴边界，似乎在融媒体时代软化和流动起来。

二、求同：核心人物的趋同性打造

根据社会认同路径学说，在社会范畴化和社会比较的同时，群体内部的趋同性是形成群体凝聚力和认同感的核心。自我范畴化会增加社会和言语的互动、身体接近性、合作和对信念相似性的感知。我们将这种植根于群体资格、产生于（促进心理群体归属的）自我范畴化过程的人际吸引形式称为社会吸引。这意味着个体间的吸引在性质上取决于个体之间关系的特质。基于共享范畴资格或对立范畴资格而建立起来的关系经由自我范畴化所产生的是社会吸引；而基于个人习性建立起来的个人关系经由信念相似性或互补性、社会支持、可爱性等所产生的是个人吸引。①

关于群体吸引机制的理论，被认为一般分为两派。一派强调吸引的基础是个体间明显的相互依存，个体间的促进性互依（promotively interdependent），因为促成了需求的满足，所以它在个体之间创造出了吸引力。另一派则认为吸引的基础是个体间的相似性。这一派中，社会交换路径学者强调成本—收益的机制，认为如果因为归属某个群体而体验到了回报，那么该群体的凝聚力就会增强，该观点靠近东方的"人以利聚"的提法。而社会比较理论者，如费斯廷格和海德等，认为人们与他人亲和是为了确证自身的观点、态度和信念，态度相同的个体之间的吸引是群体形成的基础②，类似"人以义聚"。

融媒体文化类谈话节目在进行自我范畴化与社会比较的同时，也努力打造其节目与其所代表和服务的社会群体之间的趋同性接近，以产生和巩固对于目标群体的吸引力。而这种以"吸引力"为目标的趋同性打造，很大程度上凝结在这类节目的核心人物——表达者的打造之上。文化类谈话节目以文化表达为最基本也是最重要的载体与诉求，这类节目中的表达者是话题的领袖，是意见的领导者，更有机会成为一个群体观念和利益的代表者。

豪格等指出，领导代表的是个体特质和背景要求之间的互动。领导是最能体现群体规范的个体（这里的规范是与背景相符的规范），并且他能够确保群体以符合规范要求的方式运作。群体的领导作用是，指定实现目标的政策和方法，通过仲裁内群分歧而维持群体和谐与团结，作为群体失败时的替罪羊，在群际接触中代表其所在的群体，作为成员认同的象征符号。领导促进了群体成员需求的满足，所以成员报以领导权力。但是承认领导具有"体现

---

①　马进：《社会认同是怎样进行的——一种社会认同理论》，《甘肃理论学刊》2014 年第 1 期。

②　迈克尔·A. 豪格、多米尼克·阿布拉姆斯：《社会认同过程》，高明华译，北京：中国人民大学出版社，2011 年。

规范"和"作为认同符号"的功能,则意味着领导不仅仅是促成喜爱的中介,认同在这里揭示"追随者"内化了领导的特质,因为领导在群体中扮演着"父亲形象"(father figure)。矛盾的是,群体作为一个整体依赖领导来定义群体的本质,群体因而将合法化权力赋予领导,是其能够强加他或者她所偏好的个人做法,因此领导作为最具原型性的群体成员,要在根本上不同于群体整体的观点、行为等,"最终,一个真正的领导不是找寻共识的人,而是一个形塑共识的人"。①

郑晓云等将文化和认同中的领导力称为"伟人效应",即那些在历史上很多以个人的行为对人类的文化认同产生巨大影响的人物,他们往往因为自己的见解或统治的需要,依靠个人的政治影响或权力去促使人们改变原有的认同。② "群体盲思"概念随之提出。这种分析认为,在有高度凝聚力的小群体中,"我们感"(we-ness)比批判性思维更重要,因为群体会议是友好、融洽的事情,在会议中,人们更偏好完全一致的意见,即使是在有争议的问题上也是如此,人们不喜欢以冲突的方式给出或采纳观点,因为这会破坏群体舒适的氛围。③

因此,在这类节目"内容领袖"的打造中,"趋同性"是其本能或刻意的打造重点。本书认为这种"趋同性"主要体现在以下方面。

(一)同龄感

以"青年"为核心自我范畴化的融媒体文化类谈话节目,有一种将一切都"青年化"甚至"低龄化"的趋势。在其核心人物的打造上亦是如此。其人物设定从外表穿着到语言特点直至价值观念,都有向年轻人偏移的倾向。

以马东这个代表人物为例。马东在中央电视台《文化访谈录》期间,以沉稳、机智、文化感等为公众形象的关键词。在《对话郭敬明》等标志性节目中,马东以"长者"的身份,对在场年轻观众所发出的"彪悍的人生不需要解释"这样缺乏基本是非观念的幼稚态度进行了即兴临场的驳斥,俨然一位成熟智者和长辈,站在年轻人群体的"对面"。而进入融媒体环境之后的马东,不仅在

---

① 迈克尔·A. 豪格、多米尼克·阿布拉姆斯:《社会认同过程》,高明华译,北京:中国人民大学出版社,2011年。

② 郑晓云:《文化认同论》,北京:中国社会科学出版社,2018年。

③ 迈克尔·A. 豪格、多米尼克·阿布拉姆斯:《社会认同过程》,高明华译,北京:中国人民大学出版社,2011年。

装束上一改往常,穿起了"苏格兰裙",割掉了眼袋,还说起了年轻人的网络语言。在网络调查青年群体对马东的认同时,有人认为他"会玩""有趣",有人觉得他很"接地气",很懂年轻人。

可见,这类节目在内容领袖与用户群体的"同龄感"打造上煞费苦心。对于领袖人物自身而言,其打破"年龄感"的努力,直接意味着其对自身固有认知体系和观念的超越与改变,需要对其他文化代际的生活与观念进行内化吸收,需要极强的适应能力和自我协调能力。更为有趣和重要的是,这种年龄"趋同性"的强加程度和人为程度极高,并非人人胜任,比如在《罗辑思维》中"如鱼得水"的罗振宇登上《奇葩说》的导师席位时,并没有给节目或自己带来"如虎添翼"的增益效果,反而处处流露出"不适应""表现差"等迹象,直至第六季向观众"道歉",说明这一"同龄感"的趋同性操作难度并不小,而且更多表现为高年龄群体向低年龄群体的下探,再次折射了"年龄焦虑"背后主力媒介用户群体的年龄层改变,本质上体现的是主流媒介阵地从单向官方传统媒介向融媒体互动媒介转移的历史事实。

(二)同阶感

同阶感可以理解为节目核心人物定位与其目标群体同"阶层"、同"阶段",因而在人生目标、人生态度、阶段感受、面临问题、采取行动、所处地位、支配资源等各方面拥有"趋同"的表象,进而缔结连接与认同,并且在这种认同性的驱使下,在同阶内群成员之间产生共情与互助。它从表层更趋近于"促进性互依"的互利型认同吸引结构,但随着认同的不断深入,价值观、世界观的趋同成为凝结内群凝聚力和吸引力的核心原因。

根据豪格、纽科姆(Newcomb)等的揭示,在有凝聚力和没有凝聚力的群体中,人际吸引有不同的形式。对于前者,人际吸引是基于欣赏和价值支持,而对于后者,人际吸引是基于可感知到的互惠。[①] 而杜克(Duck)提出,促使吸引出现的不是态度和信念相似性本身,而是因为这种相似性暗示着个体之间存在更深层次的构念相似性(construct similarity),即结构性相似。这里的构念(结构)是人们关于世界的理论。用一组更通俗的词来说,就是"世界观"和

---

① 迈克尔·A.豪格、多米尼克·阿布拉姆斯:《社会认同过程》,高明华译,北京:中国人民大学出版社,2011年。

"价值观"。①

这在以知识服务为前提的《罗辑思维》《樊登读书》等文化类谈话节目的核心人物打造中尤为显著。罗振宇虽然如今已是估值数百亿、冲着上市目标而去的"企业家",但其基本身份从其起步到现在一直没有改变,即"创业者",而且是白手起家的"初创者",他将自己初期的创业形容为"社会实验",自己启蒙和传播什么,就去亲身实践什么。这让罗振宇从"让有成长焦虑的年轻人得到一种有了文化的'错觉'"②的媒介思维迅速进入为创业群体和青年群体提供知识服务的角色,成为这些群体的信息渠道和"信仰"代表。而《樊登读书》在创业初期还停留在"纯视频节目"的阶段时,使其迅速打开用户面的题材恰恰是育儿书籍,作为新晋奶爸的樊登以其个人视野与感受吸引了很大一部分新晋父母群体成为其最初用户,人生阶段的趋同让他们在更为深入的价值观层面产生共鸣,使更为紧密的凝聚力具有形成的可能。

"同阶感"带来对于"同呼吸"的"同时感"和"同命运"的"同志感"。在2020年三四月新冠疫情暴发期间,"得到"App推出全新融媒体专栏节目《冯唐:成事心法》,第一期节目聊"逆境中的心态",开门见山地提出极具时效性的设问:面对新冠疫情这个"逆境",我们应该具备怎样的心态,从管理文化角度,对用户群体可能遇到的工作、创业困难进行心理疏导。这种"同阶感"的高速反应,是融媒体环境下的技术必然,更是内容操作者在"趋同性"思维统领下的主动出击,这对群体认同的扩大和巩固大有助益。

(三)真实感与人格感。

杜克进一步阐释,"喜爱关系(liking relations)内部有一个明显的划分:一些是长期的喜爱关系(喜爱的双方在过去曾经还拥有复杂的依存关系和共事经验),而另一些是短期的(因一个优秀的个体而自然引发的喜爱)。在对熟悉(acquaintance)进行研究时,需要解决的核心问题确切地说是辨明两种类型的喜爱之间的心理关系。……在两个个体互动的早期阶段,他们对彼此只是一个刺激物而不是一个构成刺激的人。只有到了后来,他们将自己的人格

---

① 迈克尔·A.豪格、多米尼克·阿布拉姆斯:《社会认同过程》,高明华译,北京:中国人民大学出版社,2011年。

② 来自罗振宇接受笔者采访时的观点。

展示给对方,他们才成为人,而不是事物或者角色扮演者或刻板印象"①。因而,在杜克看来,所谓最主观的构念就是那些关于其他人人格的构念。②

人格塑造是人物塑造最成功也是最高难度的境界。让群体感知到领袖人物的性格和人格,并认同与追随之,是趋同性吸引的至高阶段。融媒体文化类谈话节目在这个方面不遗余力。尤其是这类节目之中的较大部分属于源自自媒体的个人讲话节目,就更需要彰显核心人物的深层次心理与价值。

人物人格彰显的首要前提是人物展现出"真实"的一面。"真实感"亦是这类节目首先入手进行人格塑造的方向。罗振宇曾经向笔者形象地举过一个例子:为什么电视台的主持人往往先化妆再看稿? 因为传统电视是"平面二维"的,观众通过统一的通路,只能看到主持人的屏幕状态,而对这个人的其他方面不用了解,主持人只用扮演好屏幕前的角色;而互联网是"立体三维"的,"360度的",所有试图伪装和隐藏自己的真实,都最终会被互联网揭开。所以,在罗振宇的观念里,互联网时代,只能扮演自己,做自己的本真,除去一切的虚假。真实是最大的魅力,只有人格不能选择,只能"真"。

真,是真实,是自然,是本真。真,一是表演得真。从电视播出的第一天起,其对公众播放的本质,使得电视镜头前的人和事不可能是百分之百的真实,都是一种模拟现实的"表演",是表演就有"假定性",表演的优劣好坏很大程度上取决于表演得有多"真"。同一介质下的表演程式和不同艺术家的表演风格建立起一种演出中的"真实",它与实际的真实有非常大的不同,是现实的升华和夸张。

而电视"表演"与电影、戏剧等的最大差别,来自其同步性带来的真实发生进行状态。以谈话节目为例,其谈话过程是不可预设的,节目呈现的是无法排演的相对真实的现实过程,这使电视有了比其他媒介更高的"真实性"和"临场感"。但那只是"感",不可能是"真"。电视也像其他表演艺术一样,尤其表演的程式和一般审美的习惯。比如前文提到的,文化类谈话节目的主持人善用书面语和文化词,即佐证。

---

① Duck S W. The Study of Acquaintance. Farnborough: Saxon House, 1977.

② Duck S W. Inquiry, Hypothesis, and the Quest for Validation: Personal Construct Systems in the Development of Acquaintance. In S. W. Duck (ed.). Theory and Practice in Interpersonal Attraction, London: Academic Press, 1977.

融媒体视频同样有其假定性存在，因为镜头存在、虚拟的谈话对象存在。但其美学取向与传统电视的巨大不同是，其中的人物更加明显地"放松"下来，从"口语形态下的机构语言"转换成越来越接近真正人际传播和性格本真的生活语流。节目的核心人物也常常以生活中的真实姿态、穿着和场景来做节目。与其说是做节目，不如说是和观众进行"视频通话"。新媒介的双向交流性和其非大众媒介的点对点的媒介本质表露无遗。人们对于真实和真性情的审美需求凸显了出来。

而罗振宇在节目里明确表达对历史人物和事件的喜好和态度，更在节目中爆出生活化的"粗口"以表达真实的情感，更在社交媒介上与持反对意见的用户直接展开"骂战"，态度鲜明。他解释说，作为新媒介自媒体的生产者，其生产的内容好比"在自己家摆了一桌饭请了一次客"，"是我请你来吃饭，但如果你到我家来吃饭，却要批评我的饭做得不好，那就请不要来吃这顿饭"。[①]

这里讲的"本真"，不仅仅是停留在语言日常化这么浅表的层面，而是说通过这种近似于真实日常人际传播交流的话语场，表达者更为直接地表达了观点态度，更本真也更放松地面对大众，更真实地模拟融媒体环境中平等的传受关系与社交氛围，更易于内群用户捕捉到人物的性格、情感、偏好甚至毛病。

同时，这种"本真"，带来表达者表达方式的某种"高调感"。施拉姆等在其传播学研究初期即发现，影响传播效果的关键因素之一是在受传者感觉中，传播者说话的调子有多高。[②]"低调"的表达可能被揭示为专业知识水平不高或不够自信，而"高调"的表达既可能被解释为宣传，也可能被解释为充满活力或技艺高超，充满自信。之后诺尔-诺依曼提出的"沉默螺旋"理论，似乎从整个社会传播的宏观角度对这一感知型的结论进行了宏观理论的应和。

对于融媒体时代下的"内容精英"或"文化领袖"而言，构建起自身的认同符号与群体的感知联系，既便利又困难。便利在融媒体无远弗届、消弭边界的弥散式存在方式，让这种构建和联系较之前时代有了爆炸式的通路增加和效果叠加机会，但同时，全方位的融媒体世界带来数量级增长的总体信息量，

---

① 来自罗振宇接受笔者采访时的观点。
② 施拉姆等：《传播学概论》，何道宽译，北京：中国人民大学出版社，2016年。

传受平衡的地位变迁事实上减弱了传播者对于信息的控制能力，这使得领袖构建和认同达成增加了巨大的不确定性。这更要这些希望成为领袖和符号的精英人物，形成一种"高调"的表达习惯。不仅对自己所说的内容言之凿凿（虽然常常在融媒体议程流转中被证明是有谬误的和偏差的），更要从自己的一言一行中对自己所代表之群体的范畴化特征（行为、选择、价值观等）进行"高调式"的声张与凸显，成为一种"高调的"群体代表与化身。正如前文所论，领导是最能体现群体规范的个体，并最终成为群体规范的塑造者。

至此，"同龄感""同阶感""真实感"与"人格感"使这类节目的核心人物在群体内树立起来，并产生对于群内个体的整体吸引，形成较之单向传播时代所不曾有过的高度认同感。可以说，这是融媒体时代技术和社会变化给这类节目带来的机遇，也可以说是这类节目从内而外主动求变的"拉马克式"适变进化的结果，这也集中体现了融媒体时代下的节目内容体为获得认同所走过的某种共性路径。

三、融媒体文化类谈话节目的总体认同路径选择

前文从群际范畴的"异"与群内吸引的"同"这两个方向，对融媒体文化类谈话节目在认同建构中的微观操作适变进行了分析。根据社会认同路径理论，这类节目从总体上对认同路径的选择，不仅决定了这类节目社会认同建立的方向和效果，也折射了其社会认同背后不同群体的权力角逐与心态变化。判断这种认同路径选择的一大表征，就是这些节目内所使用的（往往是代表其群体认同的）"语言"变化。

我们知道，海德格尔确立了语言的本体论地位。他批判传统的语言工具论，认为事物是在语言中产生的。福柯的话语实践与海德格尔的观点有思路上的一致性，但福柯更强调话语实践中权力所占据的主体地位。他认为，语言始终受到权力所生产的知识的某种制约，权力决定了知识和认识的范围和层次。因而，语言、言语和沟通都要求以共享的意义框架为其存在的必要条件，这一事实无疑让它们更具社会性。[1]

---

① 迈克尔·A.豪格、多米尼克·阿布拉姆斯：《社会认同过程》，高明华译，北京：中国人民大学出版社，2011年。

米德认为,语言在社会行为中扮演举足轻重的角色。社会互动极具符号性,因为行为总是具有共识性意义,它不是无意义的行为。人们之间的互动很大程度上是"肢体动作的对话",语言行为是符号互动中形式最为丰富的媒介。米德进而指出,自我的出现依赖于语言的存在,因为作为言语的语言(language as speech)具有这样一种特性:言说者既是主动的主体"我"(I),同时又是观众,即被动的客体"me"。通过言说,一个人成为他自己的课题,因而会有自我(self)这样一个有关自身的概念。[①] 冯特则认为,语言是一种集体心智现象。语言是一种源自互动的突生特质,它超越个体性,具有类似于主体践行和规范性等集体心智现象的性质。[②] 有证据表明,依据听众需求调整信息,长此以往,就会导致言说者赞同改造过的信息而不是原始信念。[③] 语言变化和言语风格蕴含着有关言者的人格、社会地位、年龄、情绪、社会群体资格等方面的信息。[④] 因此,语言是一种规范行为,所以对它可以采取关于社会规范的社会认同分析。[⑤]

豪格等进而提出,社会互动中语言和言语风格的改变是以横向的或两极的分离(devergence)与聚合(convergence,或译为"融合")为特征的,分离和聚合是为了满足相似性吸引的动机以及获取积极社会认同的动机。豪格指出,聚合一般会在信息接受者那里产生积极的反应,尤其当聚合是聚合者有意为之而不是迫于情景压力的时候,因而满足了对肯定或喜欢的需求。确切地说,个体获得社会认可的需求越强烈,聚合的倾向越明显。同时,低声望者向上的聚合多于高声望者向下的聚合。而分离则表明缺乏对认可的需求,或者是希望在人与人之间制造断裂(见表8-1)。[⑥]

---

① 迈克尔·A.豪格、多米尼克·阿布拉姆斯:《社会认同过程》,高明华译,北京:中国人民大学出版社,2011年。

② 迈克尔·A.豪格、多米尼克·阿布拉姆斯:《社会认同过程》,高明华译,北京:中国人民大学出版社,2011年。

③ Higgins E T and Rholes W S. "Saying is Believing": Effects of Message Modification on Memory and Liking for the Person Described. Journal of Experimented Social Psychology,1978, 14(4): 363-378.

④ 迈克尔·A.豪格、多米尼克·阿布拉姆斯:《社会认同过程》,高明华译,北京:中国人民大学出版社,2011年。

⑤ 迈克尔·A.豪格、多米尼克·阿布拉姆斯:《社会认同过程》,高明华译,北京:中国人民大学出版社,2011年。

⑥ 迈克尔·A.豪格、多米尼克·阿布拉姆斯:《社会认同过程》,高明华译,北京:中国人民大学出版社,2011年。

表 8-1　受地位、人际社会取向和社会信念结构影响的言语风格变化类型划分[①]

互动双方的相对地位	具有主观显著性的人际向度		
	个体之间	群体之间	
	—	社会流动（无认知替代物）	社会变迁（有认知替代物）
高	向下聚合	向上分离	向上分离
低	向上聚合	向上聚合	向下分离

从"社会流动""社会创造""社会竞争"这三条基本认同路径角度看，以"语言"风格的运动为一种参照，融媒体文化类谈话节目的总体认同策略体现出如下趋势。

（一）蓬勃的社会流动路径

"社会流动路径"的发生前提是群际边界的可渗透性，即附属群体可以通过努力穿越到支配群体。从群际语言流动而言，不利的社会认同可以通过向上的社会流动得以改善，进入支配群体，成为他们中的一员。这是一种个体策略，反映在语言上就是采用支配群体的语言，而本身族群第一语言的言语标识被弱化。于是，对于附属群体而言，聚合支配群体的语言类似于学习"第二语言"。学习第二语言意味着接受一种"异域"的文化，因此它涉及认同。进而，个体间的差异不再反映智力等因素，而是反映焦虑水平，焦虑取决于使用第二语言的具体情境。

这一建立在社会可流动的信念系统（belief system）之上的认同路径，蓬勃地出现在以《罗辑思维》为代表的知识服务型讲话节目之中。在融媒体时代社会阶层和结构发生巨大流转变化的社会基础上，这类节目在鼓励学习、鼓励创业的直接推动中，将社会流动的观念发往原在附属被支配地位的大众，将原属于支配群体的"互联网思维""财富自由""学术研究"等语言体系带到青年创业群体，并使其进一步内化为全社会的主流语言要素，虽然在微观表达上不乏通俗化的语言转型，但其总体趋势是将学习、思考、逻辑等原属于知识群体的"特权性"语言普及给大众，并发明"U 盘化生存"之类的"新兴概

① 迈克尔·A.豪格、多米尼克·阿布拉姆斯：《社会认同过程》，高明华译，北京：中国人民大学出版社，2011年。

念",统统作为"思想武器"提供给社会附属群体进行"社会流动"的尝试与努力。原本的知识阶层、资产阶级、技术新贵等优势支配群体事实上捍卫了其内群语言在社会层面的支配,是一种"向下分离";而打工者、创业者、白领职员、青年学生等事实上在这些节目的影响下完成自我语言的"向上聚合"的过程,是各附属群体试图在时代变迁的波涛中努力进入"新贵"群体(支配群体)的内心欲望的极大投射。

而在所有这类节目语言"青年化"的过程中,"社会流动路径"又颇具意味地倒装出现在所有群体向青年群体的语言聚合现象当中。年长群体(不管是普通用户还是媒介内容的把持者)都努力靠近学习青年的语言和文化(网络词汇、流行用语、"二次元"),如同学习第二语言,他们的聚合努力常常被冠以"打破次元壁"的名号而带有一种"社会喝彩"的正向意味,而且学习这门第二语言的能力也往往可以影响年长群体的"焦虑"水平。这种向青年群体的语言"聚合"的效果似乎表明,青年群体在融媒体时代已然成为"支配群体",因而赢得了其他群体的"向上聚合"。

(二)隐含的社会创造路径

以"青年"为轴心,向"青年"偏移,似乎是融媒体文化类谈话节目语言的共性趋势。但从整体社会生活而言,一种明显的话语场和认知场割裂出现在社会群际之间。年长群体与青年群体之间的认知鸿沟事实上是在扩大的。我们所关注的这类节目大多来自大众文化领域,因此至多表达的是青年群体在大众文化中日渐中心化的地位,而非整体社会。融媒体的无处不在和无时不在,既给人带来了无限信息的沉浸,也容易使人陷入技术和商业共同造就的"信息茧房"。从社会宏观而言,这类节目中的"青年向"节目具有更加浓重的"社会创造路径"气息,是一种"上下分离"的语言趋向。在《奇葩说》《仅三天可见》等青年向融媒体文化谈话节目中,青年的观点实际上漠视了自身与其他群体相比在社会支配资源上的短缺事实,而在诸如"个性伸张""互联网接近性""洒脱程度"等方面设立新的维度,与他群进行社会比较;所谓"青年的话语"或"互联网的梗"更靠近青年群体对自己"不同特质"的重新定义和自我放大,通过强调自身的语言来强化和提升自我的认同感;并且,在《奇葩说》这样的节目里,青年群体体现出一个更加明显的特点,即选择新的外群与内群进行比较,比如,不再将自己与掌握社会"特权"或资源权力的群体进行比较，反过来在本群体内依据细节观念不同划分新的族群（恐婚的/不恐婚的、先锋的/保守的、执着的/超脱的等），强化其范畴区分，然后进行社会比较，获得积极内心评价。

根据社会创造路径的逻辑，这一策略的前提恰恰是"无社会认知替代物"，即不相信社会群体边界具有流动性和可变性的信念系统。简言之，这一路径事实上体现了青年群体上升为支配群体的无望。

（三）缺席的社会竞争路径

同样，在这类节目中，我们似乎也很难找到对于现行社会意识形态的根本性反叛与竞争，即便是《罗辑思维》等作为新经济、新时代、新阶层的"先行者""引路人"出现的节目体，也是将人们导向现有支配群体的框架逻辑之中，努力使附属群体进入支配群体，更多是迫切进入支配地位的"舍我其谁"，而非"革命性"的"取而代之"。而按照社会竞争路径的一般逻辑，这种路径的缺席即代表了社会认知替代物的缺席。

分析至此，我们看到，针对当今"青年文化"的认同前途，即是否能够成为社会文化的支配力量，存在着一对"希望"与"无望"的矛盾结构。而这背后，蕴藏着融媒体时代文化权力结构的复杂角逐。

第三节 "霸权"下的文化基因：
融媒体文化类谈话节目中的文化权力博弈

社会大众文化是融媒体文化类谈话节目生存和施为的空间。如本章第一节所述，大众文化是产生社会总体性观念意义的场所，是各方力量角力的空间。在目前的时代，原先电视、广播、报纸所占据的社会主导性文化地位已逐渐转移到以数字互联网为基础的融媒体阵地之上。融媒体环境成为社会总体意义观念生成的主场域，也成为各种文化和各方力量赢得生存空间和攫取发展利益的主战场。因此，要理解社会对于融媒体环境下内容体的认同，就要理解这些内容体的文化本质，就必须拨开其外壳和表象，去探究其背后的文化力场和博弈立场。无疑，"文化霸权"理论和思路提供了一个有效的分析途径。

在马克思主义的思想传统中,马克思和恩格斯都将意识形态的特征确定为特定的历史时期里取得支配权力的统治阶级的诸种观念。这种霸权就是把特殊的利益伪装成一般的利益,使阶级统治神秘化或被掩盖过去,因而是为阶级统治服务的。马克思的意识形态批评把意识形态简化为对阶级利益的维护,因而主要是经济主义的,大体上指那些使得资本主义的统治阶级的统治变得合法化的观念。权力阶级以其宰制性给事物和社会赋予意义,并使这种意义广泛流通,营造出某种"霸权式真理",形成意识形态权威,将自身伪装为"常识",凌驾并试图操控人们对于世界的观看、思维、交流和行为的方式。而这些准则、价值、方式,即成为社会和文化认同的标尺与边界。而在当下的文化批评语境下,意识形态除了包括阶级权力和利益,还扩展到占统治地位的性别、种族、群体等得以合法化的理论、观念、文本和再现等。

葛兰西的"霸权"理论和葛兰西学派的理论发展,为文化研究和社会研究打造了一把锋利的"手术刀"。葛兰西学派认为,大众文化是一个富含冲突的场所,是"抵抗"与"收编"共同作用的产物。大众文化既不是自上而下灌输的欺骗性文化,也不是自下而上完全由人民创造的对抗性文化,而是两者进行交流和协商的"场",同时包括了"抵抗"和"收编"。霸权理论进一步提出"均势妥协"概念,描述在这一领域里的不同取向的大众文化所面对的宰制性的、屈从性的与反抗性的文化及意识形态价值彼此"混杂",相互转换。

在现代传播和艺术施为中,意识形态调动感情、信仰等,从而促使人们满足于某种主导性的关于社会生活的核心设定,这些设定组成一个社会的所谓"常识",为诸种利益集团所服务。"处于相互斗争中的各个团体和力量就借此去配置民主、自由和个人主义等话语,而这些集团又是依据其自身的意识形态的议程和目的对此类话语加以改变的。"①同时,大众文化这个文化权力斗争和博弈的场域更是动态的,尤其在以技术为基础的融媒体环境。一方面,新的计算机(互联网与融媒体)技术也提供了新的监督和控制形式(共景监狱),"工作场所中的电子眼和电子系统等正是老大哥(Big Brother)②的当代化身"③;新的媒体技术同时也通过更为有效和巧妙的教化与操纵的技巧提

---

① 道格拉斯·凯尔纳:《媒体文化》,丁宁译,北京:商务印书馆,2004年。
② 英国作家乔治·奥威尔的讽刺小说《1984年》中的独裁者形象。原书译者注。
③ 道格拉斯·凯尔纳:《媒体文化》,丁宁译,北京:商务印书馆,2004年。

供了强有力的社会控制形式。另一方面，新的媒体技术提供了更为多样化的选择、更多的文化自治的可能性，同时为另类文化和观念的涉入打开了更多的通道。人们获得越来越大的空间能够区分媒体作品的编码和解码过程，认识到能动的受众常常对文化产业的产品形成"属于他们自身的意义和作用"①。文本应该被解读为多种声音的表现而非对单一的意识形态声音的说明，由此需要将其辨别出来并予以抨击。因而，文本需要多元解读，从而揭示出文本的矛盾、有争议性的边缘因素以及内在的缄默等。不应该将意识形态仅仅概括为掌握在全能的统治阶级手中的一种控制力量，而可以从语境和关联性方面予以分析，将其看作一种对抵制的反应，一种对统治集团、性和种族势力的霸权所构成的威胁的迹象。②

因此，在霸权理论的视角下，大众文化是一种"上"与"下"、"霸权"与"抵制"之间彼此"协商"产生的混合物，是平衡着"抵抗"与"收编"两股力量的不稳定"场"。③ 正如菲斯克在《解读大众文化》所说："霸权之所以必要，或者甚至是可能，仅仅因为抵制的存在。"④而媒体与权力密切地联系在一起。当今的融媒体在塑造我们的世界观、公共言论观、价值观和行为观等方面发挥着主导性的作用和影响，因而是社会权力及其斗争的一个重要平台。

文化类谈话节目作为融媒体环境下最直接的"大众文化论坛"，其隐含的文化霸权宰制与社会文化力量博弈，决定了这类节目的外观形态、内在价值和文化基因本质，直接影响这类节目的创作生产和生存命运。而融媒体文化类谈话节目作为融媒体视频节目种群中兼具普遍性、典型性和特殊性的一支，其所反映的融媒体大众文化博弈，也是融媒体文化生态和文化特点的缩影反映。

一、融媒体文化类谈话节目中的权力人物特征

要探讨融媒体文化类谈话节目的权力博弈，我们首先可以从一些表征上的结构进行挖掘。这类节目中最为直接而浓缩的表征符号就是节目中的核

---

①　道格拉斯·凯尔纳：《媒体文化》，丁宁译，北京：商务印书馆，2004年。
②　道格拉斯·凯尔纳：《媒体文化》，丁宁译，北京：商务印书馆，2004年。
③　约翰·斯道雷：《文化理论与大众文化导论》，常江译，北京：北京大学出版社，2010年。
④　约翰·菲斯克：《解读大众文化》，杨全强译，南京：南京大学出版社，2001年。

心人物(主持人、主讲人、主嘉宾、主选手、意见领袖等),我们暂且称其为"文化权力人物"。这些权力人物代表了节目的文化立场、价值导向、精神诉求和产品气质,他们的生存状态和表征背景也暗含了这类节目背后真实的利益角力与权力归属。

为了更加直观地展现,本书简要统计了其表征(见表 8-2)。从表 8-2 中,我们列出了这类节目中具有影响力的人物名单,对其年龄、学历、过往经历、所在节目背后的广告经营关系和资本利益关系,进行粗简的统计,希望勾勒出这个时代当下这类节目的"权力人物"的某种共性"肖像",试图将这些人物与其节目中的语言话术剥离开,而从某些客观真实的表征上探看这类人物的真实特征,捕捉这类节目在融媒体环境下的真实权力架构的影子。从这一统计结果可见,这类权力人物展现出几个架构性的共同特点。

表 8-2　融媒体文化类谈话节目"权力人物"表征

权力人物	年龄	性别	教育背景	经历	所在节目	广告主	出品公司	资本关系①
罗振宇	50 (1973)	男	中国传媒大学博士	中央电视台《对话》制片人	《罗辑思维》	喜马拉雅 VIVO 手机	思维造物	顺为资本 腾讯投资 真格基金 红杉资本中国 中国文产投资基金
马东	55 (1968)	男	北京电影学院学士	中央电视台主持人	《奇葩说》	京东 小米 海澜之家 海飞丝 携程旅行	米未传媒	北京创新工场 红杉资本中国 基石资本 真格基金 华兴资本
樊登	47 (1976)	男	北师大电影学博士	中央电视台主持人	《樊登读书》		黄豆网络	喜马拉雅文化基金 紫马基金 艾瑞资本 基石资本
许知远	47 (1976)	男	北京大学计算机学士	作家、杂志主笔 单向街书店创办人	《十三邀》	雷克萨斯 奔驰 长安福特	腾讯新闻	腾讯
窦文涛	56 (1967)	男	武汉大学新闻学学士	凤凰卫视主持人	《圆桌派》	长安福特 四特酒	优酷	优酷

① 相关资料来自"天眼查"App,因篇幅所限,具体企业名称有所缩略,列举的资本关系有所省略。

续表

权力人物	年龄	性别	教育背景	经历	所在节目	广告主	出品公司	资本关系
薛兆丰	55 (1968)	男	乔治·梅森大学经济学博士	北京大学教授	《奇葩说》 《薛兆丰的经济学课》	京东 小米 海澜之家 海飞丝 携程旅行	米未传媒思维造物	北京创新工场 红杉资本中国 基石资本 真格基金 华兴资本
梁文道	53 (1970)	男	香港中文大学哲学学士	凤凰卫视主持人	《一千零一夜》		优酷 看理想	优酷 天风天睿

（一）年龄分布特征

如前所述,融媒体文化类谈话节目的很大一部分都以融媒体的核心用户"青年"为目标群体,意图代表当今青年的内心诉求与精神气质,而这类节目的"权力人物",作为其所服务的"青年"群体的"内群领袖",可以理解为是"其群体规范最好的代表"。而这群权力人物的实际年龄,如表 8-2 所示,最低年龄 47 岁,最高年龄 56 岁,而其中间主体几乎在 50 岁上下。因此从客观而言,这些不同程度地掌握着和影响着青年群体文化语言的人物,是典型意义的"中年人",甚至已步入"老年"。虽然,这些人物的语言带有鲜明的"低龄化聚合"趋势,可以被看作以网络语言为代表的青年语言跨代际层级的渗透影响的证据,但是,这些人物所掌握的媒介话语权和他们所创造的媒介流行语言,对当今青年群体的思想和观念一样具有重大的影响,这使得这类人物在文化代际偏移和影响上带有某种"异装"意味的色彩,正如某些报道对其中人物的评价:"打入 90 后、00 后的中年人。"也就是说,这些被为数不少的某些年轻群体奉为青年文化"圭臬"的节目和其价值观念,有可能完全不是原发于青年群体本身,而是"年长者"从自身角度对青年生活的"体验性"理解和"表演性"认同,并以其人生观价值观作为最终考量的标准,有可能制造出一种框定在 70后、60 后甚至 50 后意念之下的 90 后、00 后文化观念。《奇葩说》就是很好的例子,不管下场辩论的 80 后、90 后辩手何其精彩,不管现场 80 后、90 后观众如何最终裁决,坐在节目现场正中的永远是这些"年长者"所组成的所谓"导师"团。虽然这些年长者并不最终决定比赛的胜负,裁判权掌握在现场观众手中,但他们以"身在事外"的超脱和事实上永远高于辩手的"老师身份",实施了一种观念上的居高临下和地位上的"降维打击",犹如长者在观看小孩

"嬉闹"。在这个场地里,青年辩手永远只是表演者和被支配阶层,而这些"导师"以及节目的主人马东才是不变的支配群体。

（二）社会阶层特征

显然,这类权力人物是高知、高学历的知识分子阶层的代表,延续了中国社会对于知识文化的一贯理解,也延续了这类节目从电视时代走来的基本气质,即其精英性。更鲜明的是,从他们的过往经历来看,在传统媒体已有深厚积累的人物占据绝大多半的版图。他们是传统媒介的成功者和受益者,同时也是媒介转型时期的幸存者和既得利益者,是实实在在的媒介精英,贯穿从单向媒介时代到融媒体时代。因此,不管其节目语言如何"向下聚合",甚至不乏粗鄙之声,其本质上的精英性和骨子里的精英感,不仅没有削弱,反而大大增强。他们不仅可以利用融媒体所有媒介管道的无限时空弥散来强化其博学广识的专业形象,更利用融媒体与用户的强互动而还原其新的人格吸引和生活趋近性气息,也更好地隐藏了其事实上与大众不同的文化阶层地位。

（三）性别对立特征

如果仅从表 8-2 而言,权力人物的性别比例成为彻彻底底的一边倒:完全是男性的天下。当然,在融媒体环境下,有不少女性从这类节目脱颖而出,站在公众面前,比如《易时间》的易立竞,《奇葩说》的马薇薇、傅首尔、詹青云等女性辩手,但终归在整体社会影响力地位上不及男性,并呈现出持续力不强,甚至难以为继的趋势。这些节目中的女性不乏精彩的表现和独立的表达,但给她们"颁奖"的往往是男性。

（四）利益结构特征

这类节目的生存面对着两条利益链条的供养和实现。最直接的是自身造血功能:对于播放型节目,如《奇葩说》《圆桌派》《十三邀》而言,是传统的广告收入;对于服务型产品,如《罗辑思维》《樊登读书》而言,是用户会员费的供养和相关商品的盈利。而更深层次的利益逻辑,则是这些节目背后所承载的资本获利和公司增值的本能需求。从这些节目所在企业的资本关系可以看到,虽然这些节目和产品分门别类,各具特色,但从投融资角度而言,它们的资本渠道有相当大的重合性,也就是说,从最根本的资本立场角度,它们甚至可以说就是"一家人",为相同的资本权力的利益而发展自身。

（五）权力人物画像

"画像"是互联网行业常用的调查研究方法，指将目标人群的特征通过数据手段进行定位和描述。根据上文的扼要分析，我们也来模拟这样一个画像的过程，看一看这类节目中的权力人物的集中特质。

可以看到，这类权力人物是这样一种人：他们是融媒体和互联网时代下的新型知识分子，平均年龄在 45～52 岁之间，以男性为绝对主体，从高知识和高收入阶层而来，其中很大一部分是传统单向传播时代的媒介受益者或权力阶层，他们对于创新、青年、商业、个性等有着比前时代知识分子明显更高的主观敏感与自觉追求，他们有更为主动的话语贴近技巧和商业服务能力，以"未来"和"青年"为其自身利益的撬动点，并在与商业和资本紧密的交融互动中获得生态位置，进而传播其思想与价值，但传播思想价值有可能并不是其根本的第一性目的。

葛兰西提出过一个有趣而重要的概念，即"有机的知识分子"。他认为，每个新阶级随自身一道创造出来并在终身发展过程中进一步加以完善了一种"有机知识分子"，这些人大多数是新的阶级所彰显的新型社会中部分基本活动的"专业人员"。[1] 这些知识分子彼此具有同质性，并且时刻清楚自己不但要在经济领域发挥作用，还要在社会和政治领域大展拳脚。霸权即被这些所谓的"有机的知识分子"所掌控。有机的知识分子在最广泛意义上扮演了阶级组织者的角色，其任务就是对道德和精神生活的革新加以形塑和操控。[2]

这些文化类谈话节目中的权力人物，无疑是我们目前所处的融媒体时代的"有机的知识分子"，他们是文化和媒介领域的"专业人士"，不仅掌握融媒体新媒介的发声权力，拥有流量与拥趸的聚集，更获得某种世俗意义上的"成功人生"，因而具有很强的"社会示范"效应，进而对社会道德与精神生活进行不同程度的影响和形塑。从其最直白的经营利益结构来看，我们从这类新型知识分子背后至少可以看到两个利益集团的浮现：一派是以广告主为代表的传统资本，它们在人类社会存续已久，从工业文明走来，支撑着基础经济结构的持续运行，也是目前社会消费主义意识形态的重要塑成者，被互联网用户

---

[1]　安东尼奥·葛兰西：《狱中札记》，曹雷雨等译，开封：河南大学出版社，2014 年。
[2]　约翰·斯道雷：《文化理论与大众文化导论》，常江译，北京：北京大学出版社，2010 年。

俗称为"old money"阶级；另一派则更为重要和鲜明，是通过互联网和融媒体发展的社会变革而派生出来的技术资本，它们以新锐和颠覆为基本样貌，对传统经济秩序与社会组织方式进行技术性重构，以获得利于自身的生存秩序，即互联网俗称的"new money"①阶层。这两股资本力量在今天的社会经济中扮演着主导性作用，并互相交织，催生出当今融媒体时代的社会图景。从今天人类互联网化的趋势与现实而言，互联网技术资本在不断侵占与质变着传统资本，融媒体对一切边界（跨媒介、跨代际、跨时空、跨行业）的消弭可以看作互联网技术和其催生的新资本不断攻城略地、重塑社会结构的媒介外化。而传统资本在维护自身地位的同时，努力与新资本融合，对自身进行基因层面的改造，进而融入新兴资本的轨道。这一权力更迭的过程在社会文化上表达为整个社会对"青年文化"的倾斜与吸纳，流变为整体社会文化的"低龄化"倾向和"流行化"风格。

这类融媒体时代的"有机知识分子"正是这一社会运动的人格表达。这些人物既是大众眼中"脱离"于普通阶层的精英，也同时是目前社会总体状态的某种缩影，也是我们每个人的集中缩影。这类权力人物和其所代表的文化产物，会具有哪些共性的文化基因？表达着这个时代哪些重要的文化博弈？我们的社会文化又将去向哪里？

二、融媒体文化类谈话节目中的消费文化

融媒体文化类谈话节目中的消费主义是显而易见、昭然若揭的。

通过前面的探讨，我们发现，文化类谈话节目在融媒体时代突破生存困局的核心是进行了"产品性"的适应性质变。而究其"适应性"之根本，除了"适应"融媒体传播环境而发挥其长尾优势，更大意义上是为了"适应"融媒体时代下的大众文化场域浓烈的商业氛围和消费主义逻辑，使这类节目能够有机会进入大众文化的消费领域，在商业空间和逻辑下获得"生存"突破。从霸权理论视角看，大众文化是人们在积极主动地消费文化工业的文本和产品之

---

① "old money"和"new money"在英语原意上，前者指继承而来的财富，或贵族世家的财富，引申为有着较长传统和积累的财富阶级，后者指突然而来的新财富阶级，有"暴发户""新贵"的意味。在互联网上，这对概念被用来形容以互联网为分界的两种资本分野，即以工业资本主义为基础的传统工商业资本，以互联网数字技术为龙头和命运转折的互联网技术资本。

中被生产出来的。经济生产领域已经与意识形态或文化领域融为一体；文化的产品、影像、表征，乃至感觉与心理结构都变成了经济世界的组成部分。①

　　既然"产品性"成为这类节目内容的"本质属性"之一，那它们就要遵循产品发展的规律和商业运行的逻辑，否则无法生存。这就产生了其第一性属性的产品性与其文化公益性传播的内在矛盾与悖论。产品为利润而生产，这就意味着，文化产品的决策人试图生产的是可以流行、销售的东西，就产品自身和融媒体平台而言，则以尽可能多地吸引用户为目的。销售产品的需要意味着，文化产业的产品必须和社会的体验相共鸣，必须能够"吸引人"，因而也必须提供有吸引力的产品。正如凯尔纳所言，在许多这类情况下（从电视时代到融媒体时代），这就意味着生产公分母最小的东西，既不会冒犯大量的受众而又会吸引最多的消费者。② 虽然，这种产品或许会令人震惊，与各种惯例决裂，或者包含社会批判，或者表达那种可能是作为进步的社会运动产物的当代观点，但其对商业社会逻辑的屈从和对整个消费文化的意识形态的追随是难以避免的。

　　鲍德里亚对于消费社会的认识和批判，是从对于人类社会"丰盛"现象的认识开始的，即"在我们周围，存在着一种由不断增长的物、服务和物质财富所构成的惊人的消费和丰盛现象，……通俗地说，富裕的人们不再像过去那样受到人的包围，而是受到物（objects）的包围"③。消费者与物的关系发生异化，物对于消费者而言其特别用途的第一性被其表征的全部符号化意义所取代。"人们从来不消费物的本身（使用价值）——人们总是把物（从广义的角度）当作能够突出你的符号，或用来让你加入视为理想的团体，或作为一个地位更高的团体的参照来摆脱本团体。"④他指出，当今社会越来越多的根本方面属于逻辑范畴，属于象征规则和体系范畴，即，将西方社会从基于物品生产到基于信息生产的转化变迁描述为"从冶金术社会"向"符号创衍术"社会的过渡。因此，他提出"消费社会"的特征：在空洞地、大量地了解符号的基础

　　① Conner S. Postmodernist Culture: An Introduction to Theories of the Contemporary. Oxford: Blackwell, 1989.
　　② 道格拉斯·凯尔纳：《媒体文化》，丁宁译，北京：商务印书馆，2004年。
　　③ 让·鲍德里亚：《消费社会》，刘成富、全志刚译，南京：南京大学出版社，2017年。
　　④ 让·鲍德里亚：《消费社会》，刘成富、全志刚译，南京：南京大学出版社，2017年。

上,否定真相。①

鲍德里亚进而指出,"物质丰盛的社会"与"物质匮乏的社会"并不存在,也从来没有出现过,因为不管它生产的财富与可支配的财富量是多少,都既确立在结构性过剩也确立在结构性"匮乏"的基础上。并不是人人都能拥有一样的物,即便在需求与满足原则和物与财富的使用价值面前人人平等,但在交换价值面前并非人人平等,而是被分化。因而说,"不平等的功能就是增长的本质"②。在物的经济方面不仅存在不平等,而且有一个根本的差别存在,即"有一部分人注定要献给一种神奇的经济和原封不动的物,以及作为物的其他所有东西(观点、娱乐、知识、文化)"③。这种盲目拜物的逻辑就是消费的意识形态。

与工业文明下的单向传播时代相比,融媒体时代可以说更是一个"消费横行"的时代。工业物质生产插上互联网和大数据技术的"翅膀",给我们的视觉创造了更大程度的"丰盛"和运动更为剧烈的"符号",并通过融媒体无处不在的通路包围人们的所有感官神经,使人们无处可逃地暴露在消费主义的意识形态当中。如今,全民空前投入的全国性节日已不只是"春节",更有被消费主义生造而出的"购物节"。在这样一个社会图景中,消费主义的潜移默化已然"登堂入室",毫不掩饰地宣泄着某种"主宰性"意味。

而作为文化产业的制品,融媒体文化类谈话节目也不可避免地展示着与其他的大量生产的产品如出一辙的特征:商品化、标准化和大众化。然而,正如凯尔纳所说,文化产业的产品具有特殊的功能,它在意识形态上使现存的消费主义社会合法化,同时使个人融入大众文化和社会的框架里。④ 我们试从以下方面来捕捉消费文化对这些节目全方位的深刻塑造。

(一)"商品化"的文化观点与"疲软"的社会批判

"文化观点"是融媒体文化类谈话节目最重要的内容产出。观点是其媒介内容特殊性价值的集中体现,是用户(受众)选择这类节目而不是其他节目的一个核心诉求,进而是其社会影响力和媒介生态位的根本来源。文化观点

---

① 让・鲍德里亚:《消费社会》,刘成富、全志刚译,南京:南京大学出版社,2017年。
② 让・鲍德里亚:《消费社会》,刘成富、全志刚译,南京:南京大学出版社,2017年。
③ 让・鲍德里亚:《消费社会》,刘成富、全志刚译,南京:南京大学出版社,2017年。
④ 道格拉斯・凯尔纳:《媒体文化》,丁宁译,北京:商务印书馆,2004年。

的力度、角度和表达技巧往往是这类节目内在功力的核心体现。

阿多诺在《论流行音乐》一文中曾揭示了流行音乐的本质，是"标准化"的、易被商业滥用的音乐形式，因而带来"伪个性化"的必然结果："音乐的标准化使消费者按照生产者规定的方式规规矩矩地听歌。而伪个人化所发挥的作用就是让他们在乖乖听歌的同时完全意识不到自己的听歌方式是被控制的，或者说，这些歌都是被预先消化过的。"①于是在"被迫消费"的被动消极过程中，流行音乐在"节奏顺从"和"情感顺从"两个维度上发挥了"社会黏合剂"的作用。

而在融媒体环境下，这类节目的"文化观点"也呈现出了这种"标准化"与"潜在迫使"的商品化特征，可以说，成为"文化观点化"的"流行音乐"。

这一特征在《奇葩说》《罗辑思维》等节目中都非常明显地展现了出来。

《奇葩说》以辩论这一人类谈话形式中最为激烈的形态为基本内容，辩题和论点成为其"一入一出"的两个重要的价值观产生点：辩题为"入"，以此进入公共舆论和社会关注的竞技场；论点为"出"，节目中呈现的正反两方观点，及节目全程产出的各方评论观点与倾向性立场，一并成为其观点产出而影响社会。纵观《奇葩说》开播以来的辩题，其中不乏灵光闪现、开题深广的辩题，如"火灾面前，一幅世界名画和一只猫，只能救一个，你救谁""正确的废话，还要说吗""'愚人水'大家都喝，你要不要喝"等，甚至可以触发哲学思考；而"不要脸是坏事吗""份子钱该不该被消灭""要不要给孩子一键定制完美人生"等辩题，直接触及社会深层次观念和青年群体的深层次心理，也反映出转型期的中国社会不可避免的观念冲突与矛盾，有机会延伸到人生价值的探寻与存在意义的追寻。不少节目提出的"金句"确实不乏精彩亮点，甚至带有某种"社会启蒙"价值，不乏犀利。

但是，与此同时，《奇葩说》的观点展开过程往往体现出一种明显的意识高度"天花板"和思维角度的"单一性"。《奇葩说》有一大类辩题是关于年轻人职场生活，比如"同事能力弱，力不力挽狂澜""和领导打电动，要放水吗""感兴趣的工作总是996，我该不该886"等，而不管持方如何，辩论的逻辑基础和路径目的都指向了一个焦点，即年轻人如何斩获所谓"职场成功"。因此，

---

① 西奥多·W.阿多诺：《论流行音乐》，周欢译，《当代电影》1993年第5期。

这种"自我价值实现"路径,不管是积极顺应还是被动顺从,其话语语境都困在既有的商业环境下的职场逻辑内,常常围绕单一狭窄的"成功"观念,即"高职""高薪",所谓追求"相对宽广的发展空间"的底层含义,往往不是选择的多样性,反而单一地主要指向所谓"职场成功"——优厚的物质回报和社会地位,有着极强的功利性和社会规训意味。节目中偶有一些看似对现行社会体制的反思与挑战,但其所用言语却相当耐人寻味。比如,"人值不值钱,看他的原则值不值钱",选手的原意可能是想说,人的处世原则是高贵的和决定性的,但其以"值钱"与否来作为判定原则价值的标准,事实上消解了其原初观点,成为观点的反证;"与其购买一个名牌,何不让自己成为一个名牌,小确幸不如大欢喜",这个选手的论点起意似乎是想对消费主义符号的无意义和蒙蔽性进行驳斥和揭露,呼吁年轻人跳脱出现有消费意识形态的控制,真正活出自己的人生,有很强的思辨空间,但其话题发展指向让自己成为"名牌",并认为其在境界上超越了消费欲望满足带来的"小确幸",而成为"大欢喜"。虽然"名牌"二字在前后分句中也许有不同的含义,但将自己变成"名牌",无疑是一种"异化"的意象,最大限度上提升自己在消费社会的知名度和号召力,最终还是为了进入现有消费体系获得名与利。其境界还是局限在消费意识形态的霸权架构下,没有跃升,而且在双重否定之下,对一个态度进行了双重确认:消费快感是小而确定的幸福,而能够异化为消费社会完全的"消费符号",更是大大的"欢喜"。《奇葩说》第六季的决赛辩题为"终其一生只是一个平凡的人,你后悔吗",这本是一个探讨人生价值观念和人生态度的绝好机会,尤其是反方,很有机会提出超越世俗功利的不同人生价值维度,对所谓"平凡"与"成功"进行超越消费的再定义。但正反双方始终纠缠在人生的意义到底是必须追求一次"成功"还是"成功"过后的平淡,而对这个论题最核心的概念——"成功"标准和其设定者不加讨论:追求了一生,究竟在追求什么"成功"? 这个标准谁定的? 有没有蒙蔽性? 对这些问题的避而不谈,使得这场谈话的思想高度明显受制于消费社会的霸权。关键是,这种"受制"在辩论者和节目制作者立场上体现出一种"主动投身",没有感受到分毫的不妥和缺失。可见,消费主义"霸权"对社会生活和社会心灵的渗透是多么深入。

《罗辑思维》则更加直接地输出消费主义文化下的成功观念。《罗辑思维》有两种典型的言语策略。一种是形成"诱导",即以"利"为"诱",描绘"社会趋势"与"美好前途",吸引广大年轻人奔赴而来;一种是制造"焦虑",也就是"非此即彼"的二元对立思维,即如果不融入它所描绘的大潮,则一定遭受损失,本质上是一种缺失性思维。而"诱导"与"焦虑"的结合,就形成了一套类似伏尔泰笔下的"宗教语言"的系统[1],客观上形成一套对人的思维控制和行为形塑。

"轻信本身便是一种偏见。"[2]这样一套言语系统和行为规范,不可避免地造成了偏颇与误导。《逻辑思维》等节目在开创之初经常在相关内容中重复的一句话:"企业不以营利为目的就是'犯罪'。"这种理解和意念显然在经济学和管理学里都是片面而站不住脚的,更在人生态度上多有偏颇。[3] 虽然从上下文或作者本意而言,这句话也许有着复杂的语境背景,但从其客观传播效果而言,这些简单、片段、易于记忆却片面偏颇的语句最适合广泛传播和使用,并在用户大众之中产生影响。从媒介的一般操作手段上来说,这种"病毒式"的物料传播也是常用的手段。"散播"是其第一性的目的,而非带给用户的实际营养和正误影响,其本质是消费主义文化的桎梏与钳制。

而这套霸权的桎梏,却是以每年动辄几百上千元的会员费为售价,由消费者(用户)自愿购买的,或是消费者在主动默许下,内容权力方以每季数亿元的广告价格公开售卖的,而消费者自己又以会员费和通信流量使用费的形式自主买回的这样一种"神奇"而特殊的商业产品。这套源自消费主义并努力拥抱消费社会规则的"训诫",以文化观点的外形,成为实质上的"商品"。

因此,综合而言,融媒体文化类谈话节目在文化观点的产出上呈现出明显的商品性,其在单向传播时代所肩负的社会批判性很大程度上被削弱。面对消费主义的商业环境和文化倾向,这类节目在文化品格和定力上,不仅显得绵软无力,力不从心,更显示出一种主动的跟风逐流。

---

[1]　伏尔泰:《奇迹和偶像崇拜——关于那些殉道者的谎言,我们只能捧腹大笑》,孙平华等译,北京:中国出版集团中译出版社,2016年。

[2]　伏尔泰:《奇迹和偶像崇拜——关于那些殉道者的谎言,我们只能捧腹大笑》,孙平华等译,北京:中国出版集团中译出版社,2016年。

[3]　这两句话的思想出处是弗里德曼的"企业利益最大化本能";而同为经济管理领域大师的德鲁克就提出,企业应该是一个道义集团,高层管理的核心任务是关注员工的良知;本田等日本百年企业以其绵延世纪的经营,实践和证明杜鲁克对于企业和经营管理的理解,不同的企业经营观念事实上表达了不同的社会道德和人生价值观念。因而说,《逻辑思维》的相关论点是不全面的。

(二)成为"广告"的节目与成为"文化"的广告

广告是消费主义文化最为生动的外化与注脚。广告是鲍德里亚等眼中典型而深刻的"消费信息之信息",即对世界进行剪辑、戏剧化和曲解的信息以及把信息当成商品一样进行赋值的信息、对作为符号的内容进行颂扬的信息①——一种强制性信息。而在融媒体时代,在大众传播与点对点精准传播、公共传播与人际传播界限消弭、不断融合的环境下,这种"消费信息之信息"的形态和威力无疑是呈指数级上升的。

凯尔纳认为,广告可以提供某种类似神话的功能,和神话一样,广告频繁地解决社会的矛盾,提供认同性的榜样,以及赞美现存的社会秩序等。所有的广告都是社会的文本,是对现处时代所显现的重要发展做出的回应。② 正是广告、时尚、消费、媒体文化等在不断地动摇着认同性,同时致力于造就当代场景中的更不稳定的、流动的、变幻不定的认同性。

阿尔都塞定义下的意识形态是个体与真实生存环境之间想象性关系的表征,意识形态的对象通过两个动作被生产出来:"召唤"和"质询"。广告就是随时随地质询人们的那个意识形态召唤者。朱迪·威廉森在《解码广告》中提出,广告强调的并不是基于人们在生产过程中扮演不同角色而产生的阶级差异,而是人们在对待特定产品进行消费的过程中产生的差异。于是,社会身份就成了我们消费什么的问题,而不是我们生产了什么的问题。③ 广告如同其他意识形态一样,具有这样的质询功能,人们在被"质询"之后,不但要生产意义,还要一而再再而三地消费购买。在此意义上,鲍德里亚反讽,广告也许是这个时代"最出色"的大众媒介,它让一个符号参照另一个符号,一个物品参照另一个物品,一个消费者参照另一个消费者。④ 因而,凯尔纳说,正是资本本身造成了所谓的后现代的片断化、认同性的消解、变化和游移不定等,人们不管在什么地方看到后现代的文化现象,都会觉察到其背后的资本的逻辑。⑤

较之单向传播时代,融媒体文化类谈话节目与广告的交融机会大大增

① 让·鲍德里亚:《消费社会》,刘成富、全志刚译,南京:南京大学出版社,2017年。
② 道格拉斯·凯尔纳:《媒体文化》,丁宁译,北京:商务印书馆,2004年。
③ Williamson J. Decoding Advertisements. London: Marion Boyars,1978.
④ 让·鲍德里亚:《消费社会》,刘成富、全志刚译,南京:南京大学出版社,2017年。
⑤ 道格拉斯·凯尔纳:《媒体文化》,丁宁译,北京:商务印书馆,2004年。

加,交融程度已不仅仅是"紧密"二字可以形容,而应称得上是一种深层次的共生关系,甚至就是一体。

在电视时代,广告在节目内容中的呈现位置是"附属"的、"含蓄"的,是需要考虑"受众忍耐"程度的,节目主内容作为内容正统性的地位是毋庸置疑的,对于广告是有某种统领作用的。但进入融媒体时代,广告似乎从节目内容的"附属位置"一跃走到了"前台",并开始扮演越来越"主导性"的角色。

《奇葩说》等综艺性的节目所包含的所谓"花式广告"的播送技巧,让本来不受欢迎的广告时段,也成了具备娱乐性和话题性的精彩看点和节目个性,这让广告在节目中的"直白性""主动性""合法性"都有所提升。是否能出人意料又情理之中地、"独创"地设计广告口播段落,即与商业利益的融合度,似乎成了融媒体节目主持人个人聪慧和优秀的一个新的衡量指标。广告成了主持人塑造和节目板块中"不可或缺"的一块个性化内容。

《罗辑思维》《樊登读书》等知识付费服务的内容本质不可避免地被导向为出版业与培训业的课程广告,"罗振宇们"讲书是为了卖书,讲理念是为了卖课,而所讲的节目内容又恰恰就是书与课的内容。他们的观点本质上又是以互联网技术资本为主体的社会经济和意识形态的直接宣导。罗振宇等主讲人异化为广告媒介的高音喇叭。付费用户事实上是"花钱买广告听",天天被"活态"的或"化身为人"的广告"质询"着:你够高尚与努力吗? 你的未来有希望吗? 你买了我们的书了吗?

广告更进一步地与节目所传导的文化价值合二为一,不分彼此。《圆桌派》聊出的故事成为福特汽车的精神追求与文化观点;在《十三邀》每集必有的许知远语录画面中,许知远仅以"名字"的形式出现,而主要画面则让位于汽车广告,很难分清许知远和汽车广告究竟是谁在说。在此,"物"似乎有了"意志"和"思考"而异化成"人","人"退化为可被利用、可被替代的"物"。广告升格成为具有"文化"属性的存在。

这样的大众文化倾向,将向全社会传达这样一种文化风尚,即为广告主竭尽所能地服务不仅是契约性的"本分",更是一种社会"美德"和专业"才干",只要对方"付了钱",就有了一切权力。再著名的主持人,再资深的专家,在金钱之下也要成为"低头"服务的"奴仆"。因此,在这个时代,广告主有了前所未有的地位,不仅被称作"金主"(有"主人"的意味),更被公然称为"金主爸爸"。这种"认钱做父"的称谓,虽然有很大程度的网络调侃成分,而且多少体现了商品经济下的某种"契约实质",但其背后透射出的是集消费主义之大成的霸权逻辑。这种对于金钱势力的膜拜与对霸权权力的无底屈从,成为一种社会性的自发运动和主动投靠,这是前所未有的。这种文化里所透射出来的肉眼可见的功利主义与实用主义,非常值得社会重视和深思。

(三)"虚假"的多样性与"扁平"的价值观

在前文对于"认同"的讨论中我们知道,认同性是一种构建,它可以不断地被变换、修正和调整。在凯尔纳等看来,它是一个"形象、风格和外表的问题"①,即"个性表达"的问题。而我们知道,认同性的本质是各种文化权力的相互作用在个人和群体中的表现。

在融媒体时代,借助互联网媒介技术的发展,人们获取信息和交换思想的能力越来越大,对个体的尊重和"民主"的趋势越来越深,个性和认同选择的多样性与自主性表面上是越来越丰富的。现代的认同性则变得颇为动态、多重化、个人化和具有自我反省的性质,同时还受到变异和革新的影响。认同性构建中的这一变化所带来的好处是:一方面,后现代的认同性意味着人们可以有所变化,可以重塑自己;另一方面,认同性被平面化和肤浅化为诸如时尚、外表等消费品,人们以这些东西确定自己的形象、财产和生活方式。认同性的随意性和替换性就大大增加。在一种后现代的图像文化里,图像、场景、故事以及媒体文化的文化性文本等均提供了大量的主体立场,这些立场反过来又推动了个人的认同性的构成。与后现代性联系在一起的现象是极为矛盾的体验,既显示了进步的特征,也反映出退化的特点。一方面,它提升了个体"玩弄"自身认同性和极大改变人生认同的自由度;另一方面,它会导致一种完全支离破碎的生活,受制于时尚的反复无常以及广告与大众文化的微妙灌输。② 也就是说,在一个消费为主导的大众社会与媒体文化中,"个性"其实是被均一化了的"没有个性"的存在。

"差异就是卖点。"③个性的多样性在消费主义的文化霸权下,实质上是不存在的。个性、审美、文化与阶级阶层的"锚定"事实上形成了以"个性"为伪

① 道格拉斯·凯尔纳:《媒体文化》,丁宁译,北京:商务印书馆,2004年。
② 道格拉斯·凯尔纳:《媒体文化》,丁宁译,北京:商务印书馆,2004年。
③ 道格拉斯·凯尔纳:《媒体文化》,丁宁译,北京:商务印书馆,2004年。

装的新型刻板印象,并且这种刻板印象体现出强烈的不稳定性和交叠性,人们要面对多变的、多层面的、复合的"个性化"锚定对自己的定义,事实上是被物、拜物、商业消费创作的符号所锚定,面对同一的"区别"和"个性化"的约束。正如鲍德里亚所言,"对所有正在'可选'商品的'个性化'丛林中披荆斩棘、正在绝望地寻找可以展现自己额头自然性的染色背景、正在找寻能够反映自身深刻特异性并使自己成为自己的那种差异的那些人来说,……价值模式都是一样的。……无论怎么自我区分,实际上都是向某种范式趋同"。① 因此,对个性(即差异)的崇拜正是建立在个性和差异的丧失基础上的。如果说传统意义上的认同性是属于部落、社团或集体的一种功能的话,那么在当今,认同性就是创造一种独特个性的功能,而个性是一种极受调停的结果。②

《奇葩说》等节目从表象上来看,当然是"个性鲜明"的。"奇葩"这个词语的采用即说明了节目想要找出社会通常观念和认知以外的"与众不同"的灵魂,或是希望给社会营造这样一个"与众不同"的观感。但从上面的分析我们不难看出,这些"奇葩",在价值观念、认识角度、思维高度等方面并不特殊或高超,他们更多地展现为在表达能力、逻辑技巧、辩论经验方面有所特长,或是在外形风格、行为举止、语言个人特色、性格识别度等方面有所"奇葩"之处,与通常意义上的大众文化流行元素没有本质区别。而且他们身上的所谓"特点",在他们成名的那一瞬间,也就是他们真正成为流行符号的那一刻,即被商业性地刻板化,被归入所谓"人设"的商品范畴,成为某种"卖点的外化",也就丧失了其独特性。更何况,很容易看出,这些节目中所谓的"个性",是根据"市场"口味人工打造的某种"适销对路",其本身就是为了"畅销"而产生的。他们从青年文化的某种"意见领袖",还原为行走江湖的"辩论艺人",并成功异化为消费符号。带有青年亚文化色彩的某些"个性",比如青年语汇,也许带有鲜明的反宰制性文化和母文化的符号意味,但最终,其所具备的原创性和反抗精神还是会不可避免地被商业与意识形态的力量消弭,文化工业总是能够通过某种方式成功地将亚文化的抵抗转化为消费品和商业利润。正如鲍德里亚所说,消费者把不同寻常的行为当作自由、理想和选择来体验,

---

① 让·鲍德里亚:《消费社会》,刘成富、全志刚译,南京:南京大学出版社,2017年。
② 道格拉斯·凯尔纳:《媒体文化》,丁宁译,北京:商务印书馆,2004年。

根本不将它视为有碍分化和对规章的服从。①

认同选择的本质有限性和个性多样的实质缺失性,带来最直接的后果便是社会价值观念的扁平与单一。在一个消费横行的社会,对每个人而言,各方面(收入、声誉、文化等,而且大多是宰制化的符号)的流动以及地位和竞争所带来的心理与社会压力变得更加沉重,"提高生活水平"的目的往往不再是提高生活必需的物理功用性,而是提高生活物品的阶级属性和高尚意义,或在商业宰制范围下的有限升级中,购买那些与残缺等价的功能增项,而这些功能增项本身也往往是符号意义大过功能意义。另外,消费社会不仅意味着"丰盛",还意味着"一切都是服务"。被消费的物绝不是单纯的"物",而是以"个性化服务"的外衣作为额外赠品被提供的。打开"得到"App 这样的平台,你的个性特征、爱好兴趣、生活焦虑,都以"定制化"的私人课表的形式推送给你。人们的一举一动、所思所感、一切需求都"沐浴在关切的阳光中"②。这种对于"个性的关切"更是一种对于"个性化约束"的质询和规训。于是,"社会负担变得十分沉重,尤其是会产生'不安全感'"③。

"消费中受到圣迹现实的人也布置了一套模拟物、一套具有幸福特征的标志,然后期待着幸福的降临。……这里所信仰的,是标志的无比威力。"④"幸福"二字,在年轻一代内心的真正认知,很容易倒向一个单一的盲点,即获得物质世界的胜利,并将它视为"理所应当"。消费大众将富裕视为一个自然结果,新的一代人成为"丰盛的自然权利"这一理念的自觉继承人。

焦虑随即成为现代自我构成性的经验。人们担忧他人对自己的认同性的再认和确定,个人可能感受到某种"失范",即个人不再能在此安身立命的极为疏异化的一种状态。焦虑成为这个时代的主要症候。消费社会的病态是,"焦虑"从症候性心理反应被异化为"追求"或"努力"的某种副产品而有了某种"高尚"意味,并旋即成为商品本身。

这很好地解释了《罗辑思维》等产品最初的用户获取模式,即抓住年轻人在消费文化中的成长"焦虑",经过"提出焦虑"(消费动机)—"给出服务"(观

---

① 让·鲍德里亚:《消费社会》,刘成富、全志刚译,南京:南京大学出版社,2017 年。
② 让·鲍德里亚:《消费社会》,刘成富、全志刚译,南京:南京大学出版社,2017 年。
③ 让·鲍德里亚:《消费社会》,刘成富、全志刚译,南京:南京大学出版社,2017 年。
④ 让·鲍德里亚:《消费社会》,刘成富、全志刚译,南京:南京大学出版社,2017 年。

点商品）—"制造新焦虑"（用户黏性）的商业螺旋，用永无穷尽的知识商品去堆砌永无止境的焦虑。这同样也很好地解释了体现在《奇葩说》这类节目中的某种倾向，即虽然这类节目以轻松的娱乐性为主基调，但真正进入观点阶段，往往会带有某种"悲凉"和"悲壮"，展现出一种年轻人奋斗艰辛、出路不易、真情难寻、人生实苦、"压力山大"、个人极受压迫的负向气息，似乎在提示这样一个青年共同面对的社会：它是艰难的、残酷的、青年绝无法顺利担当的且无法遁逃的这样一个社会。而从笔者的观感来看，所有这类叙事恰恰都包含着意识形态的意味，即对于现行消费主义的无限顺从和无能为力。今天青年对于社会的认识和走入社会的基本心态就是这样被复杂的意识形态信息所构建出来的。

因此，"肤浅"成为这种文化的必然趋向。流行文化前的"艺术"建立在"深刻"的世界观基础之上。而流行，则希望自己与符号形成同质化的内在规律：与工业性和系列性生产同质，与周遭的一切人造物同质，与广延性意义上的完备性同质，与这一事物秩序的文化修养抽象作用同质。① 正如鲍德里亚所说，"流行"带有本质性的逻辑悖论。因为流行并不以事物的本来面貌定义周遭客观，而是将其看作符号操控的人工场地，"一个彻底的文化伪迹"。近几年，越来越多对于文化类谈话节目的非议和批评出现在社会讨论中，罗振宇在《时间的朋友》年度演讲中的很多观点预测很快被商业世界的事实所"打脸"，证明为"谬误"。一些网友认为某些脱口秀的思想日益苍白与辩论日益喜剧化，认为这些节目脱离了本初的意义而完全沦为了娱乐，并"矮化"了当今青年的精神世界。

这些社会反思反映了更广大的社会层面对于这些节目内容中所宣扬的消费文化的深深忧虑。劳伦斯·艾洛维针对20世纪50年代英美知识分子的大众文化观曾评论道："我们感觉到大多数知识分子非但未曾对商业文化标准产生抵触情绪，反而能够坦然接受现实、讨论细节，并成为商业文化的狂热消费者。"②在当今融媒体时代的中国媒介生态环境中，对于消费文化的霸权而言，似乎更不存在"博弈"，而只有单方面的"利用"与"顺应"。这些融媒体

---

① 让·鲍德里亚：《消费社会》，刘成富、全志刚译，南京：南京大学出版社，2017年。

② 约翰·斯道雷：《文化理论与大众文化导论》，常江译，北京：北京大学出版社，2010年。

"有机知识分子"更为娴熟,也更为"天然"地融入消费浪潮的滚滚洪流中,成为"弄潮儿"。他们创造了文化类谈话节目这类大众媒介产品的发展新天地,但也更为鲜明地臣服于消费主义的霸权之下,不能不说是知识分子在融媒体时代消费文化下的一种集体"丧失"与"衰落"。

三、融媒体文化类谈话节目中的西方文化

西方文化在当今中国大众文化中的深入渗透实质上有两重性质。一是经济全球化所必然带来的文化交融与认同适变,二是作为消费主义文化的另一个分身,随着西方资本主义经济与文化的国际流动而不断渗透。

在当代以互联网技术和融媒体环境为技术促进手段的全球化进程中,文化的趋同化和不同文化形态由于固守自己的文化认同而带来的对抗和博弈是全球化过程中的一种现实。全球化是一把双刃剑,它在促成人类文化融合的同时也在摧毁原有文化形态的边界,不论是依托于一个民族、一个国家还是由宗教所形成的文化形态,都必然地受到全球化的影响。[①] 有学者指出,所谓"全球化"是后现代主义在全世界范围内扩张的变相说法,对于全球化,尤其是全球化与文化之间关系的探讨中,最主流的说法莫过于强调整个世界都已化为美国式的"地球村"。[②] 霍尔认为,所谓后现代主义不过是"全世界的美国梦"。[③] 诚如萨义德所言,"文化总是彼此牵连,谁都不能'独善其身',一切文化都是混血的、异质的、独特的、多元的"。[④] 人们既保持着对自己的文化的认同,同时又面临着大量的外来文化,人类文化往往呈现出你中有我、我中有你的状态,需要做出价值判断与选择,更需要在这个基础上构建新的文化认可。

在改革开放 40 多年的历程中,以美英为代表的西方文化随着商品经济、文化产品和传媒发展,对中国整体大众文化的影响是相当鲜明的。在当今中国的融媒体环境下,东西方文化的交融和同步更加紧密,中国观众甚至可以比美国本土更早地看到美国大片的上映,NBA 的季前赛也会首先选择在中国

---

① 郑晓云:《文化认同论》,北京:中国社会科学出版社,2018 年。
② 约翰·斯道雷:《文化理论与大众文化导论》,常江译,北京:北京大学出版社,2010 年。
③ 约翰·斯道雷:《文化理论与大众文化导论》,常江译,北京:北京大学出版社,2010 年。
④ Said E. Culture and Imperialism, New York: Vintage Books, 1993.

开打,一个美国球星或歌星的去世会引起中国全国范围的哀思和全国性的球鞋涨价。① 西方文化与中国本土文化的互动和相互影响紧密而深入。

在融媒体文化类谈话节目中,西方文化元素从表层到内里,可以说全方位地影响着这类节目的创作取向和文化表达。总结而言,有以下三点。

（一）作为审美"锚定"的西方文化

在当今融媒体环境下的中国大众文化范畴中,西方文化元素依然普遍地被"锚定"为更代表"时尚""多元""活跃""青春"的审美意义,甚至更靠近"放松""快乐"与"不拘",也就更具有"活力"。这背后是 40 多年以来复杂的社会文化建构和文本含义"锚定"的过程。而其直接的大众文化效果是,从意念上到实际上更代表新技术活力的融媒体节目内容,更倾向于以西方元素为审美基础进行其视觉符号的建构与搭建,以代表"持重"反面的"轻快","老沉"反面的"青春","迟暮"反面的"活力","一元"反面的"多元","霸权"反面的"自由"。这一风尚无疑也波及了融媒体文化类谈话节目。

《奇葩说》等节目的现场是极其斑斓的,其基础舞美的审美元素更靠近日韩娱乐节目的色彩碎块处理和卡通二次元化的景板风格。其片头是当前网综普遍使用的多重卡通形象的跳跃翻飞和核心口号的不断闪现,事实上这些符号与其辩论的实质毫无关系,总体上没有实际意义,更多的作用似乎是预热与铺垫一种较为轻快和娱乐的氛围。这与这类节目在单向传播时代的片头大相径庭——后者往往在片头要诉说自己的文化立场和节目功能。

这种将西方审美元素"锚定"为更加时尚、高级、先进的审美倾向也贯穿在这类节目的主持人着装和形象打造中。随意的拼贴和随性的穿着造就了视觉形象上的某种"光怪陆离"或"离经叛道",比如《奇葩说》著名的马东穿"苏格兰裙"事件,但其基础的意义"锚定"没有改变:这些带有叛逆、前卫甚至某种先进性的穿着,其基础元素仍然是西方的。

（二）作为"反抗武器"的西方文化

在《局部》《一千零一夜》《圆桌派》《朗读者》等节目中,西方文化在美术、哲学、文学、历史学等领域的经典文化成果,在或严肃或放松的谈话气氛中,

---

① 2020 年 1 月 26 日,美国篮球明星科比·布莱恩特意外去世,引起中国中青年群体持续数周的哀伤气氛,并引起网络销售平台的科比球鞋突然涨价以及官方平台的科比相关商品全面下架。

被作为节目的主要谈论和普及的对象而出现在内容流中,成为这类节目文化感和文化观的注释。这些业已进入全人类文化经典序列的文化产物,在这类节目中不仅仅是某种"国际化""高贵化"的装潢,更被作为某种"思想武器"来捍卫节目所抱有的某种文化正统性,或对当前社会进行提示、针砭和反讽。《朗读者》作为国家平台的重量级文化精品节目,以阿根廷诗人博尔赫斯的话"如果有天堂,天堂应该是图书馆的模样"为其节目引子与灵感来源;《局部》走遍世界美术圣地,在观看若干世纪间的美术经典,来反衬今天商业社会的某种浮躁、粗鄙和情感麻木;《一千零一夜》介绍了大量世界范围的作者和经典著作,其介绍五四运动的节目,是从杜威等与五四运动有关的西方作家入手的;《圆桌派》等节目会在结尾字幕处加注节目中谈话者提到的人物与著作,其中不乏西方经典,被作为人物或节目文化感和文化功底的标签。总之,这类节目对西方文化经典的运用体现出"以古喻今""以古讽今""以经立身"的特点,使这类节目营造出一种和上文"时尚锚定"不同层面的审美感觉,更为"复古",也更彰显某种由来已久的"文化贵族"身份,是一种典型的"向上分离"的认同策略。换言之,它们必定是"小众"的。

(三)作为消费主义思想渗透的西方文化

西方文化对于当今中国社会影响最深的,还是以流行文化和商品文化为形态的思想渗透,其根本上仍是消费主义的变体与伪装。这体现了西方资本主义消费体系必然的全球化扩张本能,亦蕴含着深层次的国际政治经济博弈。

这种潜藏在西方流行文化中的思想渗透,最直接地体现在"性"这个话题上。在当今的中国融媒体流行文化语境下,"性"早已不同于前时代的"禁忌"或"隐晦",而成为某种显性的"时尚",直至成为某种"权力"的宣言。原先"阳春白雪"的文化类谈话节目出现了越来越多的"性"元素和"性"暗示,就是这种趋向最生动的写照。在《奇葩说》这样的节目中,性笑话和涉"性"的话题成为最受欢迎的元素之一,最初的明星辩手团队自命名为"污力天团",以公开袒露和调侃"性"为核心态度的"污"成为某种青年"标签",马东等主持人以"分寸精准"的"内涵段子"为其主持的"特色"和"功力","老司机"和"开车"等暗示"性经验丰富"的流行词汇成为可以在公众环境下被"炫耀"和"张扬"的某种个人资本与优势。《圆桌派》对"小三"等两性社会问题的探讨并不鲜见,这些节目往往成为其较高点击率的选题。

　　福柯在利用"话语域"来追踪性话语的痕迹时指出，形形色色的各类话语并非仅仅谈论性，而是在实际上建构了性。"其实大家建立的只是一种产生更多性话语的装置，性话语在它的结构中运转灵活，效果显著。"[①]"性"无疑是中国传统社会文化道德观念里最"含蓄"和"禁秘"的部分，如今以时尚先锋的姿态登上"大雅之堂"。这种"性"态度的社会转向体现着某种解放与反叛的人性需求，但更多还是以西方流行文化为外壳的消费文化通过各种话语与言语进行构建和渗透的结果。

　　"色情"在大众文化中的蔓延充斥，全面渗透入整个消费领域，是一个不争的事实。麦克卢汉曾激烈地将摄影技术诞生之后的世界比喻为"没有围墙的妓院"[②]。马尔库塞在分析现代的社会和艺术的"俗化"趋势时，着力分析了两个概念——"快乐原则"和"幸福意识"。他指出，现代社会所赋予的各种快乐催生了"快乐至上"的原则，而"快乐原则"吞并现实原则，性欲以对社会有利的形式解放出来。性领域中的俗化趋势是对技术现实进行社会控制的副产品。这一趋势一面扩大着自由，一面又加强着统治。性被纳入工作和公共关系之中，并因而变得更易于得到（受控制）的满足，并以技术进步和更舒适生活的条件有步骤地融入商品生产和交换领域。也就是说，"社会准许、人们也可以指望的满足范围，今天已大大地扩大。……快乐因而被调整来为生产顺从态度服务。……性欲（和攻击本能）的解放，使本能冲动拜托了大部分不幸和不满意识。……这里有许多途径可以使出于幸福意识之下的不幸意识转变成加强和巩固社会秩序的源泉"[③]，而其根本核心是"受控制的俗化概念，暗示受压抑的性本能和攻击本能存在同时释放的可能性"[④]。进而，幸福意识，即相信现实的就是合理的并且相信这个制度终会不负众望的信念，反映了一种新型的顺从主义，这种顺从主义是已转化为社会行为的技术合理化的一个方面。[⑤] 鲍德里亚更进一步阐释了色情和性在大众文化中泛滥的本质是

　　① 米歇尔·福柯：《性经验史》，余碧平译，上海：上海人民出版社，2003 年。
　　② 马歇尔·麦克卢汉：《理解媒介——论人的延伸》，何道宽译，南京：译林出版社，2012 年。
　　③ 赫伯特·马尔库塞：《单向度的人——发达工业社会意识形态研究》，刘继译，上海：上海世纪出版社，2010 年。
　　④ 赫伯特·马尔库塞：《单向度的人——发达工业社会意识形态研究》，刘继译，上海：上海世纪出版社，2010 年。
　　⑤ 赫伯特·马尔库塞：《单向度的人——发达工业社会意识形态研究》，刘继译，上海：上海世纪出版社，2010 年。

"身体与物品的同质"这一深层的消费机制。只有把身体物化,并且将身体这一特殊的"物"进行重观式的发现和自恋式的投入(即快感的原则和享乐的风尚的本质来源),"必须使个体把自己当成最美的物品,当成最珍贵的交换材料"①,才可以便于将欲望转变为"合法的"物品需求和符号需求。在这个意义上,人的性欲和身体都是被解构的。身体必须"被解放、获得自由",以便它能够因为生产性目的而被合理地开发。

因此,"性"的解放和社会化袒露,是消费主义推动下的社会意义构建,是消费文化的必然产物,自然也是西方文化与中国社会交融中的必然宣导。而从本质上来说,"性"的袒露背后更深层次的心理趋向,是一种消费主义所"培育"的"享乐主义"的无尽蔓延。马尔库塞在《单向度的人》中论述道,娱乐和信息工业(文化工业)生产出来的东西是令人难以抗拒的,因其蕴含着某种预设的观点和习俗,通过激发精神上或情感上的反应将"心甘情愿的"消费者和文化的生产者绑定在一起;进而,文化的受众也就被纳入了整个资本主义体系。这些文化产品向人们灌输着某种虚假意识,操纵着人们的思想,让大众无法看清其欺骗性……这已经成为一种生活方式。② 而对于"享乐"的无尽性需求和对于"富裕"(丰盛)的必然性追求,成为这种操控性的核心成果。③

"快乐是人生最重要的""富裕是人生理应追求的",或许是消费主义灌输给世界最深刻的霸权意识形态。这就很好地解释了文化类谈话节目青年文化话题中"人生实苦""苍凉悲壮"的观点底色的成因。这样的人生态度的底层逻辑恰恰不是"人生实苦",而是以"人生须乐"和"人生必富"为反照而必然得到的苦闷,是享乐主义培植的"物欲逻辑"所带来的必然焦虑。鲍德里亚形象地说,消费者总是怕"错过"什么,怕"错过"任何一种享受。④ 文化谈话节目中的表达者与霸权下蒙蔽中的广大"消费者"并无二致。表面上以物品和享受为轴心导向的消费行为,实际上指向完全不同的目标,即对人的欲望进行开发式挖掘和生产,并进行符号编码化的曲折式隐喻表达。

全球化带来了文化的融合,但与此同时,全球化带来的对人类文化的大

---

① 让·鲍德里亚:《消费社会》,刘成富、全志刚译,南京:南京大学出版社,2017年。
② 约翰·斯道雷:《文化理论与大众文化导论》,常江译,北京:北京大学出版社,2010年。
③ 让·鲍德里亚:《消费社会》,刘成富、全志刚译,南京:南京大学出版社,2017年。
④ 让·鲍德里亚:《消费社会》,刘成富、全志刚译,南京:南京大学出版社,2017年。

调整也必然造成国家、民族和文化体系在寻找自己的文化归属及新的位置中，产生新的文化认同上的对立以及文化冲突。总结来说，经济全球化和文化消费化结合而成的"西方文化"对中国社会的影响是深远的，在融媒体传播时代的威力依旧在增长，这种增长和对中国社会文化的影响，直接体现在融媒体文化类谈话节目的表里之间。

四、融媒体文化类谈话节目中的性别文化

前文提到，融媒体文化类谈话节目领袖人物的男女性别比例是相差悬殊的。事实上，在这类节目发展运行的具体过程中，性别文化在其间的流转和博弈是复杂而丰富的。我们从两个方向简要概括。

（一）女性

女性地位在这类节目中有着明显的双向性。

首先，女性在这类节目中大放异彩，获得了显著的发言权和领导力。李雪琴、傅首尔等媒介女性形象，成为社会观点重要的输出者，并且是以一种极具"个人化"的言语方式进行输出，意味着对于传统男性权力语言的某种"齐平"与"挑战"；董卿等媒介"精英"女性，以更为突出的"制作人"身份在其节目中享有"主控"地位，使节目成为其性格与审美的外化，同时具有鲜明的国家机构赋能色彩，使其女性形象不仅具有某种新时代的社会示范性，更有强烈的规制力量。

如萨义德所说，"自我身份的建构……牵涉与自己相反的'他者'身份的建构，而且总是牵涉与'我们'不同特质的不断阐释与再阐释。每个时代和社会都重新创造自己的'他者'"。[①] 也就是说，自我认同构建中具有"我—他"结构，即自我的建立需要"非我"或"反我"之他者来参照。并且，这种参照具有强烈的时代性。

在传统意义的西方主流文化中，脆弱、犹疑、依赖性、情绪化、非暴力、妥协、喜怒无常以及容易上当是典型的女性化特征。[②] 传统男性英雄主义叙事以女性为"他者"，形成一系列对立的男女两性文化特征。

---

① 萨义德：《东方学》，王宇根译，北京：生活·读书·新知三联书店，1999年。
② 约翰·斯道雷：《文化理论与大众文化导论》，常江译，北京：北京大学出版社，2010年。

男性的：女性的

主动：被动

存在：消失

被接受：被排斥

成功：失败

优势的：劣势的

主要的：次要的

独立的：依赖的

单一的：多元的

组织的：分散的

智慧：想象

逻辑的：非逻辑的

确定的：不确定的

可靠的：多变的

头脑的：心灵的

心智：身体

主体：客体

阴茎：阴道

刚毅：柔弱

天：地

日：夜

空气：水

形式：物质

超越：适应

文化：自然

理性：感伤①

　　而中国当今的融媒体文化类谈话节目，似乎重塑着一种"新女性"形象，

---

　　①　约翰·菲斯克：《电视文化》，祁阿红、张鲲译，北京，商务印书馆，2010年。原文两列特征之间即为冒号，意为对比，后文亦然。冒号左右分别为"男性"和"女性"的性别文化特征比较。

"她"不仅以男性为"他者"，还以传统的女性形象为"他者"或"反我"。根据菲斯克的对比方法，我们将"新女性"和"传统女性"在融媒体文化类谈话节目中呈现出的性别文化特征罗列如下。

新女性的：传统女性的

主动：被动

存在：消失

被接受：被排斥

成功：失败

优势的：劣势的

独立的：依赖的

智慧：想象

逻辑：非逻辑的

确定的：不确定的

可靠的：多变的

头脑的：心灵的

心智：身体

主体：客体

精神阳具的：生理阴道的

刚毅：柔弱

超越：适应

文化：自然

我们来看《奇葩说》里"大王"这个女性，她不同于其他女性明星辩手，她是以一个典型的传统女性媒介形象进入节目，但同时其个性特征中的积极成分（敢于挑战、直抒胸臆、直白坦荡）也被节目逐级放大，在第六季的最后，她因"进步最快"而被一致推选为其所在队伍争夺冠军"BBKing"的最终人选，完成了人物蜕变。从"大王"身上，我们看到节目努力营造的融媒体时代新女性独立蜕变的一条完整人物"弧光"。在笔者看来，"大王"比詹青云、马薇薇等更加极致地展现了女性形象和力量在这类节目甚至在整个社会文化空间里的博弈与确立。

但是，女性"被观赏"和"被支配"的从属地位事实上并没有被打破。女性角色在这些节目中依旧存在于男性的点评与围观当中。当一些美女明星做客谈话节目时,她们往往是在座和在屏幕前男性的视觉审视焦点,但完全不是话语场的主控者,而是话题的女性视角例证、补充和实际意义上的"重要"陪衬。譬如,某些女嘉宾被节目打上"美女学霸"的标签,而这事实上是建立在这样一个明显的潜意识基础逻辑之上——美丽的女性是不应该具备头脑和学习能力的。故而,"学霸"是统领在"美女"这个充满男性目光特征的范畴之下的。"美女学霸"的概念越突出,则其背后深层次的女性歧视就越严重。

因此,这类节目中的女性性别文化体现出一种复杂的斗争关系,一方面,女性获得更大的话语空间和主体特征,另一方面又仍然处于男性"父权"的霸权和决定之下。这类节目在女性角色的处理上,并没有实质上的社会进步。

(二)性别倒错

较之女性形象的变化,这类节目中体现出的性别模糊与性别倒错现象,则更为直白而明显。譬如在一些谈话节目中,有几位表现突出的男选手,其语言风格甚至基本人设,体现出较为明显的某种女性化特征。这种性别的模糊和倒错,在同节目的女性辩手中并不多见,但却在男性辩手中出现明显的女性化倾向,并非偶然。

近年来,消弭传统性别特征的"中性风"审美在青年流行文化中增长明显,并首先反映在以选秀明星为代表的女性流行符号之中。同时,在青年亚文化群体中,以同性恋色彩为基础的所谓"耽美向""同人向"网络文学作品影响甚广,逐渐形成一种男性形象女性化的流行文化,吸引着广大少男少女群体,尤其是少女群体的追捧。正如克雷·克里柯穆尔等学者所说:"我们(西方社会)对同性恋性别身份的规划与资本主义消费文化的发展如影随形。"[①]一些谈话节目在选手选择和造就中突出这一性模糊与倒错的取向,除了想体现节目接轨国际和青年群体的某种性别开放意识,相信"话题性"的追求和所谓"流量"的获取更是其根本的目的,是对当前流行文化的主动屈从和共谋放大,甚至带有某种明显的商业考虑,是消费霸权的又一支配体现。更进一步,整体性别模糊的"中性风"社会审美潮流,给消费主义霸权带来的是更低的产品开发成本(男性、女性统一审美,可以用同样的产品,无需区别开发)和成倍

---

① 约翰·斯道雷:《文化理论与大众文化导论》,常江译,北京:北京大学出版社,2010年。

的收入保证（一个产品，男性女性都可消费），从本质上极端加剧了消费符号的单一性和控制力：在商品和消费面前，连性别都被取消了。

综上，融媒体文化类谈话节目中的性别文化是社会性别文化结构的缩影。它蕴含了性别的斗争和变化的契机，但也更大程度上仍然存于传统男性霸权和消费主义霸权的牢牢控制之下，并未能形成本质意义上的新意。

五、融媒体文化类谈话节目中的社会主流文化

主流文化（又称官方文化）是一个社会、一个时代受到倡导的、起着主要影响的文化。福柯指出，每个社会都存在"真理政体"和"一般政治概念"，意即某些特定类型的话语为人们所广泛接受并发挥真理的功能。这就是社会主流文化的地位和作用，更具有国家、民族和社会层面的最大范围的意识形态认同性质。

习近平在中国共产党十九大报告中明确指出："中国特色社会主义文化，源自中华民族五千多年文明历史所孕育的中华优秀传统文化，熔铸于党领导人民在革命、建设、改革中创造的革命文化和社会主义先进文化，植根于中国特色社会主义伟大实践。"[①]简言之，其包括国家政治、民族认同和社会文明等几个层面的内涵。国家政治文化体现为社会主义、爱国主义、集体主义等观念，民族认同集中在对中华民族"多元一体格局"下的传统文化和民族渊源的遵循和认同，社会文明包括社会主义先进文化和以社会主义核心价值观为基准的社会道德秩序[②]。

在融媒体时代，社会主流文化无疑受到融媒体传播方式和社会观念变迁的全方位挑战。尤其是在中国社会互联网化的高速发展初期，主流媒介在与互联网新媒体的赛跑中往往展现出技术、观念、管理体制等深层次的不适与追赶。随着官方建设新型主流媒体改革的大刀阔斧与不断深化，主流文化的声量在融媒体环境中日益占据应有的位置。而在融媒体文化类谈话节目的具体发展中，社会主流文化的影响其实一直是雄厚而深远的，主要表现在三个层面。

---

① 习近平：《决胜全面建成小康社会 夺取新时代中国特色社会主义伟大胜利——在中国共产党第十九次全国代表大会上的报告》，北京：人民出版社，2017年。

② 张江主编：《建设新时代社会主义文化强国》，北京：中国社会科学出版社，2019年。

(一)声情并茂的主流叙事者

对于社会主流文化和道德观念的直接宣导,是主流媒介平台在融媒体环境形成的全过程中一直不遗余力的努力方向。《朗读者》等节目的推出,使国家主流平台文化类谈话节目的创作达到了新的高度。主流文化声音竭力放大主流平台宏大叙事的特点,以声情并茂的艺术手法和富丽堂皇的殿堂级文化规格,努力营造崇高的庙堂与脚下的真情相互激荡的国家情感文化空间。这类节目对于社会议程的引领和大众情绪的引导是效果显著的,同时也发挥着对大众文化操作方向的规训性指引作用。

(二)潜移默化的规范塑造者

作为社会文化规范的塑造力量,社会主流文化的统摄事实上是深入人心的。不管是官方媒介还是商业融媒体,它们对于国家政治统一稳定和对社会民族共同价值的维护总体上是自觉而谨慎的。以《奇葩说》为例,亦策划了"让不让妈妈成为超人"这样的社会话题,总体宣扬爱与孝道;其第七季的最后一期节目的开头是过年发红包,体现了中国人特有的年俗和文化情怀(即便消费主义在此时又搭了广告的便车)。社会主流文化对于节目的传受双方都有着潜移默化的影响效果。有人说,《奇葩说》节目里比较难的那个持方、比较不符合社会主流价值观的那个持方,它存在的意义不是在搅局、不是在耍泼,而是在于让观众知道这个社会的少数派和异见者有自己的不得已。可见,社会主流文化在大众文化领域是占据统领和塑造地位的。

同时,主流文化也在积极地转变其"宏大叙事"的一贯外形和策略。在国家平台上出现"段子手"朱广权这样的案例,就是生动的例证。利奥塔(Lyotard)认为,所谓的"后现代状况"指的是西方社会出现的一种只是低位的危机,具体体现为"对宏大叙事的怀疑"以及"宏大叙事合法性机制的衰落"[①]。在他看来,"宏大叙事"是一种"普适性"框架,以普遍规律和总体目标之名,带有强大的同化力量和排斥异质性的本能,在后现代主义的视角下,它难逃土崩瓦解,被差异、多元化取代的命运。主流媒体更积极地贴近融媒体互联网的语境与心境,使用新的语言方式和表达状态,相信对于社会沟通的促进、意识形态的贴近和社会认同的互动式建构将起到积极的作用。

---

① 约翰·斯道雷:《文化理论与大众文化导论》,常江译,北京:北京大学出版社,2010年。

（三）强力鲜明的干预调停者

在中国社会，作为社会主流文化代表的国家文化管理体制（包括文化管理机构、文化管理法规），对于社会主流文化地位和社会公序良俗的调停与维护是旗帜鲜明的。事实上，在融媒体时代中，对于主流文化管理体制而言，其所面对的诸如消费主义、西方文化、社会异质文化等不同方向的挑战和考验是前所未有的，其对于意识形态的把控难度更是空前的，其管理边界也是严明和强力的。《奇葩说》几季以来，也有不少期节目观点被"举报"而遭下架处理，说明主流文化对社会文化价值观的干预与调停是整齐划一的、雷厉风行的，节目的市场认同和社会热度越高，也意味着其所面对的社会监督越严酷，对自身的全方位要求也越严格。

综上，社会主流文化对于融媒体文化类谈话节目的发展施与统摄、渗透和干预的复杂互动影响。

六、融媒体文化类谈话节目中的精英文化

如前文所述，精英文化内容是融媒体文化类谈话节目中的某种主体内容，它是这类节目内容中某种暗含的基因前提。它贯穿在这个节目群落多样态多角度的发展全过程中。可以说，精英文化在这类节目文化基因中是博弈最为激烈和显著的。

一方面，知识分子精英阶层努力在融媒体时代发挥自身价值与影响，并且普遍积极高效地拥抱融媒体新技术与新观念，扩大精英阶层在社会的话语权和影响力。这些知识分子都呈现出明显的通俗化倾向与技巧，改变表达方式，并以广泛传播为存在方式，从表象上降低了知识的接受门槛和在知识分子阶层的垄断性，体现出强烈的后现代性。与葛兰西"有机知识分子"概念异曲同工的是利奥塔（Lyotard）的观点，他认为，在异质性和多元化的时代下，知识和文化的世俗化与实用主义色彩也随之而来。因此，后现代主义催生了一个全新的知识分子群体，那些在历史中轮番遭受（现代主义）父权制与帝国主义宏大叙事压迫的人终于发出了自己的声音，试图对确凿无疑的"常识"和世所共知的"真理"进行重新定位，开创观察世界、理解世界的新方法。[①] 这些新

---

① 约翰·斯道雷：《文化理论与大众文化导论》，常江译，北京：北京大学出版社，2010 年。

的知识分子群体在为自己赢得文化媒介的生态位之时，确实在某种意义上改变着社会的文化图景。对于这群新型知识分子而言，融媒体时代是决定性的。

另一方面，正如前文的分析，这类目前在融媒体环境下得心应手、如鱼得水的新型知识分子，对于消费和市场的拥抱与融入是本能的。其文化的独立性和出发点是值得商榷的。社会腐败层面的"权力寻租"到了融媒体文化生产层面转换为"知识寻租"和"传播寻租"。被统治霸权所"收编"的精英文化往往扮演着权力结构的代言人和布道者角色。

哈贝马斯的核心追求就是呼唤国家领域和私人领域之间的公共领域的出现。无疑，精英阶层知识分子是公共领域的核心力量。但从目前实际而言，被"收编"的知识分子缺乏批判性，未被"收编"（或亟待被"收编"）的精英阶层，在批判力度上的软弱和式微有目共睹。或者说，新的批判力量还未入场，支撑批判力量的社会权力运转结构尚待形成。

总之，在目前融媒体文化节目中的精英文化，是一个复杂的存在，是一个兼具"上位"与"失位"的存在，是一支兼具"强大"和"软弱"的力量。

七、融媒体文化类谈话节目中的青年大众文化

之所以特别关注当今社会的青年大众文化，恰恰是因为青年是融媒体最重要的使用者和塑造者，更因为青年是未来的真正创造者。今天的青年接受着怎样的文化认同，就可能决定着未来的中国和世界的文化形态和趋向。

综合上面的分析，我们可以看到，以青年一代文化观为主要影响面的融媒体文化类谈话节目，折射了这样一种当今融媒体青年文化，即当今青年大众文化正面对一个复杂博弈的文化权力场：一是绵延5000年的中国社会主流文化，包括国家、民族和社会整体的文化观念和道德文明；二是整个西方资本主义社会破门而入的"消费主义"；三是带来所谓现代社会时尚与流行的"西方文化"。这个杂糅角逐的文化场即今天在融媒体文化类谈话节目中折射的青年大众文化基因序列。

从这个层面来看，融媒体这一新兴的人类媒介时代所催生的这些文化局面，事实上并"不新"。它很大程度上延续了整个后现代世界文化霸权的流转趋势和问题，使当今的青年大众文化依旧难以突破旧有霸权的控制，并迎来新的霸权规训。它以极其"新颖"的外壳却维系着极其传统的本质。它更像

是通向真正文化未来的一段承上启下的过渡。

那么，这样一种以青年文化为主要突破口和代表性的大众文化场，会对当今青年思想和社会生活带来怎样的深入影响和变化倾向呢？

第一，作为社会的"黏合剂"，融媒体环境下的当今青年大众文化会"帮助"青年大众更加顺畅地接入现有社会体系和权力结构之中，而且在统治权力不受威胁的限度下，尽可能提供青年以"文化主人翁"地位，进而将青年培育成为社会霸权体系最新鲜的血液和最有活力的传导。在这个过程中，青年大众的文化创造力有机会被彰显，在文化产品化的潮流中，青年大众的文化创造产物有机会从亚文化地位跃升至社会文化的某种主体力量而对其他文化维度进行影响，但前提和代价是进入商品体系或同化到其他霸权体系，往往这些在亚文化状态和所谓"草根"状态下活力四射的青年文化创造最终难逃体制化和僵化的结局。但其对社会大众的文化资源的影响在不同程度上得以留存。因而，这种青年文化创造与消弭的过程是一个持久而互动的博弈过程。

第二，融媒体的无限货架，理论上使青年大众得以觅得更多层面的文化给养，而且是以"主动觅得"的行为模式作为其路径外观呈现在青年用户面前。一方面，主动习得和寻得的动作让青年一代更加具有自主意识和自我价值感，对个性与差异有更天然的追求与坚持，虽然大多"个性"与"差异"是在消费过程和意识形态控制下的引导性有限选择，但这种对个性和差异的尊重与推崇无疑对于文化生态的多样性和青年真正的自我意识的萌芽和觉醒有着一种深远的铺垫作用。另一方面，更为多元的文化观念选择和自主选择行为，让青年一代能够更便捷地接触到"精英文化""传统文化""社会主流文化"等不同层面的文化力量，并更加"欣然"地接受内化为自我人生的思想武器和理论信仰。这对于社会文化的多元发展与传承自是影响深远，也为某种未来觉醒积蓄着力量。

第三，消费主义等意识形态牢牢地把持青年大众文化，根本上是希望牢牢控制青年大众在其意识形态框架逻辑下永久臣服。青年文化容易在这种强力控制之下，呈现出扁平狭窄的成功与幸福观念，使社会整体文明呈现出明显的拜物倾向、实用主义与功利色彩，支撑心理结构的自恋情结和积极自我评价诉求易发展为建立在无望基础上的极端自私和虚无焦虑。一夜暴富、一劳永逸、一蹴而就的短期行为模式容易取代持之以恒、脚踏实地、细水长流的持续发展模式,这必然导致青年内心挫败感、失控感和无望感的大大加剧,更易造成社会系统性的人格焦虑和精神分裂。

第四,统治霸权对于青年大众的浅薄化、无知化、庸俗化的持续扭曲,本质上是一种文化矮化和奴役。青年一代真正独立的思辨能力发育延缓,发展受限,则独立思想的社会生成被限制和放缓。但希望在于,青年大众被融媒体培育的自我意识和媒介使用能力,让真正的多样性不可能被完全扼杀,社会面对多元选择的心态也日渐平和与接纳,那么,在青年大众内部自然生成的后起精英文化元素是否有可能成为挑战消费主义等宰制权力的某种关键力量,这需要交给时间来检验和回答。

八、融媒体文化类谈话节目中的 UGC 文化:一种未来的可能性

融媒体毕竟是全新的。它催生全新的观念,重塑人类社会全新的组织方式,也应重构人类社会全新的文化未来。

从前文的讨论不难看出,建立在消费商业逻辑之上的商品性文化形态很难突破现有霸权的围困,而难改其模式的本质性陈旧,无法代表上面提到的全新未来。其根本缺陷是其对于现行体制和商业霸权供养的依赖,这使得这些文化产物从出生的那一刻就决定了自己被支配的地位。

约翰·菲斯克在《解读大众文化》一书中,将大众文化视为战场,认为大众文化既承载着宰制性力量,又隐含着大众应对、规避以及抵抗统治阶级权威的种种策略。他将研究的目光焦点投注于大众文化的活力和创造力,从对宰制性权力对大众的"收编",转移到理解日常生活中的抵抗与规避行为如何努力阻滞意识形态的运行并促成其"不得不"竭尽全力维护自身价值,认为大众文化是"名副其实"的进步力量,努力在人民的气魄与活力中探求社会变迁的可能,并竭力挖掘其背后的驱动力。[①]

这股驱动力恰恰来自融媒体的媒介本能。融媒体和互联网的本质是对中心化的消解和对权力的均享。个体价值可以与机构力量、社会权威平等自由对话。这种"乌托邦"式的未来范式,事实上在当今融媒体环境下已经出现

---

① 约翰·菲斯克:《解读大众文化》,杨全强译,南京:南京大学出版社,2006 年。

了端倪，并且恰恰出现在本书所关注的切片——文化类谈话节目的实践中。那就是UGC文化形态。

UGC是User Generated Content的缩写，即"用户生成内容"。它随着互联网的发展而出现，表达着融媒体传受双方边界消弭和权力互动的本质。UGC内容最大程度地由个体生产者按照自我意愿进行创作、生产和传播，可以不代表任何机构利益，并能够最大限度地利用融媒体技术环境和利益链条，尽可能自主地生长自身，进而有希望保持最大限度的个体自由和利益中立，对现有霸权进行穿越和突破。这种似乎预示着未来文化某种新型走向的迹象，已经在融媒体世界中出现端倪。

第一种迹象是更高层面知识分子的入场。目前我们所说的"新型知识分子"中有很大一部分其实是传统意义上的"媒体精英"，却非真正意义上的学术精英或者理论工作者。他们对于文化和知识的解读和宣扬不可避免地带有其明显的个人局限性和媒介传播性，无法克服商品生产逻辑注定带来的某种同质生产、粗糙咀嚼和认知缺陷。而学术领军人物、大学教授阶层、理论研究者等精英群体在较为独立与自主的条件下开始利用融媒体，展开个人影响与传播，成为融媒体真正进入深化发展的一个标志。近年来，施一公、郑强等学者逐渐受到年轻人的喜欢，是这一趋势"被动形成"的某种例证。而这里还有"半个"例子，可以说明这种趋势的主动形成，即致力于开发学术思想性短视频的视频平台出现，如"观视频"。这个平台于2016年成立，以观察者网和复旦大学等学术机构为基础，将张维为、陈平、金一南等学者的言论作为主要产品，更开发了《一勺思想》等一系列文化类谈话节目，产生较大的融媒体影响。这类平台的出现，明确地显示了高端知识分子和学术精英群体进入融媒体传播的信号和趋势。

第二种迹象是在普通UGC内容中对社会文化现象有越来越多的自发评论。其中不乏深入分析的例子。如：有博主深入分析知识付费产业所存在的文化问题；还有博主对消费主义"软文"对女性群体的洗脑与钳制进行了直接的抨击。虽然这些视频中不免有"博得眼球"甚至"哗众取宠"的成分，但这说明在互联网平等的接入权力和发言权力的基本保障下，人人都可以对社会文化发表观点，这正是一个公共议场形成的基本条件。

第三个迹象是UGC内容有了某种生存和收入来源的独立可能。融媒体亚文化节目《老高与小沫》就是这样一个例子。这个节目迅速从 YouTube 脱颖而出,有其很强的特殊性。这个节目的主理人"老高"完全不是专业媒体人,制作视频全凭"兴趣";夫妻二人的经济来源稳定,甚至有所谓"财富自由"迹象,起初并不靠视频收入维系生活,更在节目中不断流露出"不急于扩张"的非商业态度,使其频道不仅在其可控的范围之内,更给其内容和性格增加了一种超然于世的印象;视频平台不断优化的制度和利益算法,实质上是不断走向与创作者合作和共赢的方向,这使得老高和小沫这样的创作者不断扩大的影响力能够越来越稳定地带来可预测的回报,也就供给了这个频道可持续发展的稳定生存模式,并且这个生存模式最大限度地排除了对所谓"金主"或直接广告的依赖,而转为从频道订阅用户和视频平台总广告收益分利中获得。简言之,是生态性的生存。

马尔库塞在讨论工业社会的"自动化"时写道,"自动化一旦成为这种物质生产过程,它就会引起整个社会的变革。被推向极端的人的劳动力物化,将通过割断把个人与机器连在一起的链环而杂碎这种物化形式。在必然性领域内完全实现自动化,将打开自由的时间向度,即人的私人生活和社会生活得以形成的向度。这将是朝向一种新文明的历史的超越"①。那么,在融媒体生态真正成熟之时,当媒介内容物种的自我生态链达成自给自足的自动化自循环系统的话,是不是也预示着一种新的文明历史的超越的到来?

可以想象,如果未来出现真正关于社会总体文化的独立 UGC 文化类谈话节目,是不是也可以像上面三个迹象提到的案例那样,充分利用融媒体技术环境和互联网商业逻辑,而尽可能少地被权力钳制,那么是否可以在融媒体真正成熟的时代,获得一种前所未有的内容生态和文化状态? 哈贝马斯所提出的介于国家和私人领域之间的公共领域是否可以在 UGC 文化自由而自给的循环下获得某种生长可能? 虽然未来充满挑战,但笔者抱以希望拭目以待,因为笔者相信在融媒体多元和广阔的生长环境下,在媒介文化生态的"自然选择"下,媒介内容物种一定会继续采取自主适应的"拉马克式"适变选择,为融媒体时代的媒介和文化世界贡献更为多样性的生态未来。

---

① 赫伯特·马尔库塞:《单向度的人——发达工业社会意识形态研究》,刘继译,上海:上海世纪出版社,2010 年。

本章小结 获得突破的"认同墙"和难以逾越的"霸权墙"

本章从"社会认同路径"出发,总结了融媒体文化类谈话节目在获得社会认同的过程中的具体适变手段,观察这类节目在其"文化维"构建中的得失。

我们发现,这类节目快速拥抱融媒体互联网的传播和文化生态环境,在社会认同的范畴化策略中,抓住"青年""互联网先行者""精英和成功者"的核心范畴,着力打造自身所服务群体和自身特点范畴的特异性,并在其核心人物的塑造中,紧紧抓住其与所服务群体的"同龄感""同阶感""真实感""人格感",建立内群"趋同性"连接,获得了显著的社会认同,一举改变了这类节目在单向传播时代的认同窘境和用户失联。

同时,我们清晰地看到,认同的本质是社会文化权力博弈的结果。这类节目在融媒体时代追逐的所谓"社会认同",更主要的方向是获得商业逻辑和消费领域的认同,从而进入消费主义的滚滚洪流。这种对于霸权意识形态的主动投身,确实换回了这个节目内容种群在新的媒介生态下的生态位优势,有了生存和发展的空间,但也应该看到,其代价是这类节目成为文化霸权牢牢控制的附庸。这类节目标榜要代表"青年大众文化",本质上是以消费主义文化为主体的多种文化霸权纠缠作用的复杂文化场。其从文化基因的本质而言,并没有走出单向传播时代的霸权控制,并面对着更为新型和强力的融媒体文化霸权。

从这一节目内容种群的文化适变当中,我们可以看到融媒体环境下的文化生成与变化的某些共性特点,即其复杂的斗争性和融合性。融合文化也是一个斗争与协商的场所。正如亨利·詹金斯所说,融合既是一个自上而下的商业驱动过程,又是一个自下而上的消费驱动过程,是商业融合与"草根"融合的共存体。传媒企业处心积虑地加速媒介内容跨越承载渠道的流动,以扩大市场和利润,增加用户忠诚度,同时消费者也在不断学习如何利用各种不同的媒体技术使媒体内容流动更全面地处在自己的完全掌控之中以及与其他消费者进行互动。① 这两种力量会持续处于斗争状态,而这些斗争将重新定义融媒体社会通俗文化的未来面貌。

---

① 亨利·詹金斯:《融合文化——新媒体和旧媒体的冲突地带》,杜永明译,北京:商务印书馆,2017 年。

第九章

结 论

一、当代中国融媒体视频内容体的进化路径

以中国视频文化类谈话节目为舟,经过一段丰富多彩的旅程,从单向传播时代驶入融媒体传播时代,探看了文化类谈话节目这一特定种群进化演变的整个历程。作为融媒体视频节目体整体意义上的研究样本和典型种群,它的进化过程也反映着融媒体环境下视频内容体进化的某些共性特征和共同趋向。从媒介进化的生态位角度归纳,其进化经历了如表 9-1 所示的"变异—选择性保留"的进化过程。

表 9-1　融媒体视频节目"变异—选择性保留"进化路径

变异点	差异性扩散	差异性消亡
存在维	产品 经济利润导向 服务为出发 用户中心制	宣传品 社会效益导向 宣导为出发 作者中心制
传播维	抛体—涡轮传播 窄播、点播 传受平权 融媒体矩阵传播 融合时空观念 关系偏向	单向压迫式传播 广播、候播 传者掌权 单一媒介传播 线性时空观念 时空偏向
艺术维	多元极致 长镜头、零剪辑 全觉叙事 点状叙事 产业思维、技术思维 对真实的复制与还原 真实现场	僵化刻板 蒙太奇、强剪辑 逻辑叙事 线性叙事 创作思维、文本思维 对真实的模仿与表演 完美现场

续表

变异点	差异性扩散	差异性消亡
文化维	青年文化 消费文化 通俗、浅薄、娱乐 利己 以生存为旨归 实用 短期利益	父权文化 精英文化 理性、深远、含蓄 利他 以意义为旨归 崇高 长远利益

将融媒体下视频节目体的主要变异点归纳为"生存""传播""艺术""文化"四个维度,将其选择性保留的过程区分为"差异性扩散"和"差异性消亡"两个趋向,前者是进化中被证明是有利于适应环境变化而被保留和扩散的,后者是被证明不利于适应环境变化而被相对消弭和抑制的。这两个趋向仅代表总体意义上的某种趋势,不代表宏观现实和微观个案意义上"非此即彼"的绝对化。自然,这两个趋向所比较的时代分野是融媒体时代和以电视传播为主要代表的单向传播时代。对于这四个维度,我们还要做进一步分析。

第一,在代表本质性质和存在状态的"生存维"中,融媒体视频节目更趋向于发展成为一种商品性质的产品,而非电视单向传播时代的宣传品,因此它本质上无法改变追求利润的基本导向,电视时代的社会效益导向并不会是融媒体时代产品性内容的第一性导向,而退位为其追求利润的重要手段和策略;融媒体时代更以用户需求为中心,以服务为本能,电视时代的宣导出发点和作者中心制被削弱。

第二,在代表传播环境和传播方式的"传播维"中,融媒体视频节目完全投身于融媒体"抛体—涡轮"的非线性传播,全面取代电视时代的单向压迫式线性传播;其传播策略和内容观念更趋向于贴近"分众窄播"与"主动点播",而非电视时代的"大众广播"与"约会候播";它以建立起融媒体传播矩阵为生存的必要条件,彻底淘汰电视时代的单一渠道传播,本质上是融合时空的传播观念取代线性时空观念的技术形态外化;它更以构建关系为其媒介偏向,不再以时空超越为媒介偏向;根本上而言,传播权力格局从电视时代的传者掌权到融媒体时代的传受等价与平权的进化,决定了融媒体节目在传播策略和传播表现上的巨大时代进化与差异。

第三,在代表艺术观念和创作手法的"创作维"中,融媒体视频节目在艺术风格上展现出更为多元和极致的活力,对电视时代节目类型风格的某些僵化刻板进行超越;在艺术手法上,"搬运"真实和体现"无裁切"真相的风气逐步繁盛,长镜头复兴,"零剪辑"出现,前时代必须依靠蒙太奇和强剪辑"再造""完美现场"的观念被呈现"真实现场"的观念所削弱,本质上体现了将取舍、感知和判断的权力交给用户(观者)的底层逻辑,是以用户为中心的艺术外化;全觉叙事和点状叙事逐步强势于逻辑叙事和线性叙事,产业思维和技术思维日渐凌驾于创作思维和文本思维,本质上体现了融媒体时代传播环境、生存结构和社会观念的客观变化。

第四,在代表社会认同和文化构成的"文化维"中,融媒体视频节目以青年大众文化为显著的文化主导形态,而非电视时代以父权为结构基础的家长制文化形态;消费主义在其文化形成中的决定作用和控制力量更为显著,精英文化臣服于消费文化霸权之下的程度更为深重,通俗、浅薄和娱乐的媒介气质大大强势于理性、深远和含蓄;这种文化风貌容易倾向于向社会传递一种以"生存"为根本旨归的实用主义文化风气,培育社会系统性的利己主义与短期利益行为,不断取代以"意义"为根本旨归的精英主义媒介传统,使基于"崇高"和"利他"的社会精神体系衰弱,对于社会长远利益和持续发展的建构与推广而言,难度加大。

可以看到,以视频文化类谈话节目为代表的融媒体视频节目,在这样一个系统的进化路径当中,以主动积极的适变行为,使自身与融媒体整体环境的变化不断契合,适者向生,爆发出巨大的生命活力和变异色彩,构造出中国社会进入融媒体爆发阶段的文化态势和文化风貌,有其极强的时代感和进化性。

同时,"进化"的根本目的是"生存",而"生存"作为一个底层目的,并不能与社会效果、文化价值、意义旨归等价。文化类谈话节目作为融媒体视频内容产品整体特征的某种代表,也折射出融媒体时代视频节目并不鲜见的整体性市场导向投射和文化品格矮化、窄化和功利化等现象。融媒体时代进化给社会文化和人类精神世界带来的问题与挑战,正是时代进化的必然副产品与现实困境,为未来媒介和社会的健康发展埋下某种危机。

二、融媒体进化下的社会文化变化

"人"是人文科学关注的核心。融媒体视频节目是融媒体时代环境下人类的文化艺术产物,更是社会和现实的缩影和反映。尤其是文化类谈话节目这类视频节目体,以社会文化为天然素材,以社会文化观念为本能操作对象,它对社会进化与变化趋势的反照更为直接而敏感。从这些节目内容体的发展演变,我们可以看到未来社会变化和文化演变的某些趋向,对融媒体环境下的"人"的生存状态进行探望和关照。

(一)现实的虚拟化与对真实的"反追求"

"虚拟化"是融媒体时代社会生活的必然趋向。麦克卢汉早在 20 世纪 60 年代就预言了其所谓的"电力媒介"对于人类中枢神经的延伸和对于现实生活的虚拟化消弭。从人类媒介一路走来的发展历程可以看到,一代又一代媒介的更迭确实向着越来越无界和无形的方向突破,越来越向着从人的物理肉身转向中枢神经的延伸方向发展着。泛在的融媒体从根本上突破了时间的断裂性和空间的隔断性,让一切同步,让神经系统卷入,做到了真正的实时互动和中枢神经系统的真正模拟和延伸,使时间和空间的藩篱均被打破,"地球村"形成,新的"部落"文明开启。

当今的生活,虚拟化的席卷有目共睹。货币财富、机构运转、社会服务甚至社交……现实中的方方面面都在急速虚拟化。人们享有信息的同时,更享有融媒体虚拟空间中的互相陪伴和互动(看视频必须开"弹幕"即佐证)。基于互联网的协同和合作使得社会分工大大不同。麦克卢汉预料,自动化与新媒介正在终结"工作世界里的职业分工"。人们不会再死守一份工作,而是要追求职业的生涯,发挥社会作用,在"学习"中谋生。"终身学习"成为时代的生活方式。共同的兴趣和学习实践,使"社群"这一社会共同体成为主流。跨文化地域、跨年龄性别、跨财富阶层的世界共同体在畅通无阻的互联网为代表的新媒介组织方式中诞生。国家之间、民族之间的边界正在冰雪消融。也就是说,融媒体在消融异质媒介之间边界的同时,更消融着"现实"与"虚拟"的一切边界。

而这样一种似乎无法阻挡的"虚拟化"历史演进,在媒介需求、文化生产、艺术创作中却强烈反映为一股强大的社会思想趋势,即,对"真实"的追寻与推崇，对"绝对真相"和"共景监控"的权力声张与内心渴求，对真实交流的极致模拟与技术逼近。这种对"真实"的追求与"虚拟"的趋势辩证统一，它是虚拟进化自身的目标和驱动力，却也是虚拟不可遏制地将要替代的对象，体现了虚拟化之下人们内心对自身存在的某种深层次恐惧与焦虑。海量的信息带来不同维度的所谓"真实"，事实上让"真实"的获得更加困难。"真实"将成为稀缺。它的影响渗透在社会审美品位、艺术创作手法直至社会善恶标准的方方面面。

从艺术的本质价值而言，在这样一个融媒体时代，在这样一份人们对业已稀缺的"真实"的本能渴望下，文化艺术恰恰可以更好地发挥其对"真、善、美"的追寻功能，为人心点亮方向，为价值寻求声张，而非在融媒体信息湍流中随波浮沉，与虚假和伪装同流，与功利和迷茫等价。

（二）生活的媒介化与符号化的再深重

"无处不在、无时不在、无所不能"是融媒体的三个特征标签。这也让今天的人们深深地沉浸在一种"媒介化"的生存状态之下。李沁在研究媒介化生存时，将融媒体下的人生比喻为"一场泛在的直播，每个人都是虚拟主持人"[①]，如同居伊·德波"景观社会"在融媒体现实下的具象化的最新时代例证。

融媒体的全方位沉浸和淹没，不可想象地延伸和拓展了人类的生物能力，同时，也将人的异化上升到从未有过的程度。

一方面，融媒体超级强大的包围力、劝服力和规训力，让商业、政治等利益左右下的符号化更加深重地加诸人们意识运行中，使人们的精神更容易暴露在霸权的辐射之中而无以遁逃。霸权在人们"自愿"的错觉下得以更为有效地渗透和蔓延。这容易造成新的社会性拜物高潮，社会认同更容易趋向于浅表性的符号互认与欺骗性的意义生造。人类整体浅薄化与规制化进一步深重。

另一方面，融媒体所基于的互联网数字技术，本能地将一切数据化和符号化，人类的个性、智能甚至"灵性"都可以成为数字代码。融媒体下人们竭力使自己成为社会景观的行为现象，究其本质动力，就是对数字符号化生活

---

① 李沁：《媒介化生存》，北京：中国人民大学出版社，2019年。

中最重要的生存资源——"数据流量"的竭力攫取。这背后既有个人实现的心理动因,更是底层的生存焦虑的直接反映。在无远弗届、平等平权的互联网价值逻辑框架下,每一个人实际上都在面对相同的异化风险,即异化为计算机网络的一个工具性节点,异化为数据和流量的设备性"入口"。

这种符号化与数字化的双重"异化"过程是前所未有的,它容易将人和社会陷入以"生存"为至高甚至唯一标准的氛围之中,利己的、短视的、割裂的行为逻辑也会渗透进社会生活的方方面面(比如时下流行的所谓"丛林法则"),社会道德与人性发展将面对更大的挑战。同时,数字符号化也容易让人们与自己的存在产生必然的疏离,容易滋生一种功利主义与虚无主义同在的复杂心理,导向某种心智的分裂。

(三)权力的去中心化与霸权的被削弱

虽然融媒体进化必然带来虚拟化与符号化的各种问题,但其所基于的互联网,其本质必然的发展方向是去中心化的和非集权化。

信息传播的速度和交互呈数量级几何倍数地爆炸,使得人们不仅深深卷入进行时的世界,更深深卷入彼此的生活(微信在今天中国人的生活中所扮演的角色和对生活的改变即最好的例证)。信息在互联网上的易得程度使信息趋近于免费,获得信息的权力平等化,人人都有平等的机会去获得网上的公开信息,世界真正进入"非集中化"或"去中心化",无处是中心,处处皆中心。

在《机械复制时代的艺术作品》一文中,本雅明指出:"艺术的机械复制改变了大众对艺术的反应。对一幅毕加索绘画的消极态度变成了对一部卓别林电影的积极态度。"[①]因此,他乐观地迎接艺术作品可被"复制"的时代的到来,因为"意义"不再独一无二,而是可被质疑的,因此这将开启文化"民主"新的进程。这一进程在融媒体时代无疑有着较前时代广阔得多的前景。虽然其过程也许漫长,其间的斗争必定复杂,但更为民主和平权的社会演进方向是不变的。

融媒体时代,传统的"守门人"生锈,逆转成为"婚介人"和服务入口,为用户的网络自主选择牵线搭桥。受众变成"用户",不再是信息的被动接受者,

---

① 本雅明:《机械复制时代的艺术作品》,《启迪:本雅明文选》,汉娜·阿伦特编,张旭东等译,北京:生活·读书·新知三联书店,2012年。

"而是积极的搜索者和发送者"。[①] 这意味着,理论上每个人都将有权力和机会去影响文化的发展,也就是说,每个人对社会文化的发展都有责任。虽然社会霸权利用融媒体爆发而产生的强力效果还将长期存在,但其宰制威力在更长的未来历史向度里无疑将被削弱。这是符合媒介和社会发展逻辑规律的。

这样的未来虽然符合逻辑,但绝不会自动生成。它需要人们不懈斗争和努力。融媒体时代下的知识分子应该肩负起中坚作用。

三、融媒体进化拐点下的知识分子文化责任

融媒体时代来势汹汹,这背后是不可阻挡的技术变革和人类进步。我们有幸处在这样一个时代交替、变革爆发的历史转换当口,有幸见证历史的更迭和进化的拐点,更有机会在这一无法复制的历史拐点之上,去影响、推动、构建我们的未来。

当今世界,正处在这样一个变幻不居、观念重构的时代,构建和传播意义的渠道无疑是爆炸性地增多,文化得以生存的空间和机会也是巨大的,但同时,文化构建者所面对的消费霸权、利益诱惑和社会裹挟也将是前所未有的巨大。在人类经济、技术、媒介等客观物理现实不断进步更迭的同时,人类的精神、文化、艺术和对存在意义的恒久追寻,如何能够同样正向地演进,将人类文明推向更先进的维度,而不是在权力压制与利益裹挟间滑向新的蒙昧与堕落,是摆在全人类面前的未来设问。

当今中国,正处在国力强盛、民族复兴的上行轨道之上,所面对的国际国内挑战局势是错综复杂的,社会文化的急速重构与社会观念的急剧碰撞势必成为社会高速转型期的必然产物。文化从来不是一个单纯的问题。文化作为一个国家、一个民族的灵魂,其更基础、更广泛、更深厚的自信与自持,是一个民族发展中更基本、更深沉、更持久的力量。如何让当今中国社会文化向着更健康的方向发展,是中国知识分子与生俱来的责任和担当,也是难逢的机遇。

媒介是人类文化重要的孕育场和竞技场。无疑,优秀的媒介内容生产者

---

① 保罗·莱文森:《数字麦克卢汉》,何道宽译,北京:北京师范大学出版社,2014年。

是一个时代知识分子群体中的重要一员,发挥着文化构建者和倡导者的作用。在这个万物皆媒、无处不在、无时不在的融媒体时代,知识分子事实上拥有较前时代更为广阔的传播资源和存在机会,可以利用业已成为社会基础现实的广泛传播技术与广泛传播观念,成为融媒体文化构建的主体力量,融入和拥抱这个时代,以知识分子与生俱来、理应坚持的独立立场和文化担当,为这个极易受到裹挟与同化的社会带来真正意义上的多元性、独立性和理性,与倒退做坚决的对抗,在人类文化和文明进化发展的历程中做出正向推动,不负时代。

参考文献

中文文献

[1] 阿莱克斯·彭特兰:《智慧社会:大数据与社会物理学》,汪小帆、汪容译,杭州:浙江人民出版社,2015年。

[2] 埃尔曼·R.塞维斯:《文化进化论》,黄宝玮等译,北京:华夏出版社,1991年。

[3] 爱德华·泰勒:《原始文化》,李连声译,上海:上海文艺出版社,1992年。

[4] 爱尔乌德:《文化进化论》(影印版),钟兆麟译,上海:上海文化出版社,1989年。

[5] 安德烈·巴赞:《电影是什么》,崔君衍译,北京:商务印书馆,2017年。

[6] 安东尼·吉登斯:《社会的构成:结构化理论纲要》,李康、李猛译,北京:中国人民大学出版社,2016年。

[7] 安东尼奥·葛兰西:《狱中札记》,曹雷雨等译,开封:河南大学出版社,2014年。

[8] 保罗·莱文森:《人类历程回放:媒介进化论》,邬建中译,重庆:西南师范大学出版社,2017年。

[9] 保罗·莱文森:《软边缘:信息革命的历史与未来》,熊澄宇等译,北京:清华大学出版社,2002年。

[10] 保罗·莱文森:《软利器——信息革命的自然历史与未来》,何道宽译,上海:复旦大学出版社,2011年。

[11] 保罗·莱文森:《数字麦克卢汉:信息化新千纪指南》,何道宽译,北京:北京师范大学出版社,2014年。

[12] 保罗·莱文森:《新新媒介》,何道宽译,上海:复旦大学出版社,2014年。

[13] 北京市新闻工作者协会编:《中国媒体融合发展报告(2017—2018)》,北京:社会科学文献出版社,2017 年。

[14] 本雅明:《机械复制时代的艺术作品》,《启迪:本雅明文选》,汉娜·阿伦特编,张旭东等译,北京:生活·读书·新知三联书店,2012 年。

[15] 蔡骐:《社会化网络时代的媒介文化变迁》,《新闻记者》2015 年第 3 期。

[16] 蔡雯、王学文:《角度·视野·轨迹——试析有关"媒介融合"的研究》,《国际新闻界》2009 年第 3 期。

[17] 曹智频:《媒介偏向与文化变迁:从伊尼斯到麦克卢汉》,《学术研究》2010 年第 8 期。

[18] 查尔斯·斯特林:《媒介即生活》,王家全等译,北京:中国人民大学出版社,2014 年。

[19] 陈功:《保罗·莱文森的媒介进化理论对媒介环境学的超越》,《当代传播》2013 年第 2 期。

[20] 陈国权:《媒介融合的结果是分化——对于媒介形态演变规律的探讨》,《科技传播》2016 年第 22 期。

[21] 陈先红:《论新媒介即关系》,《现代传播》2006 年第 3 期。

[22] 陈永庆主编:《电视谈话节目研究》,北京:知识产权出版社,2004 年。

[23] 崔立伟:《自媒体视域下媒介话语权的变迁与秩序重建》,《新闻知识》2016 年第 11 期。

[24] 达洛尔·M. 韦斯特:《美国传媒体制的兴衰》,董立译,北京:北京大学出版社,2010 年。

[25] 代树兰:《电视访谈话语研究》,北京:中国社会科学出版社,2009 年。

[26] 戴安娜·克兰:《文化生产:媒体与都市艺术》,赵国新译,南京:译林出版社,2012 年。

[27] 丹尼斯·麦奎尔、斯文·温德尔:《大众传播模式论》,祝建华译,上海:上海译文出版社,1987 年。

[28] 丹尼斯·麦奎尔:《受众分析》,刘燕南等译,北京:中国人民大学出版社,2006 年。

[29] 单波、王冰:《媒介即控制及其理论想象》,《新闻与传播研究》2010 年第 2 期。

［30］党东耀：《媒介融合生态下"媒介素能"解析——从"媒介素养"到"媒介素能"的变迁》，《南昌大学学报（人文社会科学版）》2017年第1期。

［31］道格拉斯·凯尔纳：《媒介奇观》，史安斌译，北京：清华大学出版社，2003年。

［32］道格拉斯·凯尔纳：《媒体文化》，丁宁译，北京：商务印书馆，2004年。

［33］樊昌志：《媒介生态位与媒介的生机》，《湘潭大学学报（哲学社会科学版）》2013年第6期。

［34］费孝通：《江村经济》，北京：北京大学出版社，2012年。

［35］弗雷德里克·S.希伯特、西奥多·彼得森、威尔伯·施拉姆：《传媒的四种理论》，戴鑫译，北京：中国人民大学出版社，2008年。

［36］弗里德里希·基特勒：《留声机电影打字机》，邢春丽译，上海：复旦大学出版社，2017年。

［37］伏尔泰：《奇迹和偶像崇拜——关于那些殉道者的谎言，我们只能捧腹大笑》，孙平华等译，北京：中译出版社，2016年。

［38］付静：《罗辑思维的传播效果研究》，大连理工大学学位论文，2015年。

［39］付晓光、田维钢：《媒介融合的前世、今生和未来——美国著名媒介理论家保罗·莱文森访谈》，《声屏世界》2012年第1期。

［40］葛自发：《流众传播》，北京：中国国际广播出版社，2019年。

［41］苟凯东：《"两微一端"：技术、机制和创新扩散》，《电视研究》2017年第4期。

［42］古斯塔夫·庞勒：《乌合之众——大众心理研究》，冯克利译，桂林：广西师范大学出版社，2011年。

［43］顾晓燕：《中国公共话语空间构建中电视传播与网络舆论互动研究》，北京大学学位论文，2012年。

［44］郭庆光：《传播学教程》，北京：中国人民大学出版社，2009年。

［45］郭涛：《探析网络知识社群中意见领袖的转型——以"罗辑思维"为例》，《传媒论坛》2020年第6期。

［46］郭卫东：《"奇葩说"创新因素探析》，《传媒》2015年第14期。

［47］国家统计局：《2017中国统计年鉴》（电子版），北京：中国统计出版社，2017年。

[48] 国家新闻出版广电总局发展研究中心:《中国视听新媒体发展报告2013》,北京:社会科学文献出版社,2013年。

[49] 国家新闻出版广电总局网络视听节目管理司、国家新闻出版广电总局发展研究中心编著:《中国视听新媒体发展报告2017》,北京:中国广播影视出版社,2017年。

[50] 哈贝马斯:《公共领域的结构转型》,曹卫东等译,上海:学林出版社,1999年。

[51] 哈贝马斯:《关于公共领域问题的答问》,梁光严译,《社会学研究》1999年第3期。

[52] 哈罗德·拉斯韦尔:《社会传播的结构与功能》,何道宽译,北京:中国传媒大学出版社,2015年。

[53] 哈罗德·伊尼斯:《变化中的时间观念》,何道宽译,北京:中国传媒大学出版社,2012年。

[54] 哈罗德·伊尼斯:《传播的偏向》,何道宽译,北京:中国人民大学出版社,2014年。

[55] 哈罗德·伊尼斯:《帝国与传播》,何道宽译,北京:中国传媒大学出版社,2015年。

[56] 郝朴宁:《话语空间——广播电视谈话节目研究》,北京:中国社会科学出版社,2005年。

[57] 何道宽:《麦克卢汉的遗产——超越现代思维定势的后现代思维》,《深圳大学学报(人文社会科学版)》1999年第4期。

[58] 何道宽:《媒介环境学辨析》,《国际新闻界》2007年第1期。

[59] 何道宽:《媒介即文化——麦克卢汉媒介理论批评》,《现代传播》2000年第6期。

[60] 何威:《网众传播》,北京:清华大学出版社,2011年。

[61] 赫伯特·马尔库塞:《单向度的人——发达工业社会意识形态研究》,刘继译,上海:上海世纪出版社,2008年。

[62] 亨利·詹金斯、伊藤瑞子、丹娜·博伊德:《参与的胜利:网络时代的参与文化》,高芳芳译,杭州:浙江大学出版社,2017年。

[63] 亨利·詹金斯:《融合文化——新媒体和旧媒体的冲突地带》,杜永明译,

北京:商务印书馆,2017年。

[64] 亨利·詹金斯:《文本盗猎者:电视粉丝与参与式文化》,郑熙青译,北京:北京大学出版社,2016年。

[65] 胡适:《胡适文存》,合肥:黄山书社,1996年。

[66] 胡泳:《众声喧哗:网络时代的个人表达与公共讨论》,桂林:广西师范大学出版社,2008年。

[67] 胡正荣、朱虹主编:《外国电视名牌栏目》,北京:红旗出版社,2010年。

[68] 胡正荣:《传统媒体与新兴媒体融合的关键与路径》,《新闻与写作》2015年第5期。

[69] 胡智锋、王建国主编:《图景与前景——"互联网+"时代的中国影视》,北京:中国传媒大学出版社,2017年。

[70] 胡智锋:《会诊中国电视》,北京:文化艺术出版社,2005年。

[71] 胡智锋:《中国电视策划与设计》,北京:中国广播电视出版社,2004年。

[72] 胡智锋等:《电视发展新论》,北京:中国社会科学出版社,2016年。

[73] 胡智锋主编:《影视艺术导论》,北京:高等教育出版社,2012年。

[74] 黄旦:《舆论:悬在虚空的大地? ——李普曼〈公众舆论〉阅读札记》,《新闻记者》2005第11期。

[75] 黄仁忠、王勇:《论我国媒介生态变迁的三个阶段》,《今传媒》2013年第1期。

[76] 黄任飞:《浅谈新媒体时代御宅文化的转型与变迁——以哔哩哔哩弹幕网站为例》,《新闻传播》2016年第11期。

[77] 黄玉波、张金海:《从"部分剥离"走向"整体转制"——当前中国传媒产业体制改革趋向初探》,《新闻大学》2006年第3期。

[78] 霍克海姆、阿多诺:《启蒙辩证法》,渠敬东、曹卫东等译,上海:上海世纪出版集团,2006年。

[79] 吉妮·格拉汉姆·斯克特:《脱口秀:广播电视谈话节目的威力与影响》,苗棣译,北京:新华出版社,2000年。

[80] 简·麦戈尼格尔:《游戏改变世界——游戏化如何让世界更美好》,闾佳译,杭州:浙江人民出版社,2012年。

[81] 江芬芬:《如此"罗辑思维","罗胖"卖书捞金2亿》,《金陵晚报》,2015年

9 月 28 日。

[82] 金萍华、芮必峰:《"身体在场":网络交往研究的新视角》,《新闻与传播研究》2011 年第 5 期。

[83] 景义新、沈静:《屏幕媒介的变迁:渊源、衍变与未来——移动智媒时代"从屏幕到界面"的思考》,《当代传播》2017 年第 6 期。

[84] 敬海新:《公共领域概念的中国适用性考察》,《理论与改革》2008 年第 1 期。

[85] 居伊·德波:《景观社会》,张新木译,南京:南京大学出版社,2019 年。

[86] 居伊·德波:《景观社会评论》,梁虹译,桂林:广西师范大学出版社,2007 年。

[87] 卡尔·波普尔:《客观的知识:一个进化论的研究》,舒炜光等译,杭州:中国美术学院出版社,2003 年。

[88] 卡尔·马克思、弗里德里希·恩格斯:《德意志意识形态》,中共中央马克思恩格斯列宁斯大林著作编译局译,北京:人民出版社,2018 年。

[89] 卡尔·马克思:《资本论》,中共中央马克思恩格斯列宁斯大林著作编译局译,北京:人民出版社,2004 年。

[90] 凯特·迪斯汀:《文化的进化》,李冬梅等译,北京:世界图书出版公司,2015 年。

[91] 克劳斯·布鲁恩·延森:《媒介融合:网络传播、大众传播和人际传播的三重维度》,刘君译,上海:复旦大学出版社,2012 年。

[92] 克里斯·安德森:《长尾理论》,乔江涛、石晓燕译,北京:中信出版社,2015 年。

[93] 库尔特·卢因:《个性动力论》,何道宽译,北京:中国传媒大学出版社,2016 年。

[94] 匡文波:《新媒体概论》,北京:中国人民大学出版社,2019 年。

[95] 李道新:《影视批评学》,北京:北京大学出版社,2002 年。

[96] 李佃来:《公共领域与生活世界——哈贝马斯市民社会理论研究》,北京:人民出版社,2006 年。

[97] 李恒基、杨远婴主编:《外国电影理论文选》,上海:上海文艺出版社,1995 年。

[98] 李淮芝、蔡元:《新媒体的数字化生存与发展》,北京:测绘出版社,2011 年。

[99] 李良荣:《从单元走向多元——中国传媒业的结构调整和结构转型》,《新闻大学》2006 年第 2 期。

[100] 李沁:《沉浸传播:第三媒介时代的传播范式》,北京:清华大学出版社,2013 年。

[101] 李沁:《媒介化生存》,北京:中国人民大学出版社,2019 年。

[102] 李晓蔚:《"权力的眼睛":全景敞视主义视域下的网络围观》,《国际新闻界》2015 年第 9 期。

[103] 李雪娟:《社群经济发展策略研究——以罗辑思维为例》,云南大学学位论文,2015 年。

[104] 李耀武、蒋蓓蓓:《创则新,变则通——2009 年湖南卫视的亮点与活力》,《当代电视》2010 年第 1 期。

[105] 李宜蓬、胡辰:《大众传媒形成机制探要——兼论媒介技术与受众时空属性的互动关系》,《甘肃社会科学》2010 年第 4 期。

[106] 理查德·布茨:《美国受众成长记》,王瀚东译,北京:华夏出版社,2007 年。

[107] 梁辰曦:《从莱文森"人性化趋势"理论看媒介的偏向性》,《新闻世界》2013 年第 3 期。

[108] 刘昂:《央视"绿色"评价体系与媒介影响力》,《青年记者》2011 年第 9 期。

[109] 刘丹凌:《3G:第三媒介时代?》,《现代传播》2010 年第 3 期。

[110] 刘习良主编:《中国电视史》,北京:中国广播电视出版社,2007 年。

[111] 刘易斯·芒福德:《城市文化》,宋俊岭等译,北京:中国建筑工业出版社,2009 年。

[112] 刘易斯·芒福德:《机器神话(上卷):技术发展与人文进步》,宋俊岭译,上海:上海三联书店,2017 年。

[113] 刘易斯·芒福德:《机器神话(下卷):权力的五边形》,宋俊岭译,上海:上海三联书店,2017 年。

[114] 刘颖悟、汪丽:《媒介融合的概念界定与内涵解析》,《中国广播》2012 年

第 5 期。

[115] 隆・莱博:《思考电视》,葛忠明译,北京:中华书局,2005 年。

[116] 娄可伟:《新媒体语境下的播音主持应对》,《当代电视》2007 年第 9 期。

[117] 鲁健:《电视访谈节目主持艺术》,北京:中国传媒大学出版社,2014 年。

[118] 陆小华:《新媒体观》,北京:清华大学出版社,2008 年。

[119] 陆学艺主编:《当代中国社会阶层研究报告》,北京:社会科学文献出版社,2002 年。

[120] 路易・阿尔都塞:《意识形态和意识形态国家机器》,《外国电影理论文选》,李恒基、杨远婴主编,上海:上海文艺出版社,1995 年。

[121] 栾轶玫:《建议用"融媒体"代替"全媒体"》,《光明日报》,2014 年 12 月 27 日。

[122] 罗伯特・L.希利亚德:《美国广播电视史》,秦珊等译,北京:清华大学出版社,2012 年。

[123] 罗伯特・艾伦编:《重组话语频道——电视与当代批评理论》,牟岭译,北京:北京大学出版社,2008 年。

[124] 罗伯特・洛根:《理解新媒介——延伸麦克卢汉》,何道宽译,上海:复旦大学出版社,2012 年。

[125] 罗伯特・洛根:《字母表效应——拼音文字与西方文明》,何道宽译,上海:复旦大学出版社,2012 年。

[126] 罗伯特・斯考伯、谢尔・伊斯雷尔:《即将到来的场景时代》,赵乾坤等译,北京:北京联合出版公司,2014 年。

[127] 罗振宇:《罗辑思维》,武汉:长江文艺出版社,2013 年。

[128] 罗振宇等:《我懂你的知识焦虑》,北京:中国友谊出版公司,2017 年。

[129] 马丁・迈耶:《美国商业电视的竞争》,刘燕南等译,北京:中国传媒大学出版社,2007 年。

[130] 马骏:《"看镜头"的实践流变与美学价值》,《现代传播》2014 年第 11 期。

[131] 马克・波斯特:《第二媒介时代》,范静哗译,南京:南京大学出版社,2005 年。

[132] 马克・格雷汉姆、威廉・H.达顿:《另一个地球:互联网+社会》,胡泳、徐嫩羽、胡晓娅译,北京:电子工业出版社,2015 年。

[133] 玛丽娜·戈尔比斯:《社交经济:新商业的本质》,张琪译,北京:北京联合出版公司,2017 年。

[134] 马宁:《传播力与媒介使用者的关系变迁——新媒体语境下对传播学经典问题的再思考》,《阴山学刊(社会科学版)》2014 年第 2 期。

[135] 马歇尔·麦克卢汉:《谷登堡星汉璀璨——印刷文明的诞生》,杨晨光译,北京:北京理工大学出版社,2014 年。

[136] 马歇尔·麦克卢汉:《理解媒介——论人的延伸》,何道宽译,南京:译林出版社,2012 年。

[137] 马歇尔·麦克卢汉:《媒介即按摩》,何道宽译,北京:机械工业出版社,2016 年。

[138] 迈克尔·A. 豪格、多米尼克·阿布拉姆斯:《社会认同过程》,高明华译,北京:中国人民大学出版社,2011 年。

[139] 曼纽尔·卡斯特:《网络社会的崛起》,夏铸九等译,北京:社会文献出版社,2006 年。

[140] 毛峰:《文明传播的偏向与当代文明的危机——伊尼斯传播哲学中的历史智慧》,《史学理论研究》2005 年第 2 期。

[141] 梅宁华、支庭荣主编:《中国媒体融合发展报告(2016)》,北京:社会科学文献出版社,2017 年。

[142] 梅宁华、支庭荣主编:《中国媒体融合发展报告(2019)》,北京:社会科学文献出版社,2019 年。

[143] 孟建、赵元珂:《媒介融合:粘聚并造就新型的媒介化社会》,《国际新闻界》2006 年第 7 期。

[144] 米歇尔·福柯:《性经验史》,余碧平译,上海:上海人民出版社,2003 年。

[145] 苗棣、王怡林:《脱口成"秀":电视谈话节目的理念与技巧》,北京:中国广播电视出版社,2006 年。

[146] 苗棣等:《美国经典电视栏目》,北京:中国广播电视出版社,2006 年。

[147] 南振中:《把密切联系群众作为改进新闻报道的着力点》,《中国记者》2003 年第 3 期。

[148] 尼尔·波兹曼:《娱乐至死》,章艳译,桂林:广西师范大学出版社,

2011 年。

[149] 尼古拉斯·阿伯克龙比:《电视与社会》,张永喜、鲍贵、陈光明译,南京: 南京大学出版社,2007 年。

[150] 尼古拉斯·尼葛洛庞帝:《数字化生存》,胡泳、范海燕译,海口:海南出 版社,1996 年。

[151] 尼克·库尔德利:《媒介、社会与世界:社会理论与数字媒介实践》,何道 宽译,上海:复旦大学出版社,2015 年。

[152] 欧阳宏生等:《电视文化学》,成都:四川大学出版社,2009 年。

[153] 潘祥辉:《中国媒介制度变迁的动力机制与"四维模型"》,《浙江传媒学 院学报》2010 年第 5 期。

[154] 彭吉象:《艺术学概论》,北京:北京大学出版社,2007 年。

[155] 彭兰:《碎片化社会背景下的碎片化传播及其价值实现》,《今传媒》2011 年第 10 期。

[156] 彭兰:《网络传播概论》,北京:中国人民大学出版社,2019 年。

[157] 皮埃尔·布尔迪厄:《关于电视》,许钧译,南京:南京大学出版社, 2011 年。

[158] 乔治·赫伯特·米德:《心灵、自我与社会(英文版)》,赵月瑟译,北京: 中国传媒大学出版社,2015 年。

[159] 日本民间放送联盟编:《日本广播电视手册》,秦建、李俊译,北京:中国 广播电视出版社,2002 年。

[160] 让·鲍德里亚:《象征交换与死亡》,车槿山译,南京:译林出版社, 2012 年。

[161] 让·鲍德里亚:《消费社会》,刘成富、全志刚译,南京:南京大学出版社, 2017 年。

[162] 萨义德:《东方学》,王宇根译,北京:生活·读书·新知三联书店, 1999 年。

[163] 商娜红、刘婷:《北美媒介环境学派:范式、理论及反思》,《新闻大学》 2013 年第 1 期。

[164] 邵慧:《媒介融合背景下的自媒体脱口秀——"罗辑思维"个案研究》, 《南方电视学刊》2014 年第 2 期。

［165］邵培仁、廖卫民：《思想·理论·趋势：对北美媒介生态学研究的一种历史考察》，《浙江大学学报（人文社会科学版）》2008 年第 3 期。

［166］邵燕君主编：《破壁书——网络文化关键词》，北京：生活·读书·新知三联生活书店，2018 年。

［167］师曾志、金锦萍编著：《新媒介赋权：国家与社会的协同演进》，北京：社会科学文献出版社，2013 年。

［168］司长强：《自媒体时代基于媒介变迁的传播特征》，《青年记者》2015 年第 27 期。

［169］孙玉胜：《十年——从改变电视的语态开始》，北京：人民文学出版社，2012 年。

［170］汤姆·斯丹迪奇：《从莎草纸到互联网：社交媒体 2000 年》，林华译，北京：中信出版社，2015 年。

［171］唐纳德·弥勒编：《刘易斯·芒福德读本》，宋俊岭、宋一然译，上海：上海三联书店，2016 年。

［172］唐润华、陈国权：《走出"全媒体"的集体迷思》，《新闻记者》2011 年第 4 期。

［173］唐续军主编：《中国新媒体发展报告 2013》，北京：社会科学文献出版社，2013 年。

［174］唐续军主编：《中国新媒体发展报告 2017》，北京：社会科学文献出版社，2017 年。

［175］腾讯传媒研究院：《众媒时代》，北京：中信出版集团，2016 年。

［176］托马斯·哈定等：《文化与进化》，韩建军等译，杭州：浙江人民出版社，1987 年。

［177］王柏文：《人是万物的尺度：古希腊人主体意识的觉醒》，《松辽学刊（人文社会科学版）》2002 年第 5 期。

［178］王虎：《媒体社交化语境下的社会资本扩张与传统电视变革》，《新闻记者》2014 年第 6 期。

［179］王井：《文化迁徙——媒介新技术与网络文化价值体系发展研究》，北京：中国社会科学出版社，2015 年。

［180］王怡红：《关系传播的逻辑解释》，《新闻与传播研究》2006 年第 2 期。

[181] 王振文:《Web2.0 时代"90 后"的新媒介素养研究》,南京大学学位论文,2017 年。

[182] 威尔伯·施拉姆、威廉·波特:《传播学概论》,何道宽译,北京:中国人民大学出版社,2016 年。

[183] 韦伟:《新媒体时代广播电视播音主持语言的创新路径研究》,《西部广播电视》,2017 年第 16 期。

[184] 魏曦英:《解读央视〈读书时间〉的消逝》,《中华读书报》,2004 年 10 月 29 日。

[185] 沃尔特·李普曼:《公众舆论》,阎克文、江红译,上海:上海世纪出版集团,2006 年。

[186] 沃尔特·李普曼:《幻影公众》,林牧茵译,上海:复旦大学出版社,2013 年。

[187] 吴飞、黄超:《新新媒介时代下软实力传播的变革、特征与趋势》,《新闻界》2012 年第 20 期。

[188] 吴晓波:《腾讯传(1998—2016):中国互联网公司进化论》,杭州:浙江大学出版社,2017 年。

[189] 吴晓江:《芒福德的技术观:破除机器的神话》,《世界科学》2004 年第 1 期。

[190] 西奥多·W.阿多诺:《论流行音乐》,周欢译,《当代电影》1993 年第 5 期。

[191] 西格蒙德·弗洛伊德:《文明及其缺憾》,车文博主编,北京:九州出版社,2014 年。

[192] 习近平:《决胜全面建成小康社会 夺取新时代中国特色社会主义伟大胜利——在中国共产党第十九次全国代表大会上的报告》,北京:人民出版社,2017 年。

[193] 夏德元:《电子媒介人的崛起——社会的媒介化及人与媒介关系的嬗变》,上海:复旦大学出版社,2011 年。

[194] 谢尔盖·爱森斯坦:《蒙太奇论》,富澜译,北京:中国电影出版社,1999 年。

[195] 徐立军、王玉飞:《2018 年中国传媒的基本面与机会点》,《现代传播》

2018 年第 1 期。

[196] 徐雁华：《传播技术学派先驱哈罗德·伊尼斯传播思想研究》，上海大学学位论文，2012 年。

[197] 杨晖：《电视精英谈话节目的影响力与受众分析——2005 年中国电视精英谈话节目影响力调查分析报告》，《现代传播》2006 年第 1 期。

[198] 杨吉：《互联网：一部概念史》，北京：清华大学出版社，2016 年。

[199] 杨施敏：《浅谈网络娱乐节目主持人的艺术表现力——以"奇葩说"为例》，《新闻传播》2015 年第 16 期。

[200] 杨颖：《新媒介时代多伦多传播学派的传承和发展——兼评德克霍夫的媒介思想》，《国际新闻界》2011 年第 2 期。

[201] 叶夫根尼·莫洛佐夫：《技术至死：数字化生存的阴暗面》，张行舟、闾佳译，北京：电子工业出版社，2014 年。

[202] 伊丽莎白·诺尔-诺依曼：《沉默的螺旋：舆论——我们的社会皮肤》，董璐译，北京：北京大学出版社，2013 年。

[203] 尹鸿：《电视媒介：被忽略的生态环境——谈文化媒介生态意识》，《电视研究》1996 年第 5 期。

[204] 尤瓦尔·赫拉利：《未来简史》，林俊宏译，北京：中信出版社，2017 年。

[205] 于旻生：《新媒介环境下的受众媒介依赖研究》，中南大学学位论文，2012 年。

[206] 余清楚主编：《中国移动互联网发展报告 2017》，北京：社会科学文献出版社，2017 年。

[207] 俞虹：《电视受众社会阶层研究》，北京：北京师范大学出版社，2010 年。

[208] 俞虹：《节目主持人通论》，杭州：杭州大学出版社，2016 年。

[209] 喻恩泰：《戏剧表演艺术假定性中的真实性》，上海戏剧学院学位论文，2005 年。

[210] 喻国明、戴元初：《媒介融合情境下的竞争之道——对美国电视的新竞争策略的观察与分析》，《新闻与写作》2008 年第 2 期。

[211] 喻国明：《媒体变革：从"全景监狱"到"共景监狱"》，《人民论坛》2009 年第 15 期。

[212] 喻国明：《中国传媒业 30 年：发展逻辑与现实走势》，《青年记者》2008 年

第 4 期。

[213] 袁楚：《新媒体的碎片化本质》，《互联网天地》2010 年第 8 期。

[214] 约翰·W.迪米克：《媒介竞争与共存——生态位理论》，王春枝译，北京：清华大学出版社，2013 年。

[215] 约翰·菲斯克：《电视文化》，北京：商务印书馆，2005 年。

[216] 约翰·菲斯克：《解读大众文化》，杨全强译，南京：南京大学出版社，2001 年。

[217] 约翰·基恩：《市民社会：旧形象、新观察》，王令愉、魏国琳译，上海：上海远东出版社，2006 年。

[218] 约翰·斯道雷：《文化理论与大众文化导论》，常江译，北京：北京大学出版社，2010 年。

[219] 张成良：《融媒体传播论》，北京：科学出版社，2019 年。

[220] 张成良：《新媒介素养论》，北京：人民出版社，2015 年。

[221] 张国良：《传播学原理》，上海：复旦大学出版社，2009 年。

[222] 张江主编：《建设新时代社会主义文化强国》，北京：中国社会科学出版社，2019 年。

[223] 张京京：《对话文化视角下的媒介变迁研究》，《东南传播》2011 年第 10 期。

[224] 张朋园：《"劳著"清代教育及大众识字能力》，《近史所集刊》1980 年第 9 期。

[225] 张同道：《媒介春秋——中国电视观察》，北京：中国电影出版社，2002 年。

[226] 张雯雯：《融媒体时代中国电视文化身份论》，昆明：云南大学出版社，2018 年。

[227] 张莹瑞、佐斌：《社会认同理论及其发展》，《心理科学进展》2006 年第 14 期。

[228] 张咏华：《新形势下对麦克卢汉媒介理论的再认识》，《现代传播》2000 年第 1 期。

[229] 张贞：《从"罗辑思维"看自媒体传播特质与生长空间》，《传媒观察》2014 年第 10 期。

［230］张智华：《中国网络综艺节目的叙事爆点与危机》，《现代传播》2018 年第 6 期。

［231］赵安、张晓海主编：《约会大家——走近文化视点》，沈阳：辽宁教育出版社，2000 年。

［232］赵黎黎：《人是万物的尺度——浅析人的自然尺度和人文尺度的关系》，《大众文艺》2010 年第 2 期。

［233］赵馨：《自媒体节目"罗辑思维"中罗振宇的主持特色探析》，《传媒论坛》2019 年第 24 期。

［234］郑晓云：《文化认同论》，北京：中国社会科学出版社，2018 年。

［235］郑燕：《人是媒介的尺度》，山东大学学位论文，2014 年。

［236］中国（上海）网络视听产业基地编：《2014 中国网络视听产业报告》，上海：上海科学技术文献出版社，2014 年。

［237］中国社会科学院语言研究所词典编辑室编：《现代汉语词典》，第七版，北京：商务印书馆，2017 年。

［238］中央电视台总编室：《中央电视台节目综合评价综述》，《电视研究》2010 年第 7 期。

［239］钟大年等主编：《中国网络视频年度案例研究》，北京：中国传媒大学出版社，2015 年。

［240］周晓虹：《自媒体时代：从传播到互播的转变》，《新闻界》2011 年第 4 期。

［241］周占武：《谈话的力量——中国新闻类电视谈话节目研究》，北京：中国广播影视出版社，2017 年。

［242］朱羽君等主编：《中国应用电视学》，北京：北京师范大学出版社，1993 年。

［243］庄勇：《从"融媒体"中寻求生机的思考与探索》，《当代电视》2009 年第 4 期。

外文文献

［1］Adoni H and Nossek H. The New Media Consumers：Media Convergence and the Displacement Effect. Communications，2001，26

(1):59-84.

[2] Baldwin T F, McVoy D S, Steinfield C. Convergence: Integrating Media, Information and Communication. California: SAGE Publications Ltd., 1996.

[3] Broddason T. Youth and New Media in the New Millennium. Nordicom Review,2006,27(2):105-118.

[4] Chipp K F and Chakravorty D. Producer Push to Consumer Pull: Who Curates New Media Content? Developing Strategies for New Media Environments. Journal of Product & Brand Management,2016,25(4): 373-386.

[5] Conner S. Postmodernist Culture: An Introduction to Theories of the Contemporary. Oxford: Blackwell,1989.

[6] Edward S. Culture and Imperialism. New York: Vintage Books,1993.

[7] Gardner J and Lehnert K. What's New about New Media? How Multi-Channel Networks Work with Content Creators. Business Horizons, 2016,59(3):293-302.

[8] Gruner D T. New Digital Media and Flow: A Study of Experience. Creativity. Theories-Research-Applications, 2016, 3(2): 343-364.

[9] Jerkins H. Convergence Culture: Where Old and New Media Collide. New York: New York University Press, 2006.

[10] Lawson-Borders G. Media Organization and Convergence: Case Studies of Media Convergence Pioneers. New York: Routledge, 2005.

[11] Letterman D and the Late Show Writers. Late Show Fun Facts. New York: Worldwide Pants Incorporated, 2008.

[12] McLuhan M. Laws of Media. Ontario: McLuhan Associates Ltd., 1988.

[13] McQuill D and Windahl S. Communication Models. New York: Longman, 1981.

[14] Meikle G. Social Media: Communication, Sharing and Visibility. New York: Routledge, 2016.

[15] Newcomb H(ed.). Encyclopedia of Television(the first edition). New York: Routledge, 1997.

[16] Stewart B. The Media Lab: Inventing the Future at MIT. New York: Viking Press, 1987.

[17] Surowiecki J. The Wisdom of Crowds: Why the Many Are Smarter Than the Few. London: Little Brown Book Group, 2005.

[18] Williamson J. Decoding Advertisements. London: Marion Boyars, 1978.

附　录　重点视频文化类谈话节目统计

序号	节目名称	平台	简介	主持人
1	《读书时间》	央视一套、央视科教	这是我国电视史上第一档电视读书节目,开创了一个精粹文化的新时代。最初的节目时间为30分钟,是一个相对完整的谈话节目,曾经在中央电视台第一套播出。2001年7月栏目进入教科频道,节目时间由30分钟增加到45分钟,节目形式也有所丰富。栏目谈论的话题和推荐书籍,在观众中都引起了一定反响,"送书下乡"活动更是拉近了栏目与观众的距离。2003年,《读书时间》栏目又有了新的举措,栏目将以专题片的形式,集中推出几大系列节目	李潘
2	《华夏书苑》	北京有线电视台	每周30分钟	
3	《文化视点》	CCTV-3	是中央电视台综艺频道(CCTV-3)由原来的《文化访谈录》改版升级的全新节目。节目总时长近60分钟,在保持原有的文化评论加访谈的节目特色的基础上,又增加了电视杂志的节目构想,成为现在集访谈、表演等形式于一体的大型综艺节目	马东
4	《电视诗歌散文》	CCTV-3	栏目宗旨是在众多的综艺晚会和娱乐节目中打造一个诗意化的空间,弘扬真善美,满足广大电视观众日益增长的对高品位文化的追求。《电视诗歌散文》无论在内容和形式上,每年都力争有新的变化。如继《名家名言》系列后,又推出《中外抒情诗歌欣赏》系列,采取名诗、名曲相结合和演播室朗诵的方式,让观众在亲切、温馨的氛围中享受了诗的真情和韵律。如《中国古诗词欣赏》系列,以欣赏中国古典诗词为主,选择观众耳熟能详的诗词,采取诗词和国画相结合的方式,充分利用电视高科技制作手段,通过奇妙的三维画面设计,以"诗中有画,画中有诗"的艺术效果给观众营造出一种古朴、淡雅的意境	

续表

序号	节目名称	平台	简介	主持人
5	《锵锵三人行》	凤凰卫视	凤凰卫视出品的著名谈话类节目,由主持人窦文涛主持,一起针对热门新闻事件或社会热点话题进行研究,节目中众人各抒己见,但却又不属于追求问题答案的正论,而是一派"多少天下事,尽付笑谈中"的情致,达到融汇信息传播、制造乐趣与辨析事理三大元素于一身的目的。主持人与两位嘉宾似三友闲聚,在谈笑风生的气氛中,以个性化的表达,关注时事资讯,传递民间话语,交流自由观点,诉说生活体验,难掩真实性情,分享聊天趣味	窦文涛
6	《阅读长廊》	上海卫视	电视读书散文类节目,选取经典书籍中的优美章节朗读,主持人穿针引线,名家朗读	
7	《新青年》	湖南卫视	以择业和创业为主要内容的大型演播厅青年对话节目,栏目一改过去社教类节目"板着脸孔"说教的风格,形式新颖活泼,内容真实亲切。甲方乙方主持人青春靓丽、机智活泼,访谈主持人亲切、优雅、成熟文秀,全场充满了青春朝气和时代气息,在轻松的氛围中展示新青年独有的思想、崭新的观念和时代进取心,记录了来自全国各地的优秀青年在跨世纪进程中奋进的历程	
8	《百家讲坛》	CCTV-10	栏目选择观众最感兴趣、最前沿、最吸引人的选题。追求学术创新,鼓励思想个性,强调雅俗共赏,重视传播互动。栏目选材广泛,涉及文化、生物、医学、经济、军事等各个方面,现多以文化题材为主,并较多涉及中国历史、中国文化。具有科普历史知识及深入点评讲解的作用。《百家讲坛》栏目一贯坚持"让专家、学者为百姓服务"的栏目宗旨,栏目在专家、学者和百姓之间架起"一座让专家通向老百姓的桥梁",从而达到普及优秀中国传统文化的目的	
9	《开坛》	陕西卫视	一档大型人文类谈话节目,时长 45 分钟。总顾问余秋雨,文化顾问肖云儒,特邀策划于丹、周宁。栏目一直秉承"传统话语当下化,人文话语传媒化,精英话语平民化"的理念,并以此话语形态坚持"大众话题、精英解读"的栏目宗旨,始终带着深厚的人文底蕴解读人文中国,被誉为电视荧屏上一股来自古都的清新人文之风	

续表

序号	节目名称	平台	简介	主持人
10	《可凡倾听》	东方卫视	一档以精英文化为基石的高端文化名人访谈类栏目,本着走精英文化之路的宗旨,每期的嘉宾都为该专业艺术领域的文化大家。(1)与艺术大师对话;(2)追踪社会热点人物;(3)追踪文化社会现象	曹可凡
11	《文化访谈录·文化月谈》	CCTV-3	以"文化"为主线,请文化界知名人士对某一热点话题进行深入探讨的访谈。《文化月谈》采用崭新的节目形态,主持人、嘉宾汇聚一堂,由主持人引领话题,节目现场充分运用多媒体设施,对话题内容依次展开,层层剥笋,最后让观众看到现象背后的本质。最具价值的"嘉宾组群"是栏目的一大看点	马东
12	《开卷八分钟》	凤凰卫视	每天介绍一本书,在八分钟的时间里,让观众用最简利的方式碰触到书籍的精髓,进入一个又一个迥异又奇妙的书中世界。从形式上来讲,八分钟的节目主要分为两部分。第一部分主要讲当天介绍的书。由一段主持人的开场白,或者开场故事带出当天的书。在讲的过程中,可以适当配合出一些该书的图片和处理过的少量文字。在结束前的一分钟,有一些"趣谈"或者说"闲笔"来作为第二部分,也就是结尾。节目对书的选择是多样化的,包括文学、历史、哲学、财经、宗教等各个领域,有时是各学科的经典巨著,有时是配合时下社会热点话题的图书	梁文道
13	《论道》	贵州卫视	是一档以龙永图为核心的演播室高端对话节目。前外经贸部副部长、中国入世首席谈判代表、博鳌亚洲论坛原秘书长龙永图先生作为领衔嘉宾,围绕"高度、深度、关注度",关注热点事件、焦点人物和国际风云,邀请政界名人、商界明星、学界名家共同论道,致力于用普适的、主流的价值观去进行思想启蒙和价值引导	龙永图
14	《天天向上》	湖南卫视	由湖南经视《越策越开心》原班人马打造。兼有"策"的神韵,更有发扬中华美德的社会责任。节目以传承中华礼仪文化和倡导社会公德为主旨,每期邀请演艺明星和社会特色群体以及企业界的知名人士作为嘉宾参与访谈和表演。《天天向上》的主导形态是娱乐脱口秀,融合了其他众多节目的表现元素,在形态设计上不拘一格,节目的开场如同大型晚会的开场歌舞,主持人与嘉宾载歌载舞,在全场观众的欢呼与尖叫声中出场,整体上营造出一种热闹、欢乐的氛围;节目进行过程中除了访谈,也会穿插歌唱、舞蹈、情境表演、与场内观众互动等,着力彰显秀的特点	汪涵、大张伟、王一博等

序号	节目名称	平台	简介	主持人
15	《零点锋云》	湖南卫视	湖南卫视 2008 年推出的战略性产品——一档原创高端文化节目。节目主要是想在政治、经济、文化领域乃至民间，发掘新锐的思想者，以启迪更多的观众，也就是荟萃精英主体的文化，来引导民众文化的进步，打造一个中国知识分子讨论中国话题的公共平台。与以往谈话节目不同的是：《零点锋云》不设访谈主持人，两位聊天嘉宾是平等关系；在咖啡厅、茶馆等公共场所进行录制，打破了演播厅的常规，为博客营造了轻松开放的聊天环境	查可欣、石垒、慕容雪村
16	《五星夜话》	BTV 北京	用神秘"五星阵"把观众们带入一个神秘的话题迷宫，而坐镇五个角落的五位星智者各显谈锋，在每周五的晚上帮观众找寻话题迷宫的答案。除了主持人春妮外，《五星夜话》每期都会有四位重量级嘉宾做客"五星阵"，这些嘉宾都是来自各个领域的大师级、具有权威性的人物。让所有观众与名家、大师近距离接触，通过节目传递新的思维方式，摆脱认识误区	春妮
17	《读书》	CCTV-10	一档和大众一起分享好书的栏目。它用丰富的电视技巧传递书中的精华和信息，请爱书人在节目中与观众分享读书的快乐、解读和推荐好书，带动民众读好书、好读书。《读书》栏目撷取古今中外经典优秀诗歌、小说、美文，取其精美章节，邀请名家朗读。并介绍与之相关的历史、文化及人物背景，以言述其情，以志传其声	张绍刚
18	《春妮的幸福时光》	北京卫视文艺频道	节目以主持人春妮为核心，舞美设计摒弃常规电视节目的形式，以客厅的形式展现，每期邀请明星朋友做客。明星嘉宾在节目中褪去光环，融入家庭环境，还原真实的一面，朋友间的聚会让聊天内容更真实。与同类访谈节目机械的问答相比，在节目中嘉宾们可以畅谈自己的真实想法、表达自我观点	春妮
19	《罗辑思维》	自媒体	从 2012 年开播至今，《罗辑思维》长视频脱口秀已积累播出了 205 集，在优酷、喜马拉雅等平台播放超过 10 亿人次，在互联网经济、创业创新、社会历史等领域制造了大量现象级话题。从 2017 年 3 月开始，节目全面改版。节目形态由原来的视频改为音频，由周播变成日播，节目长度由原来的每期 50 分钟缩短至单集 8 分钟以内	罗振宇

续表

序号	节目名称	平台	简介	主持人
20	《夜夜谈》	腾讯视频	一档综艺脱口秀节目，将演播室搬进酒吧，一改死板的电视制作模式，轻松自在的节目氛围让嘉宾能够表现出真性情，不矫揉造作，说人话，讲真事儿，谈的都是真情实感，聊的都是社会热点。杨锦麟也一改以往正儿八经的媒体评论员形象，与不同时代不同背景的嘉宾碰撞出意想不到的智慧火花。节目话题涉及面也很广，包括政治、娱乐、社会、名人等	杨锦麟
21	《越域》	腾讯视频	国际名人跨界互动问答脱口秀节目。节目邀请两位不同领域的大家跨界对话，产生富有想象力的思想碰撞，汇聚不同领域的领袖、名人、先锋，围绕热点行业，探讨前沿问题，嘉宾以过去10年和未来10年为时间标尺，畅谈行业变化、大胆预测未来	不固定
22	《文化公开课》	CCTV-3	将视角锁定当代最具影响力的文化大家、业界精英、艺术大师、科学权威、社会榜样，邀请具有号召力的焦点人物，用文化公开课演讲的形式向公众分享他们所热衷的事业和知识。这种分享用演讲者个人独具个性的语言表现、思想魅力感染公众，让学问摆脱枯燥繁复的窠臼，成为一把钥匙，让观众获得更多认识生活的视角，引领人们看到自己所未知的领域或已知领域里不为所知的角度，激发更多人的求知、求真的欲望	
23	《奇葩说》	爱奇艺	一档说话达人秀。节目由马东主持，并邀请了蔡康永、金星、罗振宇、张泉灵等担任导师。旨在寻找华人华语世界中，观点独特、口才出众的"最会说话的人"。节目组会通过百度知道、知乎、新浪微问数据后台，在民生、人文、情感、生活、商业、创业等领域，选取网友关注最多的问题，发动网友参与调查投票。互联网上投放的问题是否能够成为节目中的辩题，取决于网友参与这道题的积极程度。网友参与最多的题目，才能进入节目选题	马东、蔡康永
24	《一千零一夜》	优酷	完全超越以往的文化、阅读类节目，由梁文道策划并主持，全程实景拍摄，每集都在夜间拍摄，梁文道在街头、地铁、公交车等交通工具，导读中西方的经典书籍，寻找都市人渐渐遗忘的阅读乐趣，以梁文道的视野及关怀，体察一本书的多个面向	梁文道

序号	节目名称	平台	简介	主持人
25	《文化十分》	CCTV-3	央视2015年度重点打造文化类新闻栏目,贴近时代、贴近生活、贴近大众视角,记录广大文化工作者深入生活,扎根基层,扎根人民的生动实践。栏目时长10分钟,共分热点扫描、深度观察和十分推荐三个部分	朱广权、欧阳夏丹、李梓萌、紫凝、何岩柯、张仲鲁
26	《搜神记》	腾讯视频	一档跨界纪实真人秀,主持人冯唐搜罗生活中土生土长的大神们,比如锤子科技公司CEO、日本天妇罗之神的弟子等,通过对话、自黑、过招的方式,展现大神们傍身的神技,呈现他们成为大神的故事,迸出值得思考和感悟的精神	冯唐
27	《火星情报局》	优酷	旨在纵容一切新奇有趣的发现,以特工为单位,守护提案,舌战群儒。在节目氛围中,火星情报局被定义为某地外情报机构,由汪涵出任局长统领局内事务。明星作为火星特工代表,定期向局长汇报新奇有趣的新发现,并给出建设性提议,引发全民提案风潮。局内情报评估采用"火星元老院"的质询形式,对有价值的情报进行探讨、审议,并派遣火星特工对有价值的情报进行趣味验证。最终由局长对新发现提案进行裁决,通过的提案将被列入火星历法,被所有火星人遵守	汪涵
28	《十三邀》	腾讯视频	寻找13位具有模板作用的个人,向他们发出邀请,请求观察他们的行为,请求他们分享个人的经验和心得,提供正在发生的样本,探求中国发展的切片。该节目一改传统新闻访谈节目客观中立的态度,以许知远偏见的视角,带领观众在与13位"社会切片"的对话中,观察和理解这个世界	许知远
29	《大唐雷音寺》	爱奇艺	中国体娱领域集体自媒体第一平台,张春蔚、谭飞、吴声等职业说话人的价值判断、观点集萃,尽在直播＋平台——大唐雷音寺	
30	《圆桌派》	优酷	一档全新风格的聊天真人秀节目。由著名媒体人、文化名嘴窦文涛携手优酷"看理想"打造的全新"活色生香"聊天真人秀节目,延续不"装"的窦式主持风格,闲聊包罗万象的话题,立足网络,开启全新的"谈论＋互动"节目模式,场景多变,嘉宾流动。不设剧本,即兴聊天,平等视角,智慧分享。一期一个引发思考的话题设置,交流价值观点,碰撞思想火花,跨界、跨代,更加年轻,更加多元	窦文涛

续表

序号	节目名称	平台	简介	主持人
31	《见字如面》	腾讯视频、黑龙江卫视	节目把中国从古至今的书信做了一次集中大扫描和大梳理。以明星读信为主要形式,旨在用书信打开历史节点,带领观众走进那些依然鲜活的时代场景、人生故事,去触碰那些依然可感的人物情状和社会风物,重新领会中国人的精神情怀与生活智慧。节目组邀请了张立、归亚蕾、张涵予、何冰、王耀庆、蒋勤勤、徐涛、林更新等10位明星。众星在现场几百位观众的注视下,读出那一封封可以窥视中国历史、名人往来以及普通人生活场景的信件	翟毓红
32	《新闻直播间·文化报道》	CCTV-NEWS	《文化报道》(Culture Express)是CCTV-NEWS播出的一个英语新闻节目,致力于为观众提供关于中国文化新闻和事件的最新报道	季小军、王师(Julian Waghann)、熊邦欣(Jennifer Hsiung)
33	《朗读者》	CCTV-1(每周六)、CCTV-3(每周日)	中央电视台推出的大型文化情感类节目,由著名节目主持人董卿首次担当制作人,以个人成长、情感体验、背景故事与传世佳作相结合的方式,选用精美的文字,用最平实的情感读出文字背后的价值,节目旨在实现文化感染人、鼓舞人、教育人的传导作用,展现有血有肉的真实人物情感	董卿
34	《阅读·阅美》	江苏卫视	通过美文推荐、美文朗读、人物访谈三大板块,每期节目精选3~4篇美文;推荐人以演说形式阐述推荐理由,内容可以说一段经历、一个故事或者特定时期的心理活动;而后由推荐人朗读,深情演绎;接下来寻访文中故事的主人公,让作者、主人公、推荐人、主持人一同落座访谈区,深度交谈文章背后的故事。总体来说,三个部分看似独立,其实紧密相连,层层递进,巧妙地呼应了"阅、读、美"的三个关键主题词	
35	《国家宝藏》	2017年12月3日	让"高冷"文物生动接地气地展示在观众面前,透过文物背后的历史故事,让观众深刻感悟到传统文化的独特魅力。聚焦国宝的《国家宝藏》,巧妙地在纪实性的纪录片中嵌入了综艺剧情,两者相互融合,还不会给人违和感,通过这种全新的创意表达,让文物的过去历史和现实生活的当下连接在一起,让人印象深刻	张国立

序号	节目名称	平台	简介	主持人
36	《你说得都对》	优酷	作为一档知识偶像问答真人秀,每期节目都会邀请研究不同学科领域、风格各异的知识大神,在节目中大神们依托自己所研究领域的知识围绕议题展开讨论,唇枪舌剑的交锋间,观众也能迅速从中获得大量知识"养分",每期节目中加盟的艺人也从普通人的视角向大神们发起"挑战",在不失趣味性的同时又巧妙串联各学科知识,让观众在捧腹之余又收获知识	蔡康永
37	《四味毒叔》	今日头条爱奇艺	由策划人谭飞、影评人李星文、编剧汪海林、宋方金、史航发起的互联网影视脱口秀平台,显著的个性化表述是《四味毒叔》特色之一。除了点评影视圈脱口秀,节目也与时俱进,开创不同板块:2018年3月开创《四味毒叔》访谈,2018年6月开创《毒叔会客厅》《毒叔明星资讯站》,不定期请导演、编剧、演员、制片人和专业影评人一起剖心曲、揭内情	谭飞、李星文、汪海林、宋方金、史航
38	《脑洞大开博物馆》	优酷	一档旅游类节目。节目将带你去到世界各地另类的博物馆,全面打开你的视野,让你跟着节目进入脑洞大开的想象力时空	河森堡
39	《爱思不Si》	新浪微博	一档以"热门话题""独特观点"为特色的现象级微综艺。由马薇薇坐镇,犀利访谈各行业"热点人物"。其特点是在新浪微博以日更短视频的形式传播,每周一个艺人专访,马薇薇每天问出一个问题,一周七个问题、七条短视频	马薇薇
40	《局部》	优酷理想国	节目旨在"以画家之眼观看艺术杰作中为人忽略的局部,讲述艺术与文化、艺术与生命不同寻常的故事"。与普通的艺术鉴赏类节目不同,节目借由主持人的眼睛、语言、洞察与审美,讲述中西方名画名作的一个个微细局部,一处处没有人注意到、但看过之后会恍然大悟、拍案叫绝的精彩细节	

后　记

有幸。

是的，有幸。这一刻，这两个字浮现眼前，久萦我心。搁笔之际，心绪难平。

2010年，我进入北京大学读博士研究生，同时迎接工作历程中新的起点，将一切"幸运"当作理所应当，殊不知自己即将迎来有生以来最大的困难和挑战。十余年间，我挫败过，彷徨过，怀疑过，低沉过，幸而自始至终并未放弃过。这本书代表了我初探学术之路时的所思所想，有太多浅陋与不足，作为一段时光的记录，如实地凝固在这里，诚请各位读者多多批评，不吝赐教。这本书更是自我内心有幸跃迁的汇报与见证。这份"有幸"，来自自己朴素的坚持，更来自师长亲朋从未间断的教导与助励。

有幸，能在人生中得遇我的恩师俞虹教授。俞虹导师对我的指引、教导、启发和帮助是决定性的，有如再造，不仅在学术，更在人生。俞虹教授对学术的敏锐与不懈，对人生的平和与豁达，对每一个人的无私与平等之爱，是我一生的典范与滋养。过去种种，无以言表，唯有感恩！

有幸，能在职业生涯遇到文化类谈话节目这块"难啃的骨头"。它曾被我视为挥之不去的"枷锁"、夜不能寐的"心病"。而今看来，这是人生给予我的何等巨大的财富啊！感谢生活，更感谢一路遇到的前辈良师、同僚贤达，给予我机会、磨炼、提点与考验，让我在实践的试炼中不断前行，尤为感谢马东先生、王峥女士等诸多前辈在我职业生涯中的引领、示范、提点和培养，感谢中央广播电视总台给予我的人生锤炼与滋养。感谢罗振宇先生等前辈在百忙之中无私地接受我的采访与叨扰。若非幸遇诸师，幸遇这媒介变革的时代，我不可能完成现在所完成的一切。

有幸，在本书最为焦灼困迫之际，能得到友人有力的援手。感谢马骏给予本书的巨大启发和推动。感谢吴秋云雪中送炭般的无私协助和鼓励。感谢周淞铖不辞繁琐的帮助。感谢李猛不可替代的关心与支持。施援之恩,难以尽列。不遇诸君,则无本书之今貌。

感谢浙大城市学院文明与传播研究院为本作的成书所提供的创作空间和巨大支持。感谢浙江大学出版社的编辑老师们为本书的出版所付出的巨大心力和宝贵指导。

感恩,我的父母,在我离家远行的近 20 余年中,你们竭尽所能地来支持我。这么多年,我的足迹便是你们的足迹,我的历程更是你们的心迹。我的远行打破了你们很多的生活设想,也让天伦之乐变得稀缺和不易。希望这本书的完成,能够带来我们团聚的契机。爱你们。

感恩,我的妻儿,以及我的整个家庭,用快乐、理解、包容和承担,默默支持我走完这段研究探寻之路。你们是我人生最快乐的动力,最温暖的港湾,最玄妙的奇迹。爱你们。

在这段旅程中,我有幸看到学术宫殿的巨门在我面前微微开出一条细缝,透出殿内的耀眼光亮。我将带着这满心的感激和爱,继续叩门,不断前行。

胡　双

2022 年 7 月

于北京宅中 思西子湖光